हिन्दी : आकांक्षा और यथार्थ

हिन्दी : आकांक्षा और यथार्थ

डॉ. श्रीनारायण समीर

लोकभारती प्रकाशन

इलाहाबाद नयी दिल्ली पटना

लोकभारती प्रकाशन
पहली मंजिल, दरबारी बिल्डिंग, महात्मा गांधी मार्ग
इलाहाबाद-211 001
वेबसाइट : www.lokbhartiprakashan.com
ईमेल : info@lokbhartiprakashan.com
शाखाएँ : 1-बी, नेताजी सुभाष मार्ग, दरियागंज
नई दिल्ली-110 002
अशोक राजपथ, साइंस कॉलेज के सामने
पटना-800 006

पहला संस्करण : 2012

बी.के. ऑफसेट
नवीन शाहदरा, दिल्ली-110 032 द्वारा मुद्रित

आवरण : लोकभारती स्टूडियो

HINDI : AKANKSHA AUR YATHARTH
by Dr. Shreenarayan Sameer

ISBN : 978-81-8031-731-6

मूल्य : ₹ 450

प्रोफेसर बी बी शर्मा और
कथाकार मनमोहन पाठक को,
जिनके साथ धनबाद अधिवास के वर्षों में
चर्चा-परिचर्चा के दौरान
इस पुस्तक के विचार अंकुरित हुए

आमुख

भाषा मानव सभ्यता की महान एवं अनुपम उपलब्धि है। हमारी सभ्यता चाहे जितनी विकसित हो जाए, परंपरा के साथ परिवर्तन और प्रगति के लक्षणों, विचारों तथा संकल्पनाओं को प्रकट करने का माध्यम भाषा ही रहेगी। मनुष्य के बहुविध विचारों, भावों तथा अनुभवों को व्यक्त करने और नानाविध कार्य-व्यवहारों में भाषा की अप्रतिम भूमिका होती है। इसलिए भाषा से जुड़े प्रश्न, यक्ष-प्रश्न की तरह हर काल और परिस्थिति में ध्यान आकृष्ट करते हैं।

चूँकि भाषा से जुड़े सवाल मानव समाज की अभिव्यक्ति और आचरण से जुड़े होते हैं, मनुष्य की अस्मिता से जुड़े होते हैं; अतः भाषा का विवेकपूर्ण व्यवहार रूढ़ियों, अहमन्यताओं और मतभेदों को मिटाने में अहम भूमिका निभाता है। यह व्यवहार व्यापकता में सामाजिक, राष्ट्रीय और अंतरराष्ट्रीय भाईचारे को मजबूत करने का जरिया भी बन सकता है।

किंतु भाषा की इस सामाजिक भूमिका की अकसर अनदेखी की जाती है। परंतु भूमंडलीकरण के दौर में इसकी अब और अनदेखी नहीं की जा सकती। इसलिए भी कि भाषा के बिना विज्ञान और प्रौद्योगिकी की उपलब्धियाँ तक बेमानी हो सकती हैं। शायद इसीलिए आजकल विज्ञान और प्रौद्योगिकी की संकल्पनाओं तथा उपलब्धियों को जन सामान्य की भाषा में सुलभ कराने की माँग व्यापक हुई है।

हिन्दी मूलतः जन भाषा है। हिन्दी की अन्तर्वस्तु में निहित सहजता, सर्वग्राहिता और सामूहिकता की भावना

दूसरे भाषा-भाषियों को भी प्रीतिकर लगती है। उन्हें अपनी ओर आकर्षित करती है। हिन्दी के व्यापक प्रसार का यही मूल कारण है।

स्वतंत्रता संग्राम के दिनों में अंग्रेजों के शोषण और क्रूर दमन के प्रतिकार तथा देशव्यापी जन-आक्रोश को अभिव्यक्त करने में हिन्दी एक सशक्त माध्यम बनकर राष्ट्र भाषा के रूप में उभरी। इसे देशवासियों ने खुले मन से स्वीकार किया। परिणामस्वरूप देश जब आजाद हुआ तो स्वतंत्र भारत के संविधान में हिन्दी को भारत संघ की राजभाषा का दर्जा दिया गया।

वैसे भारत की भाषाई विविधता में हिन्दी अपनी पहुँच और स्वभाव के चलते सहज ही सम्पर्क भाषा बन जाती है। हिन्दी की सहजता और सर्वग्राहिता इतनी विपुल और विशाल है कि वह पढ़े-लिखे भद्र समाज के बीच परिनिष्ठित हो जाती है, वहीं आम आदमी के बीच बोलियों की शब्द संपदा और शैली से आप्लावित स्थानीय और सरल बन जाती है। हिन्दी एक साथ और एक ही समय में संस्कृतनिष्ठ, उर्दूमिश्रित तथा लोकभाषाओं की ऊर्जा से भरी-पूरी व्यापक विविधता के साथ अभिव्यक्त हो सकती है। तत्सम के सहारे यह सभी भारतीय भाषाओं से आबद्ध होती है और उर्दू के सहारे देश के विविध क्षेत्रों में अपनी मौजूदगी दर्ज कराती है। लोकभाषाओं एवं बोलियों के साथ घुल-मिलकर हिन्दी भारत के सुदूर क्षेत्रों, गाँवों और हाट बाजारों के लिए अबूझ नहीं रहती। ग्राह्य होती है। और इस तरह से वह करोड़ों लोगों की जुबान बन जाती है। हिन्दी अपनी इन्हीं विशेषताओं के बल-बूते मौजूदा सूचना-क्रांति के दौर में भी निरंतर समृद्ध होती जा रही है और भारत की सफल सम्पर्क भाषा बन गई है। यह दुनिया की दूसरी सबसे बड़ी भाषा है। एक इतर अध्ययन के अनुसार हिन्दी आज विश्व की सबसे बड़ी भाषा बन गई है।

हालाँकि भूमंडलीकरण और सूचना-क्रांति के चलते दुनियाभर में अंग्रेजी का बोलबाला बढ़ा है। लेकिन बाजारवादी व्यवस्था में उत्पादक और निर्माता अपने माल उन लोगों तक भी पहुँचा रहे हैं जो अंग्रेजी नहीं जानते। एशिया का बाजार आज संसार का सबसे बड़ा बाजार है। अकेले चीन और भारत में ही करीब ढाई अरब उपभोक्ता रहते हैं। और अंग्रेजी इनकी भाषा नहीं है।

इन्हीं सारी बातों के इर्द-गिर्द प्रस्तुत पुस्तक का विमर्श रचा गया है। यह सच गौर करने लायक है कि हिन्दी का जो भाषा-रूप पहले मात्र बोल-चाल तक सीमित था और स्वाधीनता आंदोलन के दिनों में साहित्य सृजन के रूप में व्यंजित हुआ, वह अब प्रशासनिक, वाणिज्यिक, तकनीकी आदि प्रयोजनमूलक स्वरूपों में भी निखर आया है। पुस्तक के निबंध हिन्दी के इसी बहुविध और व्यापक स्वरूप को लेकर जिरह करते हैं। इस जिरह में हकीकत और फसाने हैं, अस्ल और ख्वाब हैं और बहुत कुछ हैं। और यही है हिन्दी की आकांक्षा और हिन्दी का यथार्थ, जो हकीकत और फसाने के बीच आज भी जस का तस है। बृहत्तर परिप्रेक्ष्य में देखा जाए तो हिन्दी का यथार्थ भारत के जन गण की आकांक्षा और यथार्थ का दूसरा नाम है, जिसकी नियति में बीहड़ तथा मंजिल की मृगमरीचिका का सम्मिलन चौंकाता नहीं , बल्कि हतप्रभ करता है। सुधि जन इसे पढ़ते समय यह सब जरूर गौर करेंगे।

परिशिष्ट के पाठ हिन्दी के उद्भव और विकास के संवैधानिक पहलुओं को समझने के निमित्त हैं। यद्यपि ये निमित्त आवृत्ति मात्र हैं, तथापि हिन्दी के आधुनिक स्वरूप और प्रशासनिक वास्तविकताओं को समझने में इस तरह की आवृत्ति से बचा नहीं जा सकता है।

इस पुस्तक को सम्भव करने में श्रीमती पी.जी. पद्मावती और श्रीमती आराधना के तत्पर तकनीकी योगदान के लिए

उन्हें विशेष रूप से धन्यवाद है। इसके विमर्श में मित्रवर श्रीयुत श्रीकान्त पाराशर, प्रधान संपादक, दक्षिण भारत राष्ट्रमत, बेंगलूर अग्रजवर और वरिष्ठ प्रशासक श्री चीरंजीव सिंह तथा आदरणीय डॉ. पुण्यम चंद्र मानव से समय-समय पर मिलनेवाले ताप और ऊर्जा के लिए कृतज्ञता-ज्ञापन धृष्टता होगी।

इस पुस्तक के कई निबंध विभिन्न पत्र-पत्रिकाओं में पहले छप चुके हैं। एतदर्थ मैं अपने संपादक मित्रों का हृदय से आभारी हूं। राजकमल प्रकाशन समूह के स्वामी श्री अशोक महेश्वरी जी का तत्पर सहयोग और प्रोत्साहन यदि न मिला होता तो इस पुस्तक का इतनी जल्दी प्रकाशित होना संभव न था।

स्वाधीनता दिवस, 2011 **श्रीनारायण समीर**
नई दिल्ली

अनुक्रम

भारत का स्वाधीनता संग्राम और हिन्दी

भारत के स्वाधीनता संग्राम का इतिहास अंग्रेजी शासन से मुक्ति का राजनीतिक इतिहास ही नहीं; बल्कि क्षेत्रों और क्षत्रपों की महत्त्वाकांक्षा में बँटे भारत के एक विराट राष्ट्रराज्य में परिनिर्मित होने का भावात्मक इतिहास भी है। सन् 1857 के प्रथम स्वाधीनता संग्राम में भारतीय जनगण की सामूहिक भागीदारी भले ही न हुई थी, किंतु उस संग्राम के पराजय बोध का असर समस्त भारतीय मन पर चिरस्थायी रूप से पड़ा। उस दारुण पराजय के कारणों की आंतरिक पड़ताल करते हुए भारतीय मनीषा को अपनी जो सबसे बड़ी कमी समझ में आई वह थी एक उपयुक्त संपर्क भाषा का अभाव। पूरे भारत के पैमाने पर, समस्त शिक्षित, अशिक्षित जनगण के बीच एक सहज, संपर्क भाषा के नहीं होने के कारण सन् सत्तावन के आंदोलन के लक्ष्य और अभिप्राय को यथासमय जन साधारण के बीच नहीं पहुँचाया जा सका। इसका परिणाम हुआ कि आम जनता संगठित होकर अंग्रेजों का मुकाबला नहीं कर पाई तथा उन्हें भारत से निकाल बाहर करने की मुहिम विफल हो गई।

तथापि सन् सत्तावन की लड़ाई में ब्रिटिश हुकूमत ने जो दमनात्मक कार्रवाइयाँ कीं, उससे आम लोगों को अंग्रेजों से गहरी घृणा हो गई। ऐसे में भारतीय जनमानस में राष्ट्रीय चेतना का उदय होना स्वाभाविक था। सन् 1885 में कांग्रेस की स्थापना हुई और इसके साथ ही राष्ट्रीय आंदोलन की नए सिरे से सुगबुगाहट शुरू हो गई। स्वराज्य, स्वतंत्रता, स्वदेशी, स्वभाषा, सत्याग्रह और विदेशी का बहिष्कार जैसे शब्दों को भारतीय जनमन की आकांक्षा की आवाज बनकर फिजा में गूँजने में देर नहीं लगी। स्वार्थ, लालच और क्षुद्रताओं के वशीभूत समस्त समाज अब

एकजुट हो चला था तथा देश एक राजनीतिक इकाई में ढल चुका था। यह पराधीन भारत में स्वाधीन भारत का आलोड़न था। इस आलोड़न का सपना, सोचना, समझना आदि सबकुछ एक जैसा था। इसकी अभिव्यक्ति के लिए एक संपर्क भाषा की जरूरत देश के कोने-कोने में महसूस की जाने लगी। तत्कालीन राष्ट्रनायकों, समाज सुधारकों, भारतीय पुनर्जागरण के अग्रदूतों, शिक्षाशास्त्रियों और कवियों-साहित्यकारों ने हिन्दी को इस लक्ष्य के लिए सर्वथा योग्य पाया। राजा राममोहन राय, बंकिमचंद्र चटर्जी, रवींद्रनाथ टैगोर, बाल गंगाधर तिलक, लाला लाजपतराय, दयानंद सरस्वती, मदनमोहन मालवीय, महात्मा गांधी, अंबेडकर, राजगोपालाचारी आदि ने स्वानुभूति और सर्वानुमति से भारत राष्ट्र की संपर्क भाषा के रूप में हिन्दी को स्वीकार किया। आचार्य किशोरीदास वाजपेयी ने तत्कालीन देशकाल और राष्ट्रनायकों के राष्ट्रभाषा के प्रति सोच को निम्न शब्दों में व्यक्त किया है–

"अनेक बंगाली, गुजराती, पंजाबी और महाराष्ट्र-नेता यह उद्योग कर रहे थे कि अपने राष्ट्र की एक राष्ट्रभाषा होनी चाहिए, जो अंतः प्रांतीय व्यवहार का माध्यम बने और आगे चलकर जब देश स्वतंत्र हो, यही अपनी राष्ट्रभाषा अंग्रेजी भाषा का स्थान ग्रहण करके देश की, केंद्रीय सरकार की राजभाषा बने।"[1]

कहना न होगा कि भारत का स्वाधीनता संग्राम ब्रिटिश हुकूमत के निरंकुश शासन से मुक्ति की कार्रवाई के साथ-साथ अंग्रेजों के 'फूट डालो और राज करो' नीति का प्रतिकार भी था। अंग्रेज हुक्मरानों ने हिन्दीभाषी राज्यों में हिन्दी के बदले उर्दू को कचहरियों की भाषा बनाकर और हिन्दी को उर्दू तथा हिन्दुस्तानी नाम देकर हिन्दू-मुसलमानों को भाषा के नाम पर भी लड़ाने की साजिश रची थी। आजादी की लड़ाई देश की स्वाधीनता की चाह के साथ-साथ ऐसी तमाम साजिशों की मुखालफत भी थी। वह भारत की अपराजित अस्मिता का और हिन्दी के रूप में देश की वास्तविक संपर्क भाषा को समाज और शासन में प्रतिष्ठापित करने का संग्राम भी थी। इसकी परिणति अंततः भारत की स्वाधीनता और हिन्दी को देश की संपर्क भाषा और संघीय शासन के कामकाज की भाषा बनाने में हुई।

बहरहाल ईस्ट इंडिया कंपनी से लेकर ब्रिटिश हुकूमत तक की भाषा नीति का उल्लेख और उसके प्रतिकार में स्वाधीनता संग्राम में हिन्दी के योगदान की चर्चा यहाँ हमारा अभीष्ट है।

भारत में ब्रिटिश उपनिवेश कायम होने के साथ-साथ इस आवश्यकता को और भी अधिक गहराई से महसूस किया जाने लगा कि देश में आपसी विचारों के आदान-प्रदान के लिए कोई सामान्य भाषा हो। और यह भाषा पारंपरिक रूप से हिन्दी-हिन्दुस्तानी ही हो सकती थी। इसके लिए मिली-जुली शब्दावली भी विकसित हुई, जिसका प्रमाण 'हॉब्सन जॉब्सन' कोश है। एडवर्ड टेरी (1655 ई0) ने कहा था– "हिन्दोस्तान देश की बोलचाल की भाषा अरबी-फारसी जबानों से बहुत मिलती-जुलती है पर बोलने में ज्यादा सुखकर और आसान है। इसमें काफी रवानी है और थोड़े शब्दों में बहुत कुछ कहा जा सकता है। लोग हमारी ही तरह बाएँ से दाएँ को लिखते हैं।"[2]

हिन्दी का पहला व्याकरण सन् 1698 में हालैंड-निवासी जॉन जीशुआ केटेलर ने 'हिन्दुस्तानी भाषा' नाम से डच भाषा में लिखा। हॉलैंड दूतावास के दस्तावेजों के अनुसार केटेलर ने गुजरात के सूबेदार अमीर उल उमरा जुल्फिकार खाँ से हिन्दुस्तानी में ही बातें की थीं और उसके सहायक ने फारसी में बातचीत की। इसके बाद के दो व्याकरण ग्रंथ और मिलते हैं। उनके नाम हैं–'हिन्दुस्तानी व्याकरण' (1745 ई.)– बेंजमिन शूल्ज तथा 'अल्फाबेतुम ब्रम्ह्मनिकुम' (1771 ई0)–कैसियानो बेलिगती।

अंग्रेज नौकरशाह हेनरी टॉमस कोलब्रुक (1765-1837), अगस्त, 1782 में ईस्ट इंडिया कंपनी की सेवा में शामिल हुए थे। आगे चलकर वे संस्कृत के प्रसिद्ध विद्वान बने। कोलब्रुक ने अपने विचार व्यक्त करते हुए लिखा था– "जिस भाषा का व्यवहार भारत के प्रत्येक प्रांत के लोग करते हैं, जो पढ़े-लिखे तथा अनपढ़ दोनों की साधारण बोलचाल की भाषा है, और जिसको प्रत्येक गाँव में थोड़े-बहुत लोग अवश्य समझ लेते हैं, उसी का यथार्थ नाम हिन्दी है।"[3]

ये वही दिन थे जब एक अन्य अंग्रेज नौकरशाह विलियम जोन्स में संस्कृत के प्रति प्रेम जागृत हो रहा था। उन्होंने आगे चलकर एशियाटिक

सोसायटी की कलकत्ते में स्थापना की। मुद्रा तथा चपरास में हिन्दी (नागरी) का प्रयोग सन् 1793 से अनिवार्य बना दिया गया। इसी समय मुद्रण के लिए टाइप के जनक कैरी (1796) ने कहा– "संभवतः संस्कृत की शाखा-प्रशाखा से विकसित हिन्दी विस्तृत भूभाग में फैली हुई है। राजमहल से दिल्ली तक आम भाषा है और इसके भी आगे शायद पूरे हिन्दोस्तान में इसके माध्यम से मैं समझा जा सकता हूँ।"[4]

यह वही समय था जब गिलक्राइस्ट ने अपना व्याकरण लिखा। उसके पहले वह 'हिन्दोस्तानी-इंग्लिश डिक्शनरी' (1787-91) दो खंडों में लिख चुके थे। सन् 1798 में उन्होंने हिन्दुस्तानी भाषा की भूमिका के रूप में 'ओरिएंटल लिंग्विस्ट' प्रस्तुत की और ओरिएंटल सेमीनरी की स्थापना की, जिसमें फरवरी, 1799 से हिन्दुस्तानी भाषा का अध्ययन शुरू हुआ। इससे पहले अंग्रेजी हुकूमत द्वारा 21 दिसंबर, सन् 1798 के आदेश द्वारा शिक्षा में हिन्दुस्तानी का ज्ञान आवश्यक कर दिया गया।

हिन्दी के विकास में, मैकिंस वेलेजली द्वारा 4 मई, 1800 ई0 को स्थापित फोर्ट विलियम कॉलेज के अवदान को कभी भुलाया नहीं जा सकता है। जॉन गिलक्राइस्ट दिनांक 1.11.1800 को फोर्ट विलियम कॉलेज में हिन्दुस्तानी भाषा विभाग के अध्यक्ष के रूप में नियुक्त होकर कलकत्ते आए। वहाँ वह जनवरी, सन् 1804 तक ही रहे। परंतु तत्कालीन परिस्थितियों में उनका योगदान ऐतिहासिक कहा जाएगा। उन्होंने ही एक सर्वमान्य भाषा के रूप में भारत के विस्तृत भूभाग में बोली जानेवाली भाषा को 'खड़ी बोली' नाम से अभिहित किया। स्टैंडर्ड हिन्दी के लिए यह नाम दिया गया। कंपनी प्रशासन सरकार के कामकाज की भाषा के प्रति सचेत था। गिलक्राइस्ट ने कॉलेज में नियुक्त लल्लूजी लाल तथा सदल मिश्र से खड़ी बोली में पाठ्य-पुस्तकें तैयार करवाईं। इसके फलस्वरूप ठीक एक वर्ष बाद ही यह घोषणा कर दी गई कि "सन् 1801 के प्रारम्भ से ऐसा कोई भी सिविल सर्वेंट किसी विश्वास तथा उत्तरदायित्व के पद पर तब तक नियुक्त नहीं किया जाएगा जब तक यह निश्चय न कर लिया जाए कि उसे गवर्नर जनरल द्वारा बनाए गए कानूनों-नियमों तथा उन भाषाओं का ज्ञान है, जो उसके पद से संबंधित कार्यकलाप के लिए आवश्यक है।"[5]

गिलक्राइस्ट की सेवाओं के महत्त्व पर एच.एच. विल्सन ने लिखा : "बड़े श्रन और सूझ से गिलक्राइस्ट ने प्रयोगों के नियम निकाले और एक स्टैंडर्ड स्थापित किया, जिससे अपील का अवसर ही नहीं आया और जो न केवल उस भाषा को सीखने वरन् उसके रक्षार्थ आवश्यक था। उन्होंने हिन्दी को अस्थिर तथा लचकीली बोली की स्थिति से उठाकर नियमित स्थिरता और एकरूपता दी।"[6]

फोर्ट विलियम कॉलेज की स्थापना के वर्ष में ही कंपनी के 2 सितंबर, 1800 ई. के डिस्पैच में हिन्दी-हिन्दुस्तानी के संदर्भ में गिलक्राइस्ट की सेवाओं की भूरि-भूरि प्रशंसा की गई कि किस प्रकार उन्होंने जूनियर सर्वेंट्स के लिए हिन्दुस्तानी के ठीक-ठीक और विस्तृत ज्ञान की आधारशिला रखी।

परंतु आज की तरह उस समय भी नौकरशाही ने उनके कार्य में पर्याप्त बाधा पहुँचाई, जिससे क्षुब्ध होकर उन्होंने दिनांक 20.01.1802 को लिखा कि– "बाधाओं से मेरा काम महीनों पीछे हो गया। योजनाओं के प्रसार में बाधा पड़ी।"[7] गिलक्राइस्ट ने अंततः नौकरशाही की अड़चनों से कुपित होकर सन् 1804 ई0 में त्यागपत्र दे दिया। किंतु इंग्लैंड पहुँचकर भी गिलक्राइस्ट हिन्दुस्तानी की सेवा मृत्युपर्यंत करते रहे। बाद में फोर्ट विलियम कॉलेज में हिन्दुस्तानी भाषा विभाग के अध्यक्ष पद पर कैप्टन माउंट (6.1.1806 से 20.2.1808) कैप्टन विलियम टेलर (22.2.1808 से मई 1823) तथा विलियम प्राइस (23.5.1823 से दिसंबर 1831) रहे।

फोर्ट विलियम की तरह ही इंग्लैंड में भी हेलीबरी में 12.5.1806 को एक कॉलेज की स्थापना की गई, जिसका उद्देश्य था भारत में नियुक्त होनेवाले सिविल सर्वेंट में 'हिन्दुस्तानी' का आधार इंग्लैंड में निर्मित करना। इस आधार का विकास भारत में किया जाना था। इस कॉलेज में भी सन् 1806 तक गिलक्राइस्ट रहे। ये दोनों कॉलेज क्रमशः 1854 तथा 1857 तक चले।

उल्लेखनीय है कि उन्नीसवीं शताब्दी के प्रारम्भ में फोर्ट विलियम कॉलेज में एकदम अनायास से हिन्दी-हिन्दुस्तानी के प्रति राग पैदा नहीं हो गया। उस समय का वातावरण क्या था और हिन्दी का कितना

अधिक महत्त्व था, इस बारे में सैंड फोर्ड आर्नो (Sand ford Arnot) के 'हिन्दुस्तानी व्याकरण' में उद्धृत विलियम बटरबर्थ बेली (1802) के निम्न विचार से किंचित अनुमान लगाया जा सकता है :

"It is moreover the general medium by which many persons of various foreign nations settled in Hindustan communicate their wants and ideas to each other. Of the truth of this indeed we ourselves are an evidence, as are the Portuguese, Dutch, French, Danes, Arabs, Turks, Greeks, Armenians, Georgians, Persians, Moguls and Chinese." [8]

इस पर टिप्पणी करते हुए डॉ. रामविलास शर्मा ने 'भारतेंदु युग और हिन्दी भाषा की विकास परंपरा' में लिखा है :

"आगरा जैसे व्यापार केंद्रों में किसी समय विदेशी व्यापारी, राजदूत आदि न केवल यहाँ की जनता से विचारों का आदान-प्रदान करने के लिए वरन आपस में अंतर्राष्ट्रीय संपर्क-भाषा के रूप में हिन्दुस्तानी का व्यवहार करते थे।...उस समय अंग्रेजी विश्वभाषा न बनी थी। पुर्तगाल, हॉलैंड, यूनान, फ्रांस, डेनमार्क आदि अन्य देशों की तरह ब्रिटेन के व्यापारी भी यहाँ का माल खरीदकर अपने यहाँ बेचने के उद्देश्य से भारत आए थे। अरबों, तुर्कों, चीनियों की तरह वह भी यहीं की भाषा का व्यवहार करते थे। एशिया और यूरोप की इन जातियों की संपर्क भाषा-कम से कम आगरा जैसे शहरों में-हिन्दी, उर्दू या हिन्दुस्तानी थी"[9]

विलियम बटरवर्थ बेली (1782-1860) सिविल सर्विस के प्रतिभासंपन्न अधिकारी थे, जिन्होंने सन् 1799 में सेवा में प्रवेश किया और सन् 1800 ई0 में हिन्दुस्तानी की परीक्षा में द्वितीय स्थान प्राप्त किया। बेली ने 1802 ई0 में आयोजित प्रथम वाद-विवाद प्रतियोगिता में हिन्दी में प्रथम पुरस्कार स्वरूप रु0 1500 नकद तथा मैडल प्राप्त किया। वाद-विवाद की उस प्रतियोगिता का विषय था 'हिन्दुस्तान में कारवाई के लिए हिन्दी जबान और जबानों से जीआदः दरकार है।' उस प्रतियोगिता में लोवेंट और लायड विरोध में बोले। बेली बाद में सुप्रीम कौंसिल के सदस्य रहे और विलियम बैंटिक से पूर्व कुछ समय गवर्नर जनरल भी रहे। बेली के अनुसार उस समय व्यापारिक, सैनिक और राजनीतिक, सभी क्षेत्रों के सारे कामकाज

की भाषा के रूप में हिन्दी का व्यवहार होता था। बेली ने लिखा है :

"How universally are commercial and military concern, and even political correspondence of the highest consequence, connected with it and carried on in it .... That language is the most proper and necessary for conducting the affairs of civil government and commerce of military as well as judicial concerns."[10]

फलस्वरूप ब्रिटिश शासन ने सन् 1803 से भारतीय प्रशासन के लिए विनियमों के हिन्दुस्तानी अनुवाद की व्यवस्था शुरू कर दी (Every regulation with the original notes shall be translated in the Hindustanee)।

बटरवर्थ बेली जैसे अधिकारी अकेले नहीं थे। उस समय एक दूसरे वरिष्ठ अधिकारी फ्रेडरिक जॉनशोर (1799-1837) भी थे, जिन्होंने हिन्दुस्तानी के पक्ष में ही नहीं, अंग्रेजी के विपक्ष में अकाट्य तर्क प्रस्तुत किए। उन्होंने बड़े विस्तार से अपने विचार प्रस्तुत किए हैं। इस संबंध में उनकी पुस्तक 'नोट्स ऑन इंडियन एफेयर्स' (1837) पठनीय है। जेम्स रोबर्ट बैलन्टाइन ने व्याकरणिक अभ्यासों की पुस्तक सन् 1838 में लिखी और पहली बार हिन्दी के साथ बृज तथा दकनी (लंदन, 1842) को जोड़ा।

उन्नीसवीं शताब्दी के पहले दशक में दिल्ली के रेजीडेंट सी0टी0 मेटकाफ ने अपने दिनांक 29.8.1806 के पत्र में लिखा :

"भारत के जिस भाग में मुझे काम करना पड़ा है, मुझे हर जगह ऐसे लोग मिले हैं जो हिन्दुस्तानी बोल सकते हैं। हिन्दुस्तानी एक ऐसी जबान है, जो आम तौर पर उपयोगी साबित होती है और मेरी समझ में संसार की किसी भी भाषा से उसका व्यवहार बहुत बड़े पैमाने पर होता है।"[11]

लगभग ऐसे ही विचार मद्रास के लेफ्टीनेंट टॉमस रॉबक (1781-1819) के थे : "हिन्दुस्तानी सामान्य जनता की बोलचाल की भाषा तथा भारत की महान लोकप्रिय भाषा है।"[12] रॉबक ने ही कम्प्लीट कमांड ऑफ हिन्दुस्तानीः हिन्दुस्तानी-अंग्रेजी नेवल डिक्शनरी, 1811 में तैयार की थी जो बाद में 'लक्जरी डिक्शनरी' शीर्षक से सन् 1882 में प्रकाशित हुई। उन्होंने ही सर्वप्रथम मुहावरे तथा कहावतों का संग्रह सन्

1824 में कलकत्ते से प्रकाशित किया। एच.एच. विलसन (1786-1860) ने प्रशासनिक शब्दावली का एक संग्रह 'ग्लोसरी ऑफ जुडीशियल एंड रेवन्यू टर्म्स' (लंदन, 1855) शीर्षक से प्रकाशित कराया।

जाहिर है कि हिन्दी के विकास की पृष्ठभूमि हर तरह से पुष्ट और उर्वर थी। इस पृष्ठभूमि से हिन्दी जब उद्भाषित हुई तो उसकी गति को कोई शक्ति रोक नहीं सकी। अंग्रेजों के विरुद्ध स्वयं अंग्रेज ही लड़ते रहे। इनमें सर्वाधिक प्रसिद्ध नाम है फ्रेडरिक पिन्काट का। ब्रिटिश सरकार से उनकी यह लड़ाई सन् 1868 में प्रारम्भ हो गई थी, जबकि उनकी अवस्था मात्र बत्तीस वर्ष की थी। सन् 1888 में श्रीधर पाठक को लिखे पत्र में उन्होंने स्पष्ट रूप से लिखा था :

"बीस साल पहले मैं एकमात्र योरोपियन था, जिसने सरकार पर हिन्दी के बारे में दबाव डाला और दस साल बाद इस नियम के बनवाने में सफल रहा कि भारत जानेवाले अंग्रेजों को हिन्दी की परीक्षा पास करना अनिवार्य किया जाए।"[13]

पिन्काट जब यह लड़ाई लड़ रहे थे तो एक ओर ग्रिफिथ थे, जिन्होंने सन् 1878 की रिपोर्ट में यह बात खुले शब्दों में स्वीकार की थी कि "इस देश की भाषा हिन्दी है।" वहीं दूसरी ओर हिन्दी का विश्लेषण-विवेचन कर केलाग ने सन् 1876 में 'हिन्दी व्याकरण' प्रकाशित किया और उसमें यह घोषणा की कि 'भारतीय आर्य भाषाओं में महत्त्व की दृष्टि से हिन्दी का स्थान पहला है।' केलाग ने स्तरीय हिन्दी के भविष्य की भी कल्पना की। उन्होंने दो टूक शब्दों में लिखा :

"यदि कोई भविष्य बताने का साहस करे तो वह यह भी कह सकता है कि भविष्य में उत्तर भारत की जो भाषा राजकाज या साहित्य की भाषा बनेगी, वह ऐसी भाषा होगी जो उर्दू की भाँति अरबी-फारसी से कम प्रभावित होगी, साथ ही उसमें वर्तमान हिन्दी की अपेक्षा संस्कृत तथा प्राकृत के शब्द भी कम रहेंगे।"[14]

ऊपर भाषा के जिस रूप की कल्पना की गई है, उसी रूप को भारतेंदु ने अपनाया और उसे 'नए चाल की हिन्दी' से अभिहित किया। इससे प्रभावित होकर पिन्काट ने उन्हें लिखा :

"यह सच बात है कि आपकी हिन्दी और हिन्दुस्तान सबसे मनोहर है।

इसके बदले राजा शिवप्रसाद को अपना ही हित सबसे भारी बात है।"[15]

हिन्दी का सार्वदेशिक रूप तो काफी पहले से स्वीकृत किया जा चुका था। जॉन शेक्सपियर ने बहुत पहले लिखा था :

"जो साधारणतया हिन्दुस्तानी खास या दकन में, दिल्ली, आगरा, हैदराबाद या कर्नाटक में प्रचलित है, मूलतया एक है, फिर भी देश के विस्तार के कारण बोलियों में अनेक अंशों में भेद हुए बिना नहीं रह सकता।"[16]

जाहिर है उस समय अंग्रेज सरकार के सामने इसके अतिरिक्त कोई अन्य रास्ता नहीं था कि भारत में प्रशासन में नियुक्त होनेवाले सिविल सर्विस के उच्च अधिकारियों के लिए हिन्दी तथा अन्य भारतीय भाषा का ज्ञान होना अनिवार्य कर दिया जाए। इस संबंध में इंडिया ऑफिस, लंदन से एक आदेश सं. 975-81 जे.पी. दिनांक 12.8.1881 सेक्रेटरी, सिविल सर्विस कमीशन को भेजा गया, जिसमें काफी विस्तार से इस पहलू का विवेचन था और भारत में पदस्थापित होने वाले सिविल सेवकों के लिए भाषा ज्ञान का निम्न प्रारूप संस्तुत था।

प्रेसीडेंसी या गवर्नमेंट	*अभ्यर्थी के लिए अनिवार्य भाषा*	*वैकल्पिक भाषाएँ, पर यदि ली जाएँ तो इनाम तथा अंक से प्रोत्साहित किया जाए*
बंगाल का दक्षिणी प्रांत	बांग्ला	हिन्दुस्तानी तथा कोई एक प्राचीन भाषा
उत्तर-पश्चिमी प्रांत, अवध तथा पंजाब	हिन्दी	हिन्दुस्तानी तथा कोई एक प्राचीन भाषा
मद्रास	तमिल	तेलुगु तथा कोई एक प्राचीन भाषा
बंबई	मराठी	हिन्दुस्तानी तथा कोई एक प्राचीन भाषा
बर्मा	बर्मी	हिन्दुस्तानी तथा कोई एक प्राचीन भाषा

(स्रोत : राष्ट्रीय अभिलेखागार, 'राजभाषा हिन्दी' में प्रस्तुत)

इसके साथ ही यह व्यवस्था भी की गई कि मद्रास जानेवाले अधिकारियों को उनके हिन्दुस्तानी ज्ञान के लिए विशेष पुरस्कार दिया जाए। आगे चलकर इसी आदेश का स्पष्टीकरण करते हुए 26 जनवरी, 1882 को सिविल सर्विस कमीशन के नाम भेजे गए पत्र में पुनः जोर

दिया गया कि मद्रास जानेवाले अभ्यर्थियों की फाइनल परीक्षा में हिन्दुस्तानी के लिए विशेष पुरस्कार की व्यवस्था की जाए। इस आदेश में यह भी स्वीकार किया गया कि हिन्दुस्तानी, जो एक प्रकार से समस्त भारत की सार्वदेशिक भाषा है, राजनीतिक दृष्टि से, विशेषतः बंबई में, इतनी महत्त्वपूर्ण है कि उसे कतई छोड़ा नहीं जा सकता। पत्र के अंत में पुनः जोर देकर दुहराया गया कि मद्रास में हिन्दुस्तानी के विशेष पुरस्कार की व्यवस्था की जाए यद्यपि यह वहाँ की वर्नाक्यूलर नहीं है। उसी प्रकार बंबई प्रांत में गुजराती के लिए पुरस्कार दिया जाए।

हिन्दी तथा भारतीय भाषाओं के संदर्भ में यह आदेश कितना अधिक महत्त्वपूर्ण रहा होगा इस पर गौर करते हुए हमें यह भी देखना चाहिए कि इस बीच हम कितने आगे बढ़े। परीक्षा पास करना, पुरस्कार-इनामों की व्यवस्था तो आज से लगभग सवा सौ वर्ष पूर्व ही कर दी गई थी। आखिर हमने और क्या किया? ब्रिटिश सरकार ने तो सन् 1881 में ही राजकाज की दृष्टि से हिन्दी-हिन्दुस्तानी तथा भारतीय भाषाओं का महत्त्व स्वीकार कर लिया था। हमने तो अपने ही से अंग्रेजी को अनंत काल तक के लिए अपनाए रखने का काम किया है। हिन्दी क्षेत्र में, खासकर बिहार में हिन्दी का प्रचलन सन् 1875 में ही शुरू हो गया था। सन् 1880 में एक आदेश निकाला गया कि जनवरी, 1881 से प्रांत की अदालती भाषा एकमात्र नागरी लिपि में लिखी हिन्दी होगी। मध्य प्रदेश में यही काम सन् 1881 में हुआ तथा उत्तर प्रदेश में सन् 1900 में तब आरम्भ हुआ जब मार्च, 1898 में मदनमोहन मालवीय के नेतृत्व में एक शिष्टमंडल गवर्नर से मिला और हिन्दी के प्रचलन के लिए शासन पर दबाव बनाया।

1901 की जनगणना की रिपोर्ट के प्रथम खंड में भारतीय संदर्भ में हिन्दी के महत्त्व को प्रतिपादित करते हुए क्रस्ट ने लिखा :

"हिन्दी के पास ऐसा शब्दकोश और अभिव्यक्ति की ऐसी सामर्थ्य है, जो अंग्रेजी से किसी भी प्रकार कम नहीं।''

मैकाले के 'मिनट' के बाद भी थामसन ने अपनी रिपोर्ट (1843-44) में यह स्पष्ट आदेश दिया कि "इंग्लिश अफसरों के सिवाय जनता

के साथ सभी कामकाज वर्नाक्यूलर भाषा में किया जाए।"

आगे चलकर 'होम' विभाग के अंतर्गत एक तर्जुमा (अनुवाद) अनुभाग स्थापित किया गया।

कंपनी प्रशासन ने पत्रों के विविध प्रकार जैसे-अर्जी, जमानतपत्र, शर्तनामा, कबूलनामा, सनद, दस्तक, अहदनामा, मुख्तारनामा, राजीनामा, याददाश्त, फाइलनोट, कैफियत, दरखास्त, खसरा, फरद आदि प्रचलित कराए। ब्रिटिश शासन की देन अर्द्ध शासकीय पत्र (डी0ओ0) है। कंपनी प्रशासन में प्रचलित जिन कतिपय हिन्दी पत्रों तथा कचहरी दस्तावेजों की चर्चा सुनी जाती है, वे हैं-मोहर, अर्जी, शर्तनामा, कबूलनामा, सनद, परवाना, इकरारनामा, इजहार, वजिबउल अर्ज (वह ऐसा सरकारी पत्र था जिसमें प्रार्थी के प्रश्नों के साथ-साथ उनका उत्तर भी सरकार की ओर से सामने अंकित कर दिया जाता था), अहदनामा, हुकमनामा, (आदेश-पत्र)। जिला स्तर पर स्थानीय प्रशासन में भोजपुरी, अवधी, ब्रज, बुंदेलखंडी, मगही, राजस्थानी आदि जनभाषाओं का प्रचलन था। अंतरराष्ट्रीय क्षेत्र में भी हिन्दी का प्रचलन था। नेपाल के साथ पत्र-व्यवहार हिन्दी में ही होता था। देशी रियासतों के साथ पत्र-व्यवहार में भी हिन्दी भाषा प्रयोग में आती थी।

इस बीच राजा राममोहन राय के सती प्रथा विरोधी आंदोलन ने भारत के पुरातनपंथी समाज में नवजागरण की तीव्र लहर पैदा की। केशवचंद्र सेन ने राष्ट्रीय भावधारा के विकास के लिए राष्ट्रभाषा के तौर पर हिन्दी को प्रचलित करने का स्वर बुलंद किया। इसे कार्य रूप देते हुए दयानंद सरस्वती ने संस्कृत के बजाय हिन्दी में अपने ग्रंथ 'सत्यार्थप्रकाश' की रचना की। उन्होंने अपने भारत-भ्रमण में हिन्दी में प्रवचन करते हुए देशवासियों में राष्ट्रभाव का अलख जगाना शुरू किया। महाराष्ट्र में बालगंगाधर तिलक ने 'स्वराज्य हमारा जन्मसिद्ध अधिकार है' का नारा दिया, जिसका राष्ट्रव्यापी प्रभाव पड़ा। उन्होंने राष्ट्रवाद और राष्ट्रभाषा के विकास तथा प्रचार के लिए सन् 1903 में 'हिन्द केसरी' नाम से एक पत्रिका का प्रकाशन शुरू किया और अंग्रेजी के बदले हिन्दी में भाषण देकर लोगों में सामूहिकता एवं राष्ट्रीय एकता

का भावबोध प्रबल किया।

उल्लेखनीय है कि सन् 1863 में अंग्रेजी हुकूमत प्रशासन तथा कचहरियों के कामकाज में हिन्दी के लिए देवनागरी लिपि के स्थान पर रोमन लिपि का प्रयोग आरम्भ करना चाहती थी। इसका जबर्दस्त प्रतिवाद किया पं. मदनमोहन मालवीय ने। उन्होंने 'कोर्ट करैक्टर एंड प्राइमरी एजुकेशन इन नार्थ-वेस्ट प्रोविंसेज' शीर्षक से एक पुस्तक लिखकर रोमन लिपि की अव्यावहारिकता एवं अवैज्ञानिकता सिद्ध की। साथ ही उन्होंने साठ हजार लोगों के दस्तखत वाला प्रतिवेदन तत्कालीन गवर्नर को सौंपने के बहाने समूचे मध्य भारत में लोक जागरण पैदा करने का अभूतपूर्व काम किया।

स्पष्ट है कि कांग्रेस की स्थापना से काफी समय पहले से ही बंगाल, महाराष्ट्र, गुजरात तथा पंजाब के राष्ट्रीय नेताओं ने हिन्दी का प्रचार-प्रसार उसी प्रकार आरम्भ कर दिया था, जिस प्रकार मध्यकाल में सूफी संतों, फकीरों तथा भक्तों ने भक्ति के बहाने लोकभाषा का किया था। सर्वप्रथम ईश्वरचंद्र विद्यासागर ने और फिर बाद में 1875 ई. में केशवचंद्र सेन ने अपने समाचार-पत्र 'सुलभ समाचार' में 'हिन्दी ही अखिल भारत की जातीय भाषा या राष्ट्रभाषा बनाने के योग्य है' विषय पर निबंध लिखा। सन् 1882 में राजनारायण बोस ने और 1892 में शिक्षा विशारद भूदेव मुकर्जी ने भारत को एक जातीयता के सूत्र में बांधने के लिए हिन्दी की उपयोगिता के सम्बन्ध में समुज्ज्वल विचारों से ओतप्रोत तर्क प्रस्तुत किए। राजा राममोहन राय ने कलकत्ते से 'बंगदूत' सन् 1826 में हिन्दी-अंग्रेजी तथा बांग्ला में निकाला। दयानंद सरस्वती ने केशवचंद्र सेन के कहने पर ही हिन्दी में लिखना तथा व्याख्यान देना शुरू किया। नवीनचंद्र राय ने सन् 1867-68 में 'ज्ञान प्रदायिनी' के माध्यम से हिन्दी का प्रचार पंजाब में लाहौर से आरम्भ किया। इस प्रकार धार्मिक, सामाजिक तथा राजनीतिक आंदोलन की भाषा बनकर जो हिन्दी शताब्दियों से जनता की जुबान बनती चली आ रही थी, उसका विकास पत्रकारिता के क्षेत्र में भी हुआ। सन् 1824 में कलकत्ते से 'उदंत मार्तंड' प्रकाशित हुआ। राजा रामपाल सिंह ने सन् 1883 में लंदन से 'हिन्दुस्तान' नामक पत्र निकाला।

बंकिमचंद्र ने सन् 1877 में अपने साहित्यिक पत्र 'बंग दर्शन' में 'भारतेर एकता' शीर्षक लेख के माध्यम से हिन्दी का समर्थन किया। महाराष्ट्र में बाल गंगाधर तिलक ने मराठी के साथ 'हिन्द केसरी' निकाला। माधवराव सप्रे ने घोषणा की– "हिन्दी अवश्य राष्ट्रभाषा बनाई जाए। भारतवर्ष की कोई दूसरी भाषा राष्ट्रभाषा बनने का दावा नहीं कर सकती।"

'वंदे मातरम्' समाचार-पत्र के 1905 के एक अग्रलेख में संपादक अरविंद घोष ने हिन्दी को राष्ट्रभाषा बनाने की वकालत की। उसके आधार पर ही रमेशचंद्र दत्त की अध्यक्षता में काशी नागरी प्रचारिणी सभा के अधिवेशन (1905) में तिलक ने समग्र भारत के लिए एक भाषा मान लेने को राष्ट्रीय आंदोलन की संज्ञा दी। जस्टिस शारदाचरण मित्र ने 1905 में एक लिपि विस्तार परिषद की स्थापना की। महर्षि अरविंद, रवींद्रनाथ टैगोर तथा सुप्रसिद्ध भाषाविद् डॉ. सुनीति कुमार चाटुर्ज्या ने हिन्दी का पर्याप्त समर्थन किया। श्रद्धानंद प्रारम्भ से ही हिन्दी के समर्थक थे।

भारत के राजनीतिक मंच पर महात्मा गांधी का आगमन कई दृष्टियों से ऐतिहासिक एवं अविस्मरणीय साबित हुआ। वे भारत राष्ट्रराज्य की संकल्पना में राष्ट्रभाषा के सवाल को बुनियादी मानते थे। राष्ट्रीय मंच पर आने से पहले ही महात्मा गांधी ने इस ओर ध्यान दिया। 'इंडिया ओपीनियन' में उन्होंने सन् 1906 में लिखा :

"यह संभव नहीं कि अंग्रेजी के जरिए भारत एक राष्ट्र बन जाए। यह (हिन्दी) भाषा उत्तर भारत में सब लोग बोलते हैं। इसकी माता संस्कृत और फारसी होने के कारण यह हिन्दू और मुसलमान दोनों के अनुकूल पड़ सकती है। इसके सिवा चूँकि फकीर और संन्यासी यही भाषा बोलते हैं, इसलिए इसका प्रचार सब जगह होता है। अनेक अंग्रेज भी इसे सीखे हैं।"[17]

सन् 1915 में भारत आते ही महात्मा गांधी ने हिन्दी के लिए बाकायदा आंदोलन चलाया। समय-समय पर वे हिन्दी का पक्ष लेते रहे। नागरी प्रचारिणी सभा, काशी (1916), द्वितीय गुजरात शिक्षा सम्मेलन, भड़ौंच (1917), हिन्दी साहित्य सम्मेलन, इंदौर (1918) आदि के

अध्यक्ष पद से भाषण देते हुए वे हिन्दी का पक्ष पोषण करते रहे।

गांधी जी हिन्दी-उर्दू की एकता के बहाने हिन्दू-मुस्लिम एकता के प्रबल पक्षधर थे। उन्होंने अपने आचरण, व्यवहार, सविनय अवज्ञा आंदोलन, सत्याग्रह तथा हिन्दी में दिए भाषणों से अंग्रेजी शासन के विरुद्ध राष्ट्रव्यापी आंदोलन का नया ज्वार पैदा किया। उन्हीं के प्रयत्न से सन् 1918 में मद्रास में 'दक्षिण भारत हिन्दी प्रचार सभा' की स्थापना हुई। सन् 1936 में राष्ट्रभाषा प्रचार समिति, वर्धा तथा सन् 1937 में महाराष्ट्र राष्ट्रभाषा सभा, पुणे की स्थापना के प्रेरणा पुरुष भी वही थे।

कांग्रेस संस्था की कार्यवाही हिन्दी में चले, इसके लिए महात्मा गांधी तीसरे दशक से ही प्रयत्न करते रहे। उन्होंने कांग्रेस के विधान में भी इसका उल्लेख बहुत पहले करवा दिया था कि 'हिन्दुस्तानी' में ही काम हो। गांधी जी के अनुरोध के फलस्वरूप कांग्रेस के कानपुर अधिवेशन में सन् 1925 में एक प्रस्ताव पारित हुआ जो इस प्रकार था– "कांग्रेस की महासभा प्रस्ताव पास करती है कि अखिल भारतीय कांग्रेस कमेटी और वर्किंग कमेटी की कार्रवाई आमतौर पर हिन्दुस्तानी में चलेगी।"[18] इससे पहले काकीनाडा के 1923 के अधिवेशन में भी इस तरह का विचार प्रकट किया गया। कौंसिल ऑफ स्टेट्स में सेठ गोविंद दास ने 16 मार्च, 1927 को एक प्रस्ताव के जरिये यह मंतव्य रखा कि हिन्दी में भी भाषण दिया जा सकता है।

स्वतंत्र भारत का संविधान बनाने के लिए सभी दलों (मुस्लिम, हिन्दू महासभा, नानब्राह्मण, सिक्ख, लिबरल तथा लेबर) का सन् 1928 में एक सम्मेलन हुआ। उसमें पं. मोतीलाल नेहरू की अध्यक्षता में 'नेहरू रिपोर्ट' प्रस्तुत की गई। उसमें हिन्दुस्तानी को सर्वमान्य भाषा घोषित किया गया। इसी वर्ष (1928) दक्षिण भारत में चक्रवर्ती राजगोपालाचारी ने तमिल भाषा-भाषियों से हिन्दी पढ़ने की वकालत करते हुए कहा : "उत्तरी और केंद्रीय भारत की मुख्य भाषाओं में एक ऐसा सामान्य तत्त्व है जो इन भाषाओं के बोलने वालों को बिना उनकी अपनी भाषाओं में विशेष परिवर्तन के ही एक-दूसरे को समझ सकने में सहायता प्रदान करता है और यह सामान्य आधार पर उसे भारत के अधिकतर भाग की जनभाषा बनाने में सहायक है।...केंद्रीय सरकार

और विधानसभाओं और प्रांतीय सरकारों की भारत सरकार से व्यवहार की भाषा हिन्दी ही होनी अनिवार्य होगी। राजनीतिक कारणों से कम महत्त्वपूर्ण नहीं, ऐसी भारत की सांस्कृतिक एकता के लिए भी सामान्य रूप से बोली जानेवाली भाषा का ज्ञान आवश्यक है। यदि बृहद् भारत में प्रतिदिन का संपर्क नहीं बनाए रखा गया, तो दक्षिण प्रदेश उस सांस्कृतिक वृक्ष की निर्जीव शाखा मात्र रह जाएगा।"[19]

चक्रवर्ती राजगोपालाचारी ने सन् 1929 में 'हिन्दी प्रचारक' में लिखा–"हिन्दी भावी भारत की राजभाषा है, हमें अभी से उसे जरूर सीख लेना चाहिए।" यही 'हिन्दू' में भी प्रकाशित हुआ। इसमें ऐंड्रयूज तथा एनीबेसेंट ने भी पूरा-पूरा योगदान दिया।

पं. जवाहरलाल नेहरू ने भी हिन्दी को प्रारम्भ से ही अपनाया और सन् 1937 में प्रांतीय सरकार बनने पर कहा : "हर प्रांत की सरकारी भाषा राज्य के कामकाज के लिए उस प्रांत की भाषा होनी चाहिए। परन्तु हर जगह अखिल भारतीय भाषा के नाते 'हिन्दुस्तानी' को सरकारी तौर पर माना जाना चाहिए। अखिल भारतीय भाषा कोई हो सकती है तो वह सिर्फ हिन्दी या हिन्दुस्तानी–कुछ भी कह लीजिए-ही हो सकती है।"[20]

भारतीय स्वाधीनता संग्राम का इतिहास साक्षी है कि अंग्रेजी शासन के विरुद्ध जनांदोलन को सशक्त बनाने तथा लोगों में भावात्मक एकता कायम करने में हिन्दी भाषा का सवाल निरंतर अहम बना रहा। आंदोलन के चरम दिनों में आजादी और हिन्दी जैसे एक दूसरे की पूरक बन गई थी। इसे अंजाम देने में जिन राष्ट्रभक्तों ने अपना सर्वस्व न्यौछावर कर दिया उनमें लाला लाजपत राय, सुभाषचंद्र बोस, डॉ. राजेंद्र प्रसाद, विनोवा भावे, पुरुषोत्तमदास टंडन, सेठ गोविन्द दास, काका कालेलकर, भीमराव अंबेडकर आदि का अवदान भी कभी भुलाया नहीं जा सकता। बहरहाल भारत के स्वाधीनता संग्राम पर विराम 15 अगस्त सन् 1947 को तब लगा, जब देश आजाद हुआ। इसके साथ ही आजाद भारत के राजकाज की भाषा हिन्दी बनाई गई। इस तरह से इतिहास एवं सभ्यता की एक कार्रवाई पूरी हुई।

संदर्भ-संकेत

1. किशोरीदास वाजपेयी, राष्ट्रभाषा का इतिहास, जनवाणी प्रकाशन, कलकत्ता, प्रथम संस्करणः 1950, पृष्ठ 18
2. डॉ. कैलाशचंद्र भाटिया, राजभाषा हिन्दी, वाणी प्रकाशन, नई दिल्ली, संस्करणः 2005, पृष्ठ 12 पर उद्धत।
3. वही, पृष्ठ 13
4. वही।
5. वही, पृष्ठ 14
6. वही।
7. वही।
8. डॉ. रामविलास शर्मा, भारतेंदु युग और हिन्दी भाषा की विकास परंपरा, राजकमल प्रकाशन, नई दिल्ली, परिवर्द्धित रूप में प्रथम संस्करणः 1975, पृष्ठ 162 पर उद्धृत।
9. वही, पृष्ठ 161-162
10. वही, पृष्ठ 162
11. डॉ. कैलाशचंद्र भाटिया, राजभाषा हिन्दी, वाणी प्रकाशन, नई दिल्ली, संस्करण : 2005, पृष्ठ 16 पर उद्धृत।
12. वही।
13. वही, पृष्ठ 17
14. वही।
15. वही, पृष्ठ 18
16. वही।
17. वही, पृष्ठ 22
18. वही।
19. वही, पृष्ठ 23
20. वही।

वैश्वीकरण का भाषाई परिप्रेक्ष्य और हिन्दी की चुनौतियाँ

"मैं कहता हूँ कि आप अपनी भाषा में बोलें, अपनी भाषा में लिखें। उनको गरज होगी तो वे हमारी बात सुनेंगे। मैं अपनी बात अपनी भाषा में कहूँगा। जिसको गरज होगी वह सुनेगा।"

—मोहनदास करमचंद गांधी

मोटे तौर पर वैश्वीकरण का अर्थ और अभिप्राय 'वसुधैव कुटुंबकम्' से जोड़ा जा सकता है। पर असल में ऐसा है नहीं। वसुधैव कुटुंबकम् हमारा एक उदात्त दर्शन है। यह संपूर्ण विश्व को एक परिवार के रूप में रहने और समझने की प्रेरणा देता है। इसमें 'जन-जन हिताय, जन-जन सुखाय' की भावना निहित है। जबकि वैश्वीकरण भूमंडलीकरण है, जिसका अंग्रेजी में ग्लोबलाइजेशन के नाम से आजकल चहुँओर डंका बज रहा है। इसके दो मोटे पहलू हैं—आपसदारी और बाजारीकरण। इनमें भी जोर बाजारीकरण पर ज्यादा है। आपसदारी का केवल शोर है। अर्थात् आपसी मेलजोल की दुहाई देकर अपने देश के उत्पादों, मालों को दूसरे देशों में बेचना, खपाना। इसमें चकमक विज्ञापनों की बड़ी कलाबाज भूमिका है, तो उत्पादक कंपनियाँ बाजार के धरातल पर मजमेबाज जादूगर बन गई हैं। सबका बस एक ही ध्येय है मुनाफा। ऐसे नहीं तो वैसे, चाहे जैसे भी हो अधिक से अधिक मुनाफा कमाना इस नए समय का धर्म है तो सूचना बनी है इस धर्म का मर्म। इसमें इंटरनेट का महाजाल दरअसल उस मायाजाल की भूमिका अदा कर रहा है जो दुनिया को जानने से ज्यादा समझने के लिए और दुनिया को बाजार बना देने के लिए कंपनियों के आगे तरह-तरह की सूचनाएँ परोसता है।

पर इंटरनेट पर यह सारा काम होता है अंग्रेजी में। कुछ अन्य भाषाओं में भले ही सूचनाएँ और इतर सामग्रियाँ उपलब्ध हों, परंतु कंप्यूटर पर नेट सर्फिंग करते हुए कोड के लिए अंग्रेजी का सहारा लेना ही पड़ता है। इसलिए इस नेट के जरिये दुनिया में जब से सूचना क्रांति आई है, अंग्रेजी विश्व की एकाधिकारवादी भाषा बन गई है। अंग्रेजी के इस बढ़ते हुए वर्चस्व से दुनिया भर के भाषाविद् और समाज विज्ञानी चिंतित हैं। इससे विश्व में प्रचलित अन्य भाषाओं के अस्तित्व के लिए चुनौती पैदा हो गई है। हजारों क्षेत्रीय भाषाएँ विलुप्त होने के कगार पर पहुँच गई हैं।

आँकड़े बताते हैं कि आज से दस हजार वर्ष पहले जब दुनिया की आबादी मात्र दस लाख के लगभग थी, तो पन्द्रह हजार भाषाएँ प्रचलन में थीं। आज सात अरब मानव समाज के बीच लगभग छह हजार आठ सौ भाषाएँ ही बोली जाती हैं। इनमें अमेरिका में लगभग एक हजार भाषाएँ बोली जाती हैं, जो कुल भाषा संख्या का 15 प्रतिशत हैं। अफ्रीकी देशों में लगभग दो हजार चार सौ भाषाएँ और बोलियाँ व्यवहार में लाई जाती हैं। इनका प्रतिशत 35 के आसपास बनता है। इसी प्रकार प्रशांत क्षेत्र के छोटे-छोटे द्वीपों और देशों में लगभग एक हजार दो सौ भाषाएँ और बोलियाँ प्रचलन में हैं। इनकी हिस्सेदारी 19 प्रतिशत की बनती है। एशिया में करीब दो हजार भाषाएं एवं बोलियां व्यवहृत होती हैं, जबकि यूरोप में मात्र दो सौ भाषाओं तथा बोलियों का प्रचलन रहा है। पुनः विश्व की केवल 25 प्रतिशत भाषाओं के लिए ही लिपियों का प्रयोग होता है।

अपने देश में 1961 की जनगणना की रिपोर्ट के अनुसार 1652 भाषाएँ और बोलियाँ प्रचलन में रही हैं। इनमें से 532 भाषाएँ आर्य परिवार की रही हैं, जिनके बोलनेवालों का प्रतिशत लगभग 73.30 प्रतिशत है। द्रविड़ समूह की 148 भाषाएँ और बोलियाँ 24.47 प्रतिशत लोग बोलते रहे हैं। कोल भाषा परिवार की 53 भाषाएँ-बोलियाँ 1.47 प्रतिशत लोगों में बोली जाती रही हैं। इसी तरह से नाग भाषा परिवार की 227 भाषाएँ और बोलियाँ देश की जनसंख्या का 0.72 प्रतिशत समुदाय बोलता रहा है। इनके अलावा 692 भाषाएँ-बोलियाँ ऐसी भी

देश में प्रचलन में रही हैं, जिनके बोलनेवाले उक्त चारों भाषा समूह के अंतर्गत नहीं आते हैं। वैसे इस बीच भाषाविदों के एक सर्वेक्षण में भारत में केवल 325 भाषाओं और बोलियों के ही औपचारिक प्रमाण मिले हैं। इनके दस्तावेज (कागजी और कैसेट) भारतीय भाषा संस्थान, मैसूर के पास हैं।

भाषाविदों का अनुमान है कि विश्व में भाषा की दुनिया में बड़ी तेजी से क्षरण हो रहा है। विश्व की 25 प्रतिशत भाषाएँ आज बच्चों को नहीं सिखाई जाती हैं। हर पखवाड़े दुनिया के किसी-न-किसी हिस्से में कोई एक भाषा विलुप्त हो जाती है। अगले 100 वर्षों में विश्व की 75 प्रतिशत भाषाएँ विलुप्त हो जाएँगी। विगत दो सौ वर्षों में ही आस्ट्रेलिया की लगभग 250 भाषाओं में से 225 भाषाएँ विलुप्त हो गई हैं। अफ्रीका की एक हजार भाषाओं में से 225 का अब कोई नामलेवा नहीं है। अफ्रीका में ही सैकड़ों भाषाएँ आज मरणासन्न हैं तो इसलिए कि वहाँ का शासक वर्ग उन्हें जीवित नहीं रखना चाहता। क्योंकि वहाँ की शासकीय नीति के अनुसार भाषाएँ जितनी कम होंगी, समस्याएँ भी उतनी कम होंगी। जबकि वास्तविकता यह है कि भाषा मनुष्य की अभिव्यक्ति का माध्यम होती है। भाषा अभिव्यक्ति का औजार होती है। भाषा मानव मुख से उच्चरित ध्वनियों की यादृच्छिक प्रतीक व्यवस्था होती है। भाषा संस्कृति की संवाहक होती है। इसलिए जैसे ही एक भाषा विलुप्त होती है, उस भाषाभाषी समुदाय की पहचान भी लुप्त हो जाती है।

अपने देश में भी भाषा का संकट कम गंभीर नहीं है। गुलाम मानसिकता से हम सब अभी तक उबर नहीं पाए हैं। यही कारण है कि हमारा देशाभिमान, हमारी भारतीयता की भावना कमजोर है। हमें हर विदेशी चीज, चाहे जैसी भी हो, आकर्षित करती है और अपनी चीजें तुच्छ लगती हैं। आकर्षण और उपेक्षा का यह खेल भाषा के क्षेत्र में कितना असरदार होता है, यह भारत में शहरों से गाँवों तक में निरंतर बढ़ते अंग्रेजी के व्यवहार से समझा जा सकता है। इस खेल में देश की भाषाई राजनीति ने समय-समय पर जो गुल खिलाए हैं, उसका आकलन और दुखद है। इसी का नतीजा है कि आज भारतीयों का

राष्ट्राभिमान चाहे जैसा भी हो, राष्ट्रभाषा-अभिमान निश्चित रूप से दुर्बल हो गया है। इस कटु सच्चाई को 1991 की जनगणना के भाषाई नतीजे में भी देखा जा सकता है कि कितनी तेजी से हमारी भाषाएँ और बोलियाँ विलुप्त होती जा रही हैं। 7 मई, 2007 को तत्कालीन मानव संसाधन विकास राज्यमंत्री पुरंदेश्वरी देवी ने राज्यसभा में बताया कि "1991 की जनगणना के अनुसार देश में प्रयोग होनेवाली भाषाओं की संख्या घटकर 114 रह गई है। इसी तरह देश में बोली जानेवाली बोलियाँ भी कम हुई हैं और उनकी संख्या 216 रह गई है।" अगर ये आँकड़े सच हैं तो हमारा भाषा व्यवहार निश्चय ही चिंताजनक है।

हमारे परिवारों, विद्यालयों और परिवेश में दिनानुदिन अंग्रेजी का बढ़ता बोलबाला जरूरत से ज्यादा फैशन से परिचालित है। और यह स्थिति केवल भारत की नहीं है। वैश्वीकरण और सूचना क्रांति के बाद पूरी दुनिया में अंग्रेजीपरस्ती बढ़ी है। दुनिया की नानाविध भाषाओं की कीमत पर अंग्रेजी का फैलता साम्राज्य मानवीय अभिव्यक्ति और संस्कृति के लिए कितना खतरनाक है, इसे समझना होगा।

संयुक्त राष्ट्र संघ की शैक्षिक, वैज्ञानिक और सांस्कृतिक संस्था 'यूनेस्को' ने मानवीय अभिव्यक्ति के समक्ष उपस्थित इस संकट को समझा है। इसलिए यूनेस्को के नवंबर, 1999 के महाधिवेशन में प्रत्येक वर्ष 21 फरवरी के दिन को अंतरराष्ट्रीय मातृभाषा दिवस के रूप में मनाने का निर्णय लिया गया। यूनेस्को के अनुसार यह संकट केवल भाषा का संकट नहीं है। भाषा के बहाने पूरी संस्कृति का संकट है। संस्कृति के बहाने मनुष्य समाज की अभिव्यक्ति का संकट है।

भाषाएँ सभ्यता के विकास क्रम में मनुष्य की सांस्कृतिक धरोहर रही हैं। मनुष्य अपने विविध अभिप्राय भाषाओं के माध्यम से ही अभिव्यक्त करता आया है। दुनिया के सारे कार्य व्यापार भाषाओं के द्वारा ही संपन्न होते हैं। इस विकास यात्रा में भाषा मानव संस्कृति की संवाहक रही है। मनुष्य की पहचान का प्रसंग, मानवीय संस्कृति से संबद्ध होता है और संस्कृति लोकजीवन की विशिष्टता, सामाजिक-आर्थिक स्थिति और पर्यावरणीय प्रभाव की विशिष्ट उपज होती है। संस्कृति की संवाहिका होने के कारण भाषा में तत्संबंधी विशिष्टताओं का रूपांकन स्वाभाविक

होता है। अकारण नहीं संस्कृति का इतिहास भाषा में परिलक्षित होता है। क्योंकि भाषा क्षेत्र विशेष एवं समुदाय विशेष के विशिष्ट अनुभवों तथा जीवनादर्शों का खजाना होती है। फलस्वरूप भाषा आनेवाली पीढ़ियों के लिए धरोहर भी होती है। प्रसिद्ध कहावत है—कोस-कोस पर पानी बदले, आठ कोस पर वाणी। भाषा में यह बदलाव प्रकारांतर से मनुष्य समाज की विशिष्टताओं और परिस्थितिगत परिवर्तनों का बायस होता है। इसलिए जैसा समाज होता है, वैसी भाषा होती है।

किन्तु भाषा और समाज का रिश्ता उतना सरल नहीं होता, जितना कि प्रतीत होता है। कभी भाषा समाज को प्रभावित करती है तो कभी समाज भाषा को। भाषा और समाज का यह द्वंद्वात्मक रिश्ता मनुष्य समाज की द्वंद्वात्मकता का परिणाम होता है।

वर्तमान युग वैश्वीकरण का है। यह युग एक तरह का कंपनी युग है। इस युग में औद्योगिक उत्पाद, उपभोक्ता, बाजार और टेक्नोलॉजी का सर्वथा नया संबंध बन रहा है। इसमें देशी या राष्ट्रीय कुछ भी नहीं है। सबकुछ बहुराष्ट्रीय है। पर इस बहुराष्ट्रीय की जुबान वही है, जो हमारी-आपकी जुबान है। यानी वैश्वीकरण के दौर में हमारे बीच जो चीजें बिक रही हैं, वे दुनिया में किसी भी हिस्से का उत्पाद हो सकती हैं, पर बिक रही हैं हमारी भाषा में। उत्पादों के चकमक विज्ञापन की भाषा वही है, जो हमारी-आपकी भाषा है। भारत के परिप्रेक्ष्य में यह भाषा हिन्दी है। समय के अंतराल में कन्नड़, तमिल, तेलुगु, मलयालम, बांग्ला, असमी, मराठी और गुजराती भाषाएँ भी हिन्दी की शागिर्द बना दी जाती हैं। मगर यह सब होता कैसे है? यह एक बड़ा सवाल है। इस सवाल को समझने के लिए बाजार और बाजार के शास्त्र को समझना होगा। जैसा कि पहले कहा गया है, मुनाफे के धर्म को समझना होगा और समझना होगा इस धर्म के तंत्र को।

वैश्वीकरण के इस जमाने में सबकी नजर धन कमाने पर है। यह अर्थशास्त्र का जमाना है। इस जमाने की लड़ाई तलवार-भालों से नहीं हो सकती। तोप-बंदूकें भी संग्रहालय में रखने की चीजें हो गई हैं। दूसरों की सरजमीन पर हुकूमत करने का जमाना भी अब नहीं रहा। यह अर्थ के शास्त्र से हुकूमत करने का जमाना है। इस जमाने का सम्राट

वह है, जिसका उत्पाद सर्वोत्तम है और लागत कम। मुनाफे का अंबार वही लगा सकेगा, जिसका जनता में good will है। बिल गेट्स, मित्तल, टाटा और अंबानी की अकूत संपदाओं और उनके दिन पर दिन फैलते व्यापारिक साम्राज्य का राज यही है।

इस नए समय में हमारे जीवन की आवश्यकताओं का निर्णय अब हम नहीं करते, कंपनियाँ करती हैं। हम क्या खाएँ—क्या पीएँ—हम क्या ओढ़ें, क्या बिछाएँ, हम कहाँ खर्चें—कहाँ लगाएँ—इन सब का जिम्मा अब कंपनियों ने उठा लिया है। और यह सब हो रहा है हमारी जुबान में। हमारी भाषा के बल पर। हमें भ्रमित कर, विज्ञापनों की चकाचौंध में हमें उलझाकर। कोई पराई भाषा, दूर देश की भाषा हमारी चेतना को इस कदर कुंद कर ही नहीं सकती कि हम अपना दैनंदिन फैसला भी उसके बूते, उसके प्रभाव में करने लगें। भारतीय भाषाओं के विज्ञापनों की तुलना में अंग्रेजी चैनल और विदेशी चैनलों पर बढ़ते हिन्दी कार्यक्रम भी हमारी भाषा की व्यापारिक एवं वाणिज्यिक ताकत का बयान करते हैं। क्योंकि अपनी भाषा के सहारे के बिना बाजारीकरण का परिवेश निर्मित किया ही नहीं जा सकता। उपभोक्ता की संवेदनाओं को छुए बिना मनमाने उत्पादों का विपणन नहीं किया जा सकता। कंपनियों ने और बाजार के नियंताओं ने भाषा की इस अमोघ ताकत को समझ लिया है। नतीजतन भारत में कारोबार फैलाने की इच्छा रखनेवाली विदेशी कंपनियाँ अब अपने प्रबंधकों को हिन्दी सिखाने लगी हैं। इससे इनके प्रबंधक भारतीय ग्राहकों की जरूरतों को समझने में सक्षम हो रहे हैं और उनके साथ बेहतर तालमेल बैठा रहे हैं। कंपनियों के इस अभियान में सहायक बन रहे हैं 'कंसलटैंसी फर्म'। इन फर्मों ने विदेशियों को अपने यहाँ रोजगार देना शुरू कर दिया है।

वैश्वीकरण के इस दौर में विदेश के व्यापारी और कंपनियों के प्रबंधक, भारतीयों को, भारतीय संस्कृति को, यहाँ की समृद्ध बौद्धिक संपदा को और समग्रता में पूरे भारत को समझना चाहते हैं। और उनकी इस पूरी कवायद के मूल में भारत में अपने व्यापार-वाणिज्य का प्रसार करना निहित है। वे हमारी जरूरतों के मुताबिक अपने उत्पाद और सेवाएँ मुहैया कराना चाहते हैं। उनके लिए हमारे बारे में सबकुछ जान

लेना अहम हो गया है, जिससे कि हम भारत के लोग और उपभोक्ता उनके टेलीविजन, मोबाइल, रेफ्रीजरेटर, कार, जूते, सुगंधियाँ, कंप्यूटर, कपड़े, दवाएँ, फिल्में, अखबार, पत्रिकाएँ, पुस्तकें आदि खरीदने को मजबूर हो जाएँ। कहना न होगा कि बाजार की यह पूरी कलाबाजी हमारी अपनी भाषाओं और खासकर हिन्दी में हो रही है।

इसलिए वैश्वीकरण के इस दौर में अंग्रेजी का जो अचानक वर्चस्व बढ़ा हुआ प्रतीत हो रहा है, वह भयकारी कतई नहीं है। भाषा की संवेदनात्मक शक्ति की परख रखनेवाले तथा बाजार का रहस्य जानने वाले लोग यह बखूबी समझते हैं कि यह समय हिन्दी जैसी जनभाषा को सीमित और संकुचित करने का नहीं है, बल्कि हिन्दी की शक्ति व सामर्थ्य में प्रसार लानेवाला है। क्योंकि हिन्दी भारत जैसे विशाल देश की प्रमुख संपर्क भाषा है। इसे भारत के लगभग 80 करोड़ लोग जानते या समझते हैं। साथ ही हिन्दी जाननेवाले लोग आज दुनिया भर में फैले हुए हैं। प्रसार की दृष्टि से यह दुनिया की सबसे बड़ी भाषा बनती जा रही है, जबकि अंग्रेजी का स्थान चीनी भाषा के बाद यानी तीसरे नंबर पर आता है। हिन्दी स्वभाव से जनभाषा और स्वरूप में सर्वग्राही भाषा है। इसीलिए भारत के दूर-दूर तक फैले प्रदेशों में बोली जानेवाली हिन्दी भाषा का स्वरूप अलग-अलग है। ऐसा स्थानीय भाषा-बोलियों के प्रभाव के कारण है अथवा भिन्न भाषाओं की भिन्न-भिन्न शब्दावलियों के हिन्दी में घुलने-मिलने तथा भिन्न व्याकरणिक प्रभाव के कारण है। हिन्दी के नाना स्वरूप असल में हिन्दी की ही शैलियाँ हैं। इन्हें एक-दूसरी से अलग करके नहीं देखा जा सकता। और इस कारण से बंबइया हिन्दी, कलकतिया हिन्दी अथवा मद्रासी हिन्दी को एक-दूसरे का विरोधी नहीं माना जा सकता। परंतु शुद्धतावादियों के नाक-भौं सिकोड़ने का कारण यह जरूर बन जाती है। इससे हिन्दी के विकास में बाधा आती है। वैश्वीकरण के जमाने में हमें ऐसी मीन-मेखी प्रवृति से बचना होगा।

इसी कड़ी में 'अनुवादी हिन्दी' की चुनौती से भी निपटना होगा। अनुवाद की भूमिका भाषा की संपन्नता व समृद्धि में सहकारी होती है। परंतु हिन्दी में प्रायः ऐसा नहीं है। इस चुनौती से निपटने में हिन्दी

अनुवादकों के लिए अपने महत्तर दायित्व का ध्यान रखना बड़ा जरूरी है। आखिर इस विसंगति को हमें खत्म करना ही होगा कि अनुवादी हिन्दी, खासकर प्रशासनिक कार्य-व्यवहार की हिन्दी अबूझ न हो; बल्कि सरल, सहज और ग्राह्य हो। सहज और ग्राह्य प्रशासनिक हिन्दी के लिए आवश्यक है कि देशभर में सरकारी कार्यालयों के अनुवाद से जुड़े कार्मिकों को हिन्दी काम-काज के साथ-साथ दूसरे विभागों से भी आधिकारिक तौर पर जोड़ा जाए। इससे हिन्दी कार्यान्वयन से जुड़े कार्मिक अनुवाद करने के बजाय सीधे हिन्दी में मूल लेखन करने लगेंगे, जो सरल भी होगा और ग्राह्य भी। साथ-ही-साथ कार्यालयों की कार्य-संरचना में ऐसे कार्मिकों की उपयोगिता भी प्रत्यक्ष रूप से दिखाई देने लगेगी। याद रहे कि आम आदमी को राजभाषा का नहीं, अपितु जनभाषा का स्वरूप ही कार्यालय और प्रशासन के निकट लाएगा। जनतंत्र की सफलता जन को तंत्र से विलग रखने में नहीं, बल्कि निकट लाने में निहित है।

कहने की आवश्यकता नहीं कि वैश्वीकरण के इस दौर में सरकारी नीति और नियमों से ज्यादा असरदार मनुष्य समाज की आपसदारी, बाजार की शर्तें और संचार माध्यम हैं। हिन्दी में वेब पोर्टल का विकास और तरह-तरह के साफ्टवेयर का निर्माण हिन्दी की शक्ति और अनिवार्यता के प्रतीक हैं। हिन्दी का उपयोगिता आधारित विकास निरंतर जारी है। प्रिंट और इलेक्ट्रानिक मीडिया के साथ-साथ विज्ञापन की जरूरतों तथा उपभोक्ता वस्तुओं का संसार हिन्दी को तेजी से बदल रहा है। और इस प्रक्रिया में हिन्दी नित नूतन अभिव्यक्तियों से आपूरित हो रही है। हिन्दी के इस स्वरूप से उसके शुद्धतावादी समर्थकों को एतराज हो सकता है। किंतु हिन्दी के इस उपभोक्तावादी रूप निर्माण से भी सार्थक और महत्त्वपूर्ण वह विकास है, जो ज्ञान और विज्ञान के क्षेत्र में कहीं मंथर तो कहीं तेज गति से जारी है। हिन्दी प्रेमी विद्वत समूह यथार्थवादी नजरिये और अपने सतत प्रयास से हिन्दी को समाजनीति, राजनीति, प्रशासन, पर्यावरण, विज्ञान तथा प्रौद्योगिकी के स्वप्न और आकांक्षा को व्यक्त करने के योग्य बना रहा है। यह निश्चय ही महत्त्वपूर्ण है। भले ही यह विकास सतह पर नजर नहीं आए, किंतु यह

वास्तविकता है। यह वास्तविकता हिन्दी की अंतर्वस्तु में जो सहयोग और सहकार की भावना है, उसका परिणाम है। अस्तु आज हिन्दी में गर्व करने लायक केवल उसका सृजनात्मक साहित्य ही नहीं है, वरन् ज्ञान-विज्ञान की भिन्न-भिन्न शाखाओं से संबद्ध वे महत्त्वपूर्ण अनुवाद-कार्य भी हैं, जो परिपूरक, प्रासंगिक और समय-सिद्ध हैं।

बावजूद इसके इंटरनेट पर हिन्दी की स्थिति अच्छी नहीं है। विडंबना यह है कि विश्व में तीन सबसे अधिक बोली-समझी जानेवाली भाषाओं में शुमार होने के बावजूद हिन्दी इंटरनेट पर काम आनेवाली इन प्रमुख भाषाओं में भी नहीं है। इंटरनेट वर्ल्डस्टेट्स डॉट कॉम के सर्वेक्षण के अनुसार विश्वभर में बोली जानेवाली करीब छह हजार भाषाओं व बोलियों में से केवल बारह भाषाएँ ही ऐसी हैं, जिनमें 98 फीसदी वेब सामग्री नेट पर देखी तथा पढ़ी जा सकती हैं। इनमें अंग्रेजी अग्रणी है। इसलिए हिन्दी को इंटरनेट हितैषी भाषा बनाने की आज बहुत जरूरत है। साथ-ही-साथ हिन्दी में ज्ञान-विज्ञान के साहित्य की रचना का अभियान भी छेड़ने की आवश्यकता है। तभी हिन्दी सही मायने में जीवन संग्राम की भाषा बन सकेगी। यहाँ हम विशेष रूप से उल्लेख करना चाहेंगे कि सभ्यताओं के संघर्ष और दमन का कलंक चाहे जिस किसी भाषा के सिर मढ़ा हो; हिन्दी प्रारम्भ से ही सभ्यताओं में समन्वय और सहयोग से विकसित हुई है। हिन्दी की यही शक्ति है और इस शक्ति का स्रोत जनता की आकांक्षा और सपने रहे हैं।

भविष्य की हिन्दी के स्वरूप का आभास हमें होने लगा है। किंतु हिन्दी का भविष्य इससे भी ज्यादा आश्वस्तकारी है। बेशक बाजारवाद से ज्यादा शक्तिशाली राष्ट्रवाद होता है। भारत का आज का विकास भारत राष्ट्रराज्य के सुनहरे भविष्य का संकेत करता है। भारतीय राष्ट्रवाद जैसे-जैसे सशक्त होता जाएगा, भाषाई राष्ट्रवाद वैसे-वैसे निखार पाता जाएगा। जनतंत्र का क्षैतिज विस्तार दिखाई देने लगा है। यही विस्तार हिन्दी के भविष्य को सशक्त करेगा।

हमें अपने बदलते समय की अपेक्षाओं के अनुरूप हिन्दी का परिवर्द्धन और संवर्द्धन करना होगा। फौरी तौर पर हिन्दी का एक ऐसा शब्दकोश तो बना ही लेना होगा, जो ऑक्सफोर्ड इंग्लिश डिक्शनरी के

स्तर का व्यापक, अर्थ व संदर्भों से परिपूर्ण, पारिभाषिक शब्दावली तथा संकल्पनाओं से युक्त और अद्यतन होते रहने की गारंटीवाला हो। पल-पल परिवर्तित हो रही इस दुनिया को समझना आज के समय की महत्तम जरूरत है। इसी तरह विकास से कदमताल बैठाना उतना ही जरूरी है। और इन सबके मद्देनजर अपनी भाषाओं के लिए स्वयंसेवक सरीखा कुछ-न-कुछ करना अत्यंत जरूरी है। अगर हम यह नहीं कर सकते तो वैश्वीकरण की आँधी में अंग्रेजी का मुकाबला कतई नहीं कर सकेंगे।

विकसित दुनिया का लक्ष्य स्पष्ट है। वह और संपन्न होना चाहती है। साथ ही अपने नागरिकों के जीवन-स्तर को और उन्नत बनाना चाहती है। इसके लिए वह कुछ भी करने को तत्पर है। उसके लिए भारत एक बहुत बड़ा बाजार है। एक अरब से अधिक लोगों का बाजार। भारत में उसे अपने माल तथा सेवाओं की खपत की अपार संभावनाएँ दिखाई देती हैं। इसलिए उसने शुरू कर दिया है हम तक पहुँचने के लिए हमारी भाषाओं का अध्ययन। माइक्रोसॉफ्ट द्वारा हिन्दी, कन्नड़, तेलुगु, तमिल, उड़िया, बांग्ला आदि भाषाओं में कामकाज का सॉफ्टवेयर विकसित करना इसका प्रमाण है। न्यूयार्क की कंपनी ओरिएंटल डॉट कॉम द्वारा हिन्दी वेब टूल्स बाजार में उतारना इसी का नतीजा है। भारत को यदि विकसित बनाना है तो हम यह सब कब शुरू करेंगे? अभी क्यों नहीं? बायो और नैनो टेक्नोलॉजी वाले कल तक में बहुत देर हो चुकी होगी।

भाषा, मीडिया और हिन्दी

भाषा के सवाल पर अब तक की बहसों का इतिहास बहुआयामी विचारोत्तेजना किंतु निष्कर्षों की सम्मिलित उपेक्षा का इतिहास रहा है। इसलिए इस सवाल पर नए सिरे से सहयोगी और संतुलित बहस की बहुत जरूरत है, क्योंकि पिछले दशकों में हमारे समय और परिप्रेक्ष्य में जबरदस्त बदलाव आया है। वैश्वीकरण, उदारीकरण, मुक्त बाजारवाद और नई प्रौद्योगिकी की सर्वथा नई अवधारणा आज के समय के नए यथार्थ हैं। सूचना क्रांति की जद में आने से राजनीति, खेल और व्यापार ही नहीं, संचार के समस्त साधन भी प्रभावित हुए हैं। फलस्वरूप भाषा के न सिर्फ परिप्रेक्ष्य बदले हैं, बल्कि सरोकार भी पूरी तरह से बदल गए हैं। अब न अनिवार्य राष्ट्रभाषा का सवाल उद्वेलित करता है, न ही उत्तर और दक्षिण की भाषाओं का साम्य-वैषम्य। भाषा को अस्मिता से जोड़कर देखने का नजरिया भी बदल गया है और उसे महज अभिव्यक्ति का माध्यम मानने पर जोर दिया जाने लगा है।

इस बीच उपग्रह चैनलों की बाढ़ तथा विज्ञापनों की चकाचौंध में पली-बढ़ी अत्याधुनिक पीढ़ी नई अवधारणाओं की गतिशीलता के मुकाबले भारतीय समाज और व्यवस्था को सुस्त, पस्त, जर्जर तथा संभावनाशून्य मानने लगी है। उसे सूचना प्रौद्योगिकी, बहुराष्ट्रीय पूँजी और डॉलर में अपना स्वप्न और भविष्य नजर आने लगा है। ऐसे में अंग्रेजी के प्रति आकर्षण और अपनी भाषाओं के प्रति विकर्षण स्वाभाविक है। वैश्वीकरण और सूचना क्रांति भारतीय संस्कृति और अस्मिता के साथ-साथ भारतीय भाषाओं को भी अपना ग्रास बनाने लगी हैं। इसलिए भाषा के सवाल पर अब केवल विचारोत्तेजक बहस छेड़ने से काम नहीं चलेगा। बहस को सहयोगी, संतुलित और सार्थक बनाना होगा। यही

हमारे समय की माँग है। ऐसा करके ही नई चुनौतियों के बरअक्स भारत की भाषाई तस्वीर पर छाए धुंधलके को साफ किया जा सकता है। तभी हिन्दी सहित समस्त भारतीय भाषाओं की दुनिया में गहराते अवसाद को मिटाया जा सकता है और उनकी पारस्परिकता को मजबूत किया जा सकता है। साथ-ही-साथ वैश्वीकरण, उदारीकरण, नई प्रौद्योगिकी तथा मुक्त बाजारवाद के परिप्रेक्ष्य में भारत राष्ट्रराज्य की दशा और दिशा में सार्थक हस्ताक्षेप किया जा सकता है।

सवाल सिर्फ भाषा का नहीं है। भाषा के मामले में एक राष्ट्रीय समझ विकसित करने का भी है। एक ऐसी राष्ट्रीय समझ, जिसे बनाने के बजाय अब तक महज औपचारिक व्यवस्था से काम चलाया जा रहा है। ऐसा इसलिए नहीं कि भाषा को लेकर हम भारतीयों में बौद्धिक समझदारी का अभाव रहा है या हमारी 22 संविधान सम्मत राष्ट्रीय भाषाओं में से एक भी संपर्क भाषा बनने के योग्य नहीं है; बल्कि इसलिए कि भाषा के सवाल को हम संवेदनशील मानते हुए टालते रहे हैं। इस बीच विक्रम सेठ, अरुंधती राय तथा झुम्पा लाहिड़ी और चेतन भगत देश के सर्वाधिक लोकप्रिय एवं सेलीब्रेटी लेखक बन गए हैं। अंग्रेजी परस्तों को अचानक इलहाम हुआ है कि एकमात्र वही भारत के आधुनिक और प्रगतिशील प्रतिनिधि हैं, कि उन्हीं से जाति, धर्म और क्षेत्रों में जकड़े भारतीयों में राष्ट्रवाद की भावधारा प्रवाहित होती है। इस इलहाम की पराकाष्ठा के रूप में यह निर्लज्ज टिप्पणी अकसर सुनने को मिलती है कि यदि अंग्रेजी न रहे तो भारत टूट जाएगा। उदाहरण भी दिया जाता है कि उत्तर भारत में बारंबार होनेवाली सांप्रदायिक और जातीय हिंसा का मूल कारण अंग्रेजी न जानना है। क्या विडंबना है, एक तरफ हम बहुभाषी विशाल भारत में संपर्क भाषा के सवाल को जनतांत्रिक ढ़ग से हल करने के लिए समय लेते रहे हैं और दूसरी तरफ अंग्रेजीदां वर्ग अपनी अंग्रेजियत में निर्लज्जता की हद पार करता रहा है। कहना न होगा कि मैकाले के 'टेबुल डॉग्स' अब हाउंड्स हो गए हैं।

शहीद गणेश शंकर विद्यार्थी ने भाषा के सवाल पर विचार करते हुए कहा था, "मुझे देश की आजादी और भाषा की आजादी में किसी

एक को चुनना पड़े तो मैं निःसंकोच भाषा की आजादी चुनूँगा, क्योंकि मैं फायदे में रहूँगा। देश की आजादी के बावजूद भाषा की गुलामी रह सकती है, लेकिन अगर भाषा आजाद हुई तो देश गुलाम नहीं रह सकता।"

इतिहास साक्षी है कि जिस सवाल का जवाब स्वाधीनता संग्राम के दिनों में ही हमारे राष्ट्रनायकों और सांस्कृतिक सपूतों ने ढूँढ़ लिया था, उसे स्वाधीनता प्राप्ति के पश्चात कभी विकास के बहाने तो कभी संवेदनशीलता के नाम पर अधर में लटकाए रखा गया। आजाद भारत में इस सवाल पर एक बार भी राष्ट्रीय स्तर पर बहस छेड़कर सामूहिक समाधान की तलाश नहीं की गई। इस बीच अंग्रेजी का घोड़ा भारत राष्ट्रराज्य की छाती पर सरपट दौड़ता रहा। सत्ता का समर्थन उसे आवश्यक खुराक देता रहा और अंग्रेजी के अंतरराष्ट्रीय व्यापार तंत्र ने कभी प्रतिभा पलायन के नाम पर तो कभी अंतरराष्ट्रीय प्रबंध वाले महँगे पब्लिक स्कूलों के कारोबार द्वारा तथा पेंग्विन जैसे विदेशी प्रकाशनों आदि के मुनाफे के जरिए हमारी जैसी बेरहम लूट की है, उसका हिसाब लगाना वाकई मुश्किल काम है।

दरअसल भाषा अभिव्यक्ति का औजार अथवा विचार विनिमय का माध्यम मात्र नहीं होती। वह पूरा संस्कार, सोच और संस्कृति होती है। भारत जैसे बहुभाषी देश के संदर्भ में भाषा के सवाल पर सोचते हुए उपर्युक्त बातें ऊपरी तौर पर जितनी सरल और सहज लगती हैं, वास्तव में उतनी सरल, सहज हैं नहीं। निस्संदेह भाषा अभिव्यक्ति का औजार होती है, किंतु वह मात्र औजार ही नहीं होती। वह वक्ता की अभिव्यक्ति, अभिव्यक्ति के स्पंदन, राग-विराग एवं चिंतन-अनुचिंतन को व्यक्त करनेवाली सार्थक, समर्थ माध्यम भी होती है। फलतः सामाजिकता भाषा का सहजात गुण-धर्म होती है और इसी के बल पर भाषा आगे चलकर संस्कृति की वाहिका बनती है।

जिस तरह वर्गों में बँटे समाज की समस्याएँ भी बँटी हुई होती हैं, उसी तरह संपन्न और विपन्न देशों की माली हालत और समस्याएँ अलग-अलग होती हैं। भारत जैसे अनेक धर्मों, रीति-रिवाजों और भौगोलिक भिन्नताओं वाले देश की भाषा समस्या भी कम विशिष्ट नहीं

है। कई-कई शताब्दियों तक कई-कई सल्तनतों की गुलामी ने इस समस्या को गहराया भी कम नहीं है। तथापि अंग्रेजी शासन में भारतीयों के बीच भाषा कोई समस्या नहीं रही तो इसके पीछे स्वतंत्रता की अदम्य आकांक्षा और प्रगति तथा न्याय के मोहक स्वप्न क्रियाशील थे। किंतु स्वातंत्र्योत्तर भारत में यथार्थ से रू-ब-रू होते ही स्वप्न भंग होने लगे और जैसे-जैसे हमारे स्वप्न भंग होते गए, वैसे-वैसे हमारी सामूहिकता धूमिल पड़ती गई और व्यक्तिवाद सर उठाने लगा। भारत के विशाल मध्यवर्गीय समाज में इस व्यक्तिवाद के चलते नैतिक क्षेत्र में जहाँ छल, प्रपंच, झूठ और बेईमानी का प्रचलन हुआ, वहीं राष्ट्रीय जीवन में क्षेत्रवाद तथा भाषा का आग्रह बढ़ा। भाषाई आधार पर राज्यों के पुनर्गठन तथा त्रिभाषा फार्मूले को अकारथ बनाने की दुरभिसंधियों से इसे समझा जा सकता है।

सन् 1961 की जनगणना के समय 1652 भाषाओं और बोलियों के बोलनेवाले 2794 समुदायों के लोग भारत में किसी अन्य ग्रह से सहसा नहीं टपक आए थे। ये लोग शुरू से भारत में ही थे और तमाम सांस्कृतिक, सामुदायिक एवं भाषाई विशिष्टताओं के बावजूद स्वाधीनता संग्राम में सभी लोगों ने यथासंभव, यथाशक्ति भाग लिया था। इसी दौरान हिन्दी को देश की संपर्क भाषा बनाने की मानसिकता निर्मित हुई थी। आगे चलकर संविधान निर्मातृ सभा द्वारा सर्वसम्मति से हिन्दी को देश की राजभाषा स्वीकार करना व्यापक लोकमानस को ही अभिव्यक्त करना था।

तथापि इस यथार्थ से मुँह नहीं चुराया जा सकता कि आजादी के 64 वर्षों बाद भी देश के कामकाज हिन्दी में पूरी तरह से नहीं हो रहे हैं और अंग्रेजी ही शासन, राजकाज और शीर्ष संस्थानों की भाषा बनी हुई है। और अब जबकि वैश्वीकरण तथा सूचना क्रांति भारतीय संस्कृति के साथ-साथ भारतीय भाषाओं को भी अपना ग्रास बनाने लगी है, यह बेहद जरूरी है कि इस मसले पर गंभीरता से विचार किया जाए। इसके कारणों और फलाफलों का विश्लेषण किया जाए।

पिछड़े देश की समस्याएँ बड़ी जटिल और मारक होती हैं। जटिलता उनकी प्रकृति होती है तो मारक उनका स्वभाव। और

साधन और संसाधन उसके पास सीमित होते हैं। इतने सीमित कि मजबूत से मजबूत इरादोंवाला देश भी अपनी समस्याओं से निजात का एकमुश्त अभियान नहीं चला पाता। इस बीच उन्नत समाज से बहकर आनेवाली विकास की बयार पिछड़े देश के लोकमानस को किन्हीं स्तरों पर मुग्ध तो किन्हीं स्तरों पर कुंठित करती रहती है। ऐसे में परमुखापेक्षी और पिछलग्गू होना उसकी नियति बन जाती है। कहना न होगा कि भारत में उन्नत पश्चिम की विकास-बयार अंग्रेजी के माध्यम से आती है, इसलिए भारत का भाषाई यथार्थ मुग्ध और कुंठा के द्वंद्व का यथार्थ है। सूचना क्रांति ने इस द्वंद्व को और तेज किया है। अकारण नहीं भारतीय भाषाएँ पिछड़ी प्रतीत होने लगी हैं। इन तथ्यों के बावजूद कि अंग्रेजी की समृद्धि में भारतीय भाषाओं के दस हजार से भी अधिक शब्दों का योगदान है। संस्कृत कंप्यूटर की प्रकृति के सर्वाधिक अनुकूल भाषा है। तमिल संस्कृत जैसी ही प्राचीन और समृद्ध भाषा है। बांग्ला साहित्य किसी भी विश्वभाषा से कमतर नहीं है और हिन्दी की वैज्ञानिकता, उदारता, सरलता तथा लोकव्यापकता निर्विवाद रूप से सर्वोपरि है। परन्तु तथ्यों से क्या होता है? नियति तो नियति है और भारत की भाषाई नियति तो अंग्रेजी से निर्धारित है। इसलिए हिन्दी को संपर्क भाषा बनाने अथवा राजभाषा का दर्जा देने से क्या होता है?

निस्संदेह हमारे देश के कामकाज की संवैधानिक भाषा हिन्दी है। परन्तु भूलना नहीं चाहिए कि हिन्दी के साथ-साथ अंग्रेजी को भी वैधानिक दर्जा दिया गया है। अब काम तो मौलिक रूप से किसी एक ही भाषा में होंगे। दूसरी भाषा अनुवाद अथवा खानापूर्ति की ही बनेगी। फिर देश के कामकाज का जो ढर्रा है, यानी शासन-व्यवस्था, वह अंग्रेजोंवाला ही है। अंग्रेज भले चले गए, व्यवस्था जस की तस रही। व्यवस्था की भाषा भी अपरिवर्तित रही। अंग्रेजोंवाली व्यवस्था तो भाषा भी अंग्रेजी। शीर्ष प्रतिष्ठानों एवं उच्चतर शिक्षा और शोध संस्थानों की भाषा भी अंग्रेजी बनी रही। क्योंकि शीर्ष शासक और प्राध्यापक के कार्य और व्यवहार की भाषा अंग्रेजी थी और उसे अंग्रेजी को छोड़ने तथा हिन्दी को अपनाने में व्यावहारिक कठिनाई थी। अभ्यास न होने की

प्रशासनिक कठिनाई तो उच्चतर साहित्य न होने की अध्यापकीय कठिनाई।

बावजूद इसके हिन्दी राजभाषा बनी, क्योंकि हिन्दी के पीछे विराट भारतीय जनगण की संपर्क भाषा होने की शक्ति थी। पर शक्ति ही सबकुछ नहीं होती। संकल्प भी महत्त्वपूर्ण होता है। स्वाधीन भारत में राजभाषा बनते ही हिन्दी कार्यालयों में संकल्पविहीन, वैचारिक रूप से विभाजित तथा विवेकशून्य बाबूवर्ग की भाषा बनी। फलतः लोकभाषा की ताकत से विच्छिन्न हिन्दी राजकाज में कृत्रिम, अनगढ़ और अबूझ बनकर रह गई। हिन्दी की यह स्थिति अंततः अंग्रेजी का ही पक्षपोषक साबित हुई। यह स्थिति जिन क्षेत्रों (माध्यमों) में सर्वाधिक परिलक्षित हुई, उनमें सूचना, संचार तथा पत्रकारिता (मीडिया) सर्वोपरि हैं। वस्तुतः ये वे क्षेत्र हैं, जहाँ हिन्दी की स्थिति डायलिसिस पर चल रहे जीवन जैसी है। एक तरह से पराश्रित और उधार के जीवन जैसी। क्योंकि भारत में हिन्दी की न अपनी कोई समाचार एजेंसी है, न ही फिल्म, टेलीविजन, इंटरनेट आदि के सूत्रधारों की भाषा है हिन्दी। जहाँ तक खबरों की दुनिया की बात है, 'भाषा' और 'यूनिवार्ता' नामक एजेंसियाँ वस्तुतः 'प्रेस ट्रस्ट ऑफ इंडिया' तथा 'यूनाइटेड न्यूज ऑफ इंडिया' की अनुवाद एजेंसियाँ हैं और जो भी अहम तथा इतिहास रचनेवाली खबरें होती हैं, वह आम तौर पर 'स्कूप' अथवा 'स्टोरी' होती हैं। स्वाभाविक है कि वे मूल रूप में अंग्रेजी में लिखी होती हैं। सवाल है कि ऐसा क्यों होता है? क्या हिन्दी भाषा इतनी समर्थ नहीं कि वैसी खबरें मौलिक रूप में हिन्दी में लिखी जा सकें अथवा हिन्दी के पत्रकार इतने सक्षम नहीं कि वैसी खबरों को 'फ्लैश' कर सकें? ऐसा कुछ भी नहीं है। हिन्दी पत्रकारिता का इतिहास तो बेहद वैभवपूर्ण रहा है। स्वाधीनता पूर्व भारत की पत्रकारिता तो असल में हिन्दी पत्रकारिता ही रही है, जिसका इतिहास हर प्रकार के शोषण, दमन और अन्याय का प्रतिकार करते हुए तमाम तरह की दुरभिसंधियों के पर्दाफाश द्वारा राजसत्ता से मुठभेड़ का इतिहास रहा है।

परन्तु प्रौद्योगिकी के विकास ने आज उपग्रह चैनलों का संजाल रचकर इलेक्ट्रॉनिक मीडिया का जो न्यारा लोक रचा है, उसमें न सिर्फ

चीजें, बल्कि घटना से घोटाला तक बिकाऊ माल में तब्दील हो गए हैं। सूचना क्रांति के साथ-साथ प्रिंट मीडिया में भी इस प्रौद्योगिकी ने इतने रंग और ढंग भर दिए हैं कि पूँजी की माया यहाँ भी सर चढ़कर बोल रही है। यह ठीक है कि रेडियो, फिल्म, टेलीविजन के कार्यक्रम, ईमेल तथा अखबार मशहूर ब्रांड के प्रोडक्ट नहीं हो सकते। कितने ही बौद्धिक, संवेदनशील और प्रतिबद्ध लोगों के सम्मिलित प्रयास से कोई फिल्म या धारावाहिक अथवा अखबार दर्शकों/पाठकों तक पहुँचता है। पर मनुष्यता के विरुद्ध पूँजी का अब तक का क्रूरतम प्रपंच वह अवधारणा है, जो हमारे ही समय में रची गई है अर्थात् वैश्वीकरण, उदारीकरण और मुक्त बाजारवाद हमारे ही समय में फलीभूत हो रहे हैं और इनसे हमें ही दो-चार होना पड़ रहा है। इसने फिल्म, टेलीविजन, इंटरनेट आदि संचार माध्यमों तथा पत्रकारिता में मांसलता, उत्तेजना, सनसनी और कोरी भावुकता को जिस तरह से अपना संगी-साथी बनाया है, वह अकारण नहीं है। आप वैज्ञानिक चिंतन और चेतना तथा तार्किकता की रट लगाते रहिए। इसे बस माल बेचना है। और कोई चीज बिकाऊ कब और कैसे बनती है—इसे खूब पता है। भारत जैसे पिछड़े और गरीब समाज में जो अपनी विशाल आबादी के कारण एक बड़ा बाजार भी है, संचार और सूचना माध्यमों की शक्ति के सहारे पूँजी अपना गुल खिलाएगी, आपको अफीमची और नकलची बनाएगी; न कि आपमें वैज्ञानिकता, चेतना और तार्किकता विकसित करने की चिंता करेगी।

कहना न होगा कि गुल खिलाने की भाषा सर्वथा व्यक्तिकेंद्रित, उत्तेजक और सनसनीखेज होती है। और यहीं आकर भाषा दोधारी बन जाती है। ज्ञान की संवाहिका होने के कारण भाषा एक ओर जहाँ मनुष्य को सरल, सहज और विनम्र बनाकर मुक्त करती है, वहीं अधूरी तथा अधकचरी शिक्षा के रास्ते अहंकारी बनाकर कुंठा, अवगुंठन और अज्ञान के अँधेरे में जकड़ भी देती है। इसलिए भाषा के परिप्रेक्ष्य में सोचते हुए उसके अंतर्विरोधी गुणों के प्रति सदैव सचेत रहना चाहिए। भारत में संपर्क और कामकाज की भाषा के रूप में हिन्दी की तुलना में अंग्रेजी को जो लोग समृद्ध और निर्विकल्प भाषा मानते हैं,

वे लोग इस सच को नजरअंदाज कर देते हैं कि उपनिवेशवादी अंग्रेजों की भाषा होने के चलते अंग्रेजी यहाँ संपर्क और लगाव की भाषा कम, विलगाव, अधिकार और अहंकार या रौब की भाषा ज्यादा है। तथापि अंग्रेजी अनुवाद की भाषा बनकर ही विश्वव्यापी बन रही है, जिसके प्रमुख कारक औपनिवेशिक तथा साम्राज्यवादी सत्ता की ताकत और बहुराष्ट्रीय पूँजी के समर्थन रहे हैं। जबकि हिन्दी सहित हमारी तमाम राष्ट्रीय भाषाएँ सदैव सत्ता की ताकत से वंचित जनभाषाएँ रही हैं। चूँकि राष्ट्र की अस्मिता और अभिमान विदेशी नहीं स्वदेशी भाषा में ही व्यक्त हो पाते हैं, इसलिए स्वाधीनता संग्राम के दिनों से ही हमारे राष्ट्रनायकों और सांस्कृतिक सपूतों ने 'एक अपनी संपर्क भाषा' की पुरजोर वकालत की। साथ-ही-साथ निर्द्वंद्व मन से यह गौरव हिन्दी को दिया। स्वातंत्र्योत्तर भारत की विद्वान संविधान निर्मातृ सभा ने इसे सर्वसम्मति से स्वीकार भी किया। पिछले 50 वर्षों में हिन्दी के प्रयोग और प्रसार की दिशा में सरकारी और गैर सरकारी स्तर पर बहुत सारे कदम भी उठाए गए। तथापि ज्ञान और विज्ञान की सारी चीजों को पूरी तरह से हिन्दी में सोचना और व्यक्त करना अभी भी नहीं हो रहा है। इसके कई कारण हैं। हमारा पिछड़ापन, हमारी निर्धनता, उच्चतर शिक्षा का माध्यम, संकल्पबद्धता की कमी, राजनीतिक हानि-लाभ का ऊहापोह आदि, इत्यादि।

परंतु वैश्वीकरण और मुक्त बाजारवाद के वर्तमान परिप्रेक्ष्य में, साथ-ही-साथ राष्ट्रों के बीच शक्ति संतुलन के मद्देनजर अब यह अत्यंत आवश्यक हो गया है कि भारत में अपनी संपर्क भाषा हिन्दी का प्रयोग-प्रसार बढ़ाया जाए। ऐसा करना देश के बहुजातीय एवं बहुभाषाई चरित्र की संरक्षा और विकास के लिए, साथ-ही-साथ मौजूदा सूचना क्रांति के लाभार्जन के लिए भी नितांत आवश्यक है। अन्यथा अंग्रेजी का बढ़ता वर्चस्व न सिर्फ भारतीय भाषाओं का अंतर्संबंध विघटित करेगा, बल्कि लकीर का फकीर बनाकर हमारी मौलिकता और सांस्कृतिक विशिष्टता को भी नष्ट कर देगा। फिर उपग्रह, केबुल एवं कंप्यूटर संजालों से संभव सूचना के विश्वव्यापी विस्फोट का अपेक्षित लाभ भी हम न उठा पाएँगे। ऐसे में औद्योगिक क्रांति के समयवाला उपेक्षा भाव

इस बार हमें कितना पीछे छोड़ देगा, अनुमान लगाना कठिन है। वैसे भी भारत के आम आदमी और गांधी के सतह के आदमी को किस भाषा के माध्यम से मुख्यधारा और विश्वधारा से जोड़ा जाए यह कम विचारणीय नहीं है।

अलबत्ता मीडिया ने इस मामले में बड़ी भूमिका निबाही है। समुदायों, रजवाड़ों और क्षेत्रों में बँटे भारतीय जनगण में सामूहिकता और राष्ट्रीयता की आधुनिक चेतना जगाने का ऐतिहासिक काम मीडिया के ही सहारे हुआ। इस अभियान में भाषाई पत्रकारिता और फिल्म जैसे संचार माध्यमों में व्यापक सहमति सर्वदा रही। यद्यपि अपने यहाँ रेडियो पर सरकारी नियंत्रण हमेशा रहा और टेलीविजन का प्रसार आठवें दशक में हुआ। उपग्रह चैनलों का प्रचलन तो और एक दशक बाद हुआ। तथापि इलेक्ट्रॉनिक मीडिया के जलवे जल्दी ही नजर आने लगे। ये जलवे न सिर्फ फैशन और बाजार में परिलक्षित हुए, बल्कि घरेलू योजना, बजट, पसंद और खरीद तक में दिखाई देने लगे। पहला प्यार लाए जीवन में बहार, दूध-सी सफेदी निरमा से आए, नमक हो टाटा, टाटा का नमक, जी हुजूर वाह ताज बोलिए और आई डोंट केयर जैसे विज्ञापनों के ऐंद्रिक असर को विवेचित करने की जरूरत नहीं है। इस नए मीडिया की इसी ताकत का आकलन करते हुए एंथोनी स्मिथ ने लिखा है–

"बीसवीं सदी के आखिरी वर्षों में नए इलेक्ट्रॉनिक्स मीडिया से आजादी को खतरा पुराने उपनिवेशवाद के मुकाबले कई गुना ज्यादा है। इस नए मीडिया में पश्चिम की किसी भी पुरानी टेक्नोलॉजी से कहीं अधिक ग्राही और संस्कृतियों के अंतस् में प्रवेश करने की क्षमता है। उसके परिणाम विकासशील देशों के आंतरिक अंतर्विरोधों को तीव्र कर अत्यंत विनाशकारी साबित हो सकते हैं।"

परंतु इस मीडिया में हिन्दी का जैसा भाषिक स्वरूप सुनने और पढ़ने को मिलता है, क्या वह वही हिन्दी है, जिसमें आम आदमी संबोधित होता है? उत्तर स्पष्ट है और कारण भी। अंग्रेजियत का असर इतना गहरा है कि मूल लेखन प्रायः अंग्रेजी में होता है। फिर संशोधन, परिमार्जन और परिवर्द्धन। इन सबमें इतना वक्त निकल जाता है कि

हिन्दी रूपांतरण के लिए समय ही नहीं बचता। पर पाठक, दर्शक और श्रोता तो अमूमन हिन्दी के होते हैं और इस विशाल आबादी वाले देश में बेरोजगारी की समस्या इतनी विकट है कि हर जगह और प्रायः हर काम के लिए अनुवादक मिल ही जाते हैं। किंतु इस पिछड़े और सामंती अवशेषवाले देश में चूँकि अनुवादक के पास न पावर होता है और न पर्याप्त पैसा, न ही प्रोन्नति का यथेष्ट अवसर; इसलिए इस क्षेत्र में अब दोयम दर्जे की प्रतिभाएँ भी नहीं आ रहीं। ऐसे में अनुवादी भाषा कैसी होगी और इसकी समस्याएँ कितनी विकट, अनुमान लगाया जा सकता है। निश्चय ही यह भाषा कहीं अनगढ़ होती है तो कहीं अटपटी और कहीं-कहीं बोझिल होने के कारण समझ में भी नहीं आती। उदाहरण के लिए एक राष्ट्रीय समाचार-पत्र के व्यापार पृष्ठ पर प्रकाशित इस समाचार अंश को देखा जा सकता है–

कार्यकारी दल की परिकल्पना के अनुसार यह नई संस्था "सहकारिता द्वारा धारण करनेवाली भावनाओं एवं ग्रामीण समस्याओं को घनिष्ठता तथा व्यावसायिक संगठन की श्रेणी, जमा संग्रहण की योग्यता, मुद्रा बाजार के नियंत्रण की पहुँच एवं आधुनिक दृष्टिकोण दोनों को एकसाथ संयुक्त करती है।"

आइए अब इस दुर्बोध अंश की अंग्रेजी पर गौर करें–The working group envisaged the new institution as one which "combines the local feel and familiarity with rural problems which co-operatives possess and degree of business organization, ability to mobilize deposits, access to control money markets and modernised outlook which the commercial banks have."

इस वाक्यांश को हिन्दी की प्रकृति और संरचना के अनुरूप इस प्रकार से अनूदित किया जा सकता है–"कार्यकारी दल ने नई संस्था की कल्पना इस तरह से की जिस तरह से सहकारी संस्थाएँ ग्रामीण समस्याओं के स्थानीय अनुभव तथा परिचय को एकजुट करती हैं। साथ ही व्यापार करने का जो स्तर, जमाराशियाँ जुटाने की जो क्षमता, मुद्रा बाजारों को नियंत्रित करने तथा आधुनिक दृष्टिकोण को अपनाने की जो दक्षता वाणिज्यिक बैंकों के पास होती है, वही इस संस्था के पास भी हो।"

कई बार ऐसा भी होता है कि मीडिया की भाषा सरल और सहज होती है और व्याकरणसम्मत भी। विषय से परिचित व्यक्ति को इसे पढ़ते, सुनते हुए समझने में कोई खास दिक्कत भी नहीं होती। पर उन लोगों को समझने में दिक्कत होती है, जिनके सामने केवल मुद्रित पाठ होता है। ऐसे पाठ की पठनीयता तो संदिग्ध रहती ही है, हिन्दी जैसी सशक्त भाषा पर निराधार आक्षेप भी लगता है कि उसमें भावों को व्यक्त करने की सामर्थ्य नहीं है। निस्संदेह ऐसा तब होता है, जब अनुवादक की अंग्रेजी पर अच्छी पकड़ नहीं होती और अंग्रेजी से हिन्दी करते समय वह खुद भी कथ्य को पूरी तरह समझ नहीं पाता। अंग्रेजी व्याकरण तथा संरचना की बारीकी से अनुवादक अनभिज्ञ होता है और वाक्य का ठीक-ठाक विश्लेषण कर पाने में असमर्थ होता है। विषय की प्रकृति तथा पाठ की पृष्ठभूमि से अनुवादक का अपरिचित होना भी अनुवाद को अंग्रेजी की छाया से ग्रस्त बना देता है। यही छायाग्रस्त अनुवाद हिन्दी की प्रकृति से कटा हुआ और अबूझ हो जाता है।

उदाहरणार्थ, रिजर्व बैंक का एक महत्त्वपूर्ण नीतिगत निर्णय अंग्रेजी अखबारों में इस प्रकार से छपा–In Consultation with Govt. of India, the R.B.I. has decided that all urban centers/towns administered by Municipal Committees/Town area Committees/Notified Area Councils which are not covered under IRDP should be covered under SEPUP irresepective of their population.

यही खबर अखबारों में इस प्रकार छपी–भारत सरकार के परामर्श से रिजर्व बैंक ने यह निश्चय किया है कि नगरपालिका समितियों, टाउन एरिया समितियों, नोटिफाइड एरिया काउंसिलों वाले सभी शहरी केंद्रों, शहरों, जो एकीकृत ग्रामीण विकास कार्यक्रम के अंतर्गत नहीं आते, को शहरी निर्धनों के लिए स्वरोजगार कार्यक्रम में शामिल किया जाना चाहिए, चाहे उनकी जनसंख्या कितनी भी क्यों न हो।

अब आप समझते रहिए इसका अभिप्राय और ढूँढ़ते रहिए हिन्दी की प्रकृति।

अंग्रेजी के बहुतेरे वाक्य विन्यास ऐसे होते हैं, जिनके अनुवाद में अर्थ का अनर्थ बनने की संभावना काफी होती है। इलेक्ट्रॉनिक अथवा

प्रिंट मीडिया में अदालती गतिविधियों वाली खबरों में प्रायः ऐसे उदाहरण सुनने/पढ़ने को मिलते हैं–

'Suresh Mall was sentenced to death for the cold blooded murder of his brother Ramesh Mall by justice Shyam Pawar.'

यदि प्रसंग और सामान्य ज्ञान को दरकिनार कर दिया जाए तो इस वाक्य का हिन्दी रूपांतरण होगा–"न्यायाधीश श्याम पवार द्वारा अपने भाई रमेश मल्ल की निर्मम हत्या करने के लिए सुरेश मल्ल को मृत्युदंड दिया गया।" अब इस अनुवाद में हिन्दी की प्रकृति के विन्यास को लेकर क्या कहा जाए। रूपांतरण तो ठीक हुआ है और किसी शब्द को छोड़ा नहीं गया है। यहाँ तक कि cold blooded का शब्दानुवाद नहीं, हिन्दी की प्रकृति के अनुरूप भावानुवाद ही किया गया है। पर इस अनूदित वाक्य से क्या यह अर्थ नहीं निकलता कि श्याम पवार नाम के न्यायाधीश ने अपने भाई रमेश मल्ल की हत्या की और इसके लिए सजा मिली सुरेश मल्ल को? फिर अंग्रेजी वाक्य में भी यह अर्थ समझने की संभावना है कि रमेश मल्ल की हत्या तो की न्यायाधीश पवार ने और मृत्युदंड मिल गया सुरेश मल्ल को जो रमेश मल्ल का ही भाई था।

चर्चा यदि मीडिया में हिन्दी के प्रयोग और उसकी समस्याओं पर ही केंद्रित रहे तो बात मुकम्मल नहीं होगी। किंचित उस भाषा के प्रयोग और उसकी वाक्य संरचना को भी देखना होगा, जिसमें प्रायः मूल लेखन होता है और जिसे समृद्धतम भाषा कहा जाता है। 02 फरवरी, 2001 को रात 08:00 बजे प्रसारित डी डी न्यूज में एक वाक्य सुनने को मिला Chief Minister Mr. Keshu Bhai Patel said that the relief work was going on at wat footing. अब अंग्रेजी व्याकरण के ही अनुसार कोई अनुवादक The relief work was going on का अनुवाद क्या करेगा कि राहत कार्य चल रहा था? इस वाक्य में प्रयुक्त काल के अनुशासन को मान लेने से क्या अभिप्राय स्पष्ट हो जाता है? तो क्या भूकंप प्रभावित गुजरात में अब राहत कार्य नहीं चल रहा?

कहना न होगा कि प्रत्येक भाषा का अपना अनुशासन होता है। यह दो रूपों में कार्य करता है। पहला शब्द और अर्थ के रूप में। यह

व्याकरण पर आधारित होता है। वाक्य-विन्यास सर्वदा व्याकरण सम्मत होता है। इसी के अनुरूप भाषा के मुहावरे प्रयुक्त होते हैं। वाक्य की शैली भी तद्नुरूप होती है। इसे व्याकरण का अनुशासन कहा जाता है। इस अनुशासन के बिना भाषा पंगु रहती है। दूसरा अनुशासन किंचित विशिष्ट होता है। यह तर्क पर आधारित होता है। जैसे व्याकरण के अनुरूप होने पर भी वाक्य व्यर्थ और बकवास हो सकता है। पागलों के प्रलाप ऐसे ही होते हैं। उदाहरण के लिए अगर यह कहा जाए कि "वह हलवाहा फूलों से खेत जोत रहा है" तो व्याकरण के नियम से इस वाक्य में कोई दोष नहीं है। वाक्य विन्यास की दृष्टि से भी इस वाक्य में कोई गलती नहीं है। कर्ता, क्रिया, कर्म एवं करण सभी अपने-अपने स्थान पर यथावत् हैं। परंतु इस वाक्य से कोई बात नहीं बनती, क्योंकि वाक्य ही निरर्थक है। भाषा में अर्थ और तर्क का अनुशासन इसीलिए विशिष्ट होता है। भाषांतरण को सही, सार्थक और सुग्राह्य बनाने के लिए मीडियाकर्मी को इन दोनों ही अनुशासन से संबंद्ध होना होता है।

वैसे एक भाषा में व्यक्त विचार को दूसरी भाषा में हू-ब-हू व्यक्त करना सर्वदा सरल नहीं होता। कभी अपेक्षित शब्दों की समस्या आती है तो कभी वाक्य विन्यास की सीमा। लिंग, वचन, कर्म, करण आदि को एक भाषा से दूसरी भाषा में रूपांतरित करते हुए पाठ के अभिप्राय को अक्षत बनाए रखना भी सहज नहीं होता। क्योंकि प्रत्येक भाषा की अपनी प्रकृति होती है और यह प्रकृति ही अभिव्यक्ति अथवा पाठ के अर्थ और अभिप्राय को स्वरूप देती है। इसे समझने के लिए प्रस्तुत उदाहरण पर गौर किया जा सकता है—I met her. अंग्रेजी के इस छोटे-से वाक्य के कई अनुवाद हो सकते हैं। जैसे-1. मैं उससे मिला। 2. मैं उससे मिली। 3. मैं उनसे मिला। 4. मैं उनसे मिली। इस छोटे-से वाक्य के चार-चार अनुवाद हो सकते हैं और चारों के चारों सही। फिर भी अंग्रेजी वाक्य में जहाँ कर्म का लिंग स्पष्ट है, वहीं अनूदित वाक्यों में कर्ता का। कर्म का नहीं। निश्चित रूप से यह अनुवाद अथवा अनुवादक की सीमा नहीं है। दरअसल यह दो भाषाओं की प्रकृति की वजह से है, जिसके चलते यह 'गैप' खड़ा होता है।

मीडिया में हिन्दी के प्रसंग में कभी-कभी संप्रेषणीयता (Communicability) का संकट भी विकट बन जाता है। एक उदाहरण, अंग्रेजी का वाक्य था-This can be seen from the fact that the outstanding loans and advances from center have been steadily going up. भाषाई समाचार-पत्र के पत्रकार ने इसका अनुवाद किया–'इस तथ्य कि केंद्र से अतिदेय ऋण और अग्रिम निरंतर बढ़ रहे हैं।' इस वाक्य की संप्रेषणीयता के संबंध में कुछ न कहना ही बेहतर होगा।

जाहिर है कि ऐसा अनुवाद करते समय अनुवादक ने न अपने विवेक का सहारा लिया और न हिन्दी भाषा की प्रकृति का ध्यान रखा। बस कोश उठाया और लिख मारा। जबकि हिन्दी की प्रकृति और वाक्य-विन्यास के अनुसार उक्त वाक्य यूँ लिखा जाना चाहिए था– "इसका पता इस तथ्य से चल सकता है कि केंद्र के बकाया ऋण और अग्रिम निरंतर बढ़ रहे हैं।"

भाषाई संचार माध्यमों में संप्रेषणीयता के संकट का कारण स्पष्ट है। भाषांतरण करते समय हिन्दी के जनभाषा वाले स्वभाव और प्रकृति को दरकिनार कर दिया जाता है और शब्दकोश की सहायता से टकसाली हिन्दी का ठाट खड़ा कर दिया जाता है। यहाँ यह रेखांकित करना होगा कि हिन्दी के समर्थ और सृजनशील लोग जब तक अनुवाद को दोयम दर्जे का काम समझते रहेंगे, संप्रेषणीयता का संकट बना रहेगा।

संतोष की बात है कि इस संकट को अब गंभीरता से समझा जाने लगा है और इससे मुक्त होने के लिए फिल्मों, विज्ञापन एजेंसियों तथा टेलीविजन ने पहल शुरू कर दी है। वैसे संचार के प्रायः सभी प्रमुख माध्यमों-समाचार-पत्रों, रेडियो के फरमाइशी कार्यक्रमों और टेलीविजन के विविध सीरियलों के बीच-बीच में प्रकाशित, प्रसारित होनेवाले विज्ञापन हों अथवा विचारहीन मनोरंजन प्रधान फिल्मों की खिड़कीतोड़ सफलता, सबमें पूँजी की महिमा काम करती है। जबकि पूँजी और विचार का संबंध सरल नहीं होता। पूँजी की अनियंत्रित कमाई होती है विचारहीनता से और विचारहीनता के लिए भाषा की कोई जरूरत नहीं पड़ती। वैसे भी मुनाफेवाली प्राथमिकता में ध्यान सर्वदा उस जुगत की खोज में लिप्त रहता है, जिसमें पैसा राजमार्ग से आता है।

आजकल सिनेमा, टेलीविजन के धारावाहिकों, विज्ञापनों और पत्रकारिता में भाषा को लेकर खासकर हिन्दी के प्रयोग में जो खिचड़ी परोसी जा रही है, उससे भी आँखें चुराई नहीं जा सकतीं। जैसे–राजू बन गया जेंटिलमैन, बीवी नम्बर वन, आई डोंट केयर, ये दिल माँगे मोर, यही है राइट च्वाइस बेबी, जग्गू से जेंटिलमैन की दूरी, सिर्फ स्प्राइट करे पूरी, कंफिडेंट, श्योर, लॉक कर दिया जाए आदि, इत्यादि।

निस्संदेह इस खिचड़ी हिन्दी ने पूरे देश में, सभी भाषा-भाषियों के बीच अपनी पैठ बना ली है। यह हिन्दी शहरी लोक को भी पसंद है और लोकप्रिय भी। यही कारण है कि जब अंग्रेजी के प्रतिष्ठित अखबार तक, जो शुद्धतावाद की अपेक्षाकृत ज्यादा ही डींग हाँकते हैं और मौका पाते हिन्दी भाषा पर आक्रमण करने से नहीं चूकते, अपनी खबरों तथा संपादकीय के शीर्षक रोमन लिपि के सहारे हिन्दी में लिखने लगे हैं। बानगी प्रस्तुत है–

-Raju Chacha ban gaya businessman-
Bangalore Times, page-1, date 29 Dec, 2000

-Awaz de Kahan hai-
Editorial, Times of India, date 28 Dec, 2000

-of Neta, for Neta-
Editorial, Times of India, date 02 Jan, 2001

-Chalo Dubai, Chalo Silicon Valley-
Times of India, date 02 Jan, 2001

-Retired university and college Teacher
ko gussa kyon Aaya? –
Education times, date 12 Feb, 2001

-And now, Bachcha Banega Crorepati!
Times of India, date 17 March, 2001

-Talks are bekar, when they cheat har baar.-
Times of India, date 27 May, 2001

यह खिचड़ी हिन्दी दरअसल उस समाज की भाषाई वास्तविकता है, जो दो सौ वर्षों तक अंग्रेजों का उपनिवेश रहा है। उपग्रह चैनलों के प्रतिस्पर्धी समय में इस हिन्दी को अब पंख भी लग गए हैं। हिन्दी के पारंपरिक प्रयोक्ता और जानकार टकसाली हिन्दी लिखने और बोलने से परहेज करने लगे हैं और सभी प्रकार के मौलिक तथा अनूदित लेखन में हिन्दी का लोक व्यवहृत रूप निखार पाने लगा है। फिल्म, रेडियो और कंप्यूटर नेटवर्क भी अपने-अपने सरोकारों में इस हिन्दी को धड़ल्ले से आत्मसात करने लगे हैं। निस्संदेह यह हिन्दी संप्रेषणीय है, प्रभावकारी है और रचनात्मक भी है। यह अनुवादी हिन्दी नहीं, मौलिक हिन्दी के व्यापक प्रयोग और प्रसार का प्रमाण है।

वैश्वीकरण और उदारीकरण के बाद भारतीय युवा वर्ग और शहरी मध्य वर्ग पश्चिमी चकाचौंध से जिस कदर अभिभूत है, उससे भारतीय संस्कृति और परंपरा को निश्चित रूप से दबाव का सामना करना पड़ रहा है। इलेक्ट्रॉनिक और प्रिंट मीडिया सहित समूचे संचार माध्यमों में यह दबाव उत्तेजक, सनसनीखेज और परमुखापेक्षी रूप में प्रकट हो रहा है। तथापि ये माध्यम क्षयिष्णु नहीं हुए हैं। इनकी ऊर्जा और जीवंतता में किसी किस्म की कमी नहीं आई है। लोगों की आस्था इन माध्यमों में बनी हुई है और जब तक ऐसा रहेगा, उदार भारतीयों के चित्त में इन माध्यमों की जगह सुरक्षित रहेगी। अब इन माध्यमों को तय करना है कि वे अपने तौर-तरीके बदलें, मौलिक भाषा में अपने को अभिव्यक्त करें और देश की महान लोकतांत्रिक प्रणाली के सजग प्रहरी बने रहें।

यद्यपि हमने काफी वक्त गुजार दिया है, तथापि हमें और हमारे संचार माध्यमों को यह तय करना ही होगा कि दुनिया में हम अपनी मौलिकता और अस्मिता के लिए पहचाने जाएँ अथवा तमाशा और परमुखापेक्षी बनकर अभिशप्त रहें। भाषा और संस्कृति की ताकत ने पिछले दशक में बर्लिन की दीवार गिरा दी। बंगलादेश को बनाया तो सोवियत संघ को मिटा दिया। इसी ताकत के बल पर पूर्व और पश्चिम जर्मनी एक हो गए। उत्तर कोरिया और दक्षिण कोरिया एक होनेवाले

हैं। हमें भी अब यह संकल्प लेना ही होगा कि हम अपनी सभी राष्ट्रीय भाषाओं को अक्षुण्ण रखते हुए संपर्क भाषा हिन्दी को अभिव्यक्ति और उद्भावना का माध्यम बनाएँगे। संकल्प में बल होगा तो अनुवाद की बाधाएँ भी दूर हो जाएँगी। सूचना क्रांति का यह दौर भाषाई विभेद का नहीं, एकता और सामंजस्य के जरिए भारतीय अस्मिता, भारतीय संस्कृति और संपूर्ण भारतीयता को मजबूत बनाने का दौर है। कहना न होगा कि यह मजबूती भाषा के प्रयोग से आती है, केवल अपनी भाषा के प्रयोग से।

भारत में ज्ञान समाज का निर्माण और हिन्दी

मानव सभ्यता का चाहे जितना वैज्ञानिक और तकनीकी विकास हो जाए, परंपरा के साथ परिवर्तन तथा प्रगति के भावों, विचारों एवं संकल्पनाओं की अभिव्यक्ति और संप्रेषण का माध्यम भाषा ही रहेगी। वस्तुतः मनुष्य के विविध वैचारिक अभिप्रायों तथा जीवन के नाना कार्य-व्यवहारों में भाषा की अप्रतिम भूमिका होती है। इसीलिए भाषा से जुड़े सवाल मनुष्य समाज की अभिव्यक्ति और आचरण तथा व्यापक तौर पर अस्मिता से जुड़े होते हैं। अतः यदि भाषा का विवेकपूर्ण व्यवहार किया जाए तो यह न केवल रूढ़ियों, अहमन्यताओं और मतभेदों को मिटाने में सक्षम है, बल्कि सामाजिक, राष्ट्रीय तथा अंतर्राष्ट्रीय सद्भाव पैदा करने का भी एक सशक्त माध्यम बन सकती है। आधुनिक युग में भाषा की इस सामाजिक भूमिका को और अधिक समर्थ तथा व्यापक बनाने में विज्ञान और प्रौद्योगिकी का बड़ा ही महत्त्वपूर्ण योगदान है। भूमंडलीकरण ने इन्हें आपस में एक दूसरे का पूरक भी बना दिया है। भाषा के बिना विज्ञान और प्रौद्योगिकी की उपलब्धियाँ बेमानी हो सकती हैं तो आज विज्ञान और तकनीक के सहारे के बगैर भाषा पारंपरिक बनी रहने और क्षयशील होने को अभिशप्त हो गई है। शायद इसीलिए विगत कुछ दशकों में भाषा में वैज्ञानिक अध्ययन और उसके तकनीक समर्थित विकास का चलन शुरू हुआ है। साथ ही विज्ञान और प्रौद्योगिकी की अवधारणाओं तथा उपलब्धियों को जन सामान्य की भाषा में सुलभ कराने की माँग व्यापक हुई है।

सामान्य रूप से अंग्रेजी को ही विज्ञान और तकनीकी ज्ञान की भाषा मान लिया जाता है। परंतु यह सच नहीं है। अलबत्ता आधुनिक विज्ञान और तकनीक की व्यापक भाषा के रूप में अंग्रेजी आज दुनिया

की अन्य भाषाओं की तुलना में बहुत आगे है। उसमें अपेक्षाकृत अधिक काम हुआ है। अंग्रेजी में विज्ञान और प्रौद्योगिकी का साहित्य तथा संदर्भ सामग्री प्रचुर मात्रा में मिलती है। तथापि भारत के संदर्भ में अंग्रेजी भाषा सहज ज्ञान और अभिव्यक्ति की भाषा नहीं है। फलतः अंग्रेजी का विज्ञान साहित्य भारतीय जनसामान्य के लिए सहज और सुलभ नहीं है। वैसे भी अंग्रेजी भारतीय जन की स्वाभाविक भाषा नहीं है। यह हमारे सहज बोध, चिंतन और नवोन्मेषी विचारों की अभिव्यक्ति का माध्यम नहीं बन पाती।

भूमंडलीकरण और सूचना क्रांति के आज के विश्वग्राम में विज्ञान और तकनीकी ज्ञान जीवन के लिए अनिवार्य बन गए हैं। उनके बिना किसी भी देश तथा समाज का विकास संभव नहीं है। भारत के लोग इसे अच्छी तरह समझ गए हैं। फलस्वरूप वे आधुनिक ज्ञान और विज्ञान की उपलब्धि को समझना चाहते हैं। प्रगति की दौड़ में पीछे न रह जाएँ, इसके लिए वे अपनी भाषा में विज्ञान के विकास तथा तकनीकी ज्ञान को जानना चाहते हैं। भारतीयों में यह आकांक्षा अब जग गई है कि वे आधुनिक विज्ञान और प्रौद्योगिकी के मामले में भी उन्मेषी बनें। वे विश्व बिरादरी में किसी का पिछलग्गू बनकर रहना अब नहीं चाहते। अंतरिक्ष विज्ञान, चिकित्सा शास्त्र, सॉफ्टवेयर उद्योग आदि क्षेत्रों में भारत की उपलब्धियों से इसे समझा जा सकता है।

अतएव भारतीय वैज्ञानिकों का एक समूह अब यह मानने लगा है कि देश में विज्ञान की पढ़ाई और अनुसंधान की भाषा हिन्दी होनी चाहिए। "तेजी से बदलते हुए संसार के सामाजिक और सांस्कृतिक स्वरूप तथा परस्पर आदान-प्रदान के फलस्वरूप काफी गहराई तक प्रभावित हो रही भारतीय संस्कृति के समस्त तत्त्वों की अभिव्यक्ति हेतु हिन्दी भाषा में विज्ञान और प्रौद्योगिकी से संबंधित विषयों की अभिव्यक्ति अनिवार्य हो गई है। जनभाषा में विज्ञान और प्रौद्योगिकी संबंधी ज्ञान की अभिव्यक्ति की अनिवार्यता इसलिए और भी बढ़ जाती है क्योंकि विश्व के समस्त दर्शनों और अनुशासनों में विज्ञान और प्रौद्योगिकी का स्थान सर्वोपरि है और फिलहाल इन्हीं के साथ किसी भी देश का सामाजिक और आर्थिक विकास जुड़ा हुआ है।"[1]

आज जबकि विज्ञान और तकनीक जनजीवन के अभिन्न अंग बन चुके हैं और उनके बिना किसी भी देश तथा समाज का विकास संभव नहीं है, भारतीय वैज्ञानिकों और प्रौद्योगिकीविदों का एक बड़ा समुदाय ऐसा भी है जो अंग्रेजी की रुढ़ि से ग्रस्त है। उन लोगों के अनुसार 'आधुनिक विज्ञान और तकनीकीय ज्ञान की अभिव्यक्ति हिन्दी में नहीं हो सकती।' निश्चय ही यह एक काल्पनिक विचार है, जिसका व्यवहार से कोई वास्ता नहीं है। सवाल है कि जब हिन्दी में मौलिक लेखन होंगे ही नहीं, अध्ययनार्थी और शोधार्थी हिन्दी में मौलिक रूप से सोचेंगे ही नहीं, विज्ञान और प्रौद्योगिकी की संकल्पनाएँ हिन्दी माध्यम से विचार-विनिमय का केंद्र बनेंगी ही नहीं तो उनकी अभिव्यक्ति एकदम से हिन्दी में कैसे हो पाएगी? आधुनिक ज्ञान और विज्ञान की अभिव्यक्ति के माध्यम के रूप में जब तक हिन्दी का व्यवहार नहीं होगा, हिन्दी में मौलिक लेखन जब तक नहीं होंगे, हिन्दी में पाठ्य-सामग्री जब तक उपलब्ध नहीं होंगी, हिन्दी विज्ञान एवं तकनीकी शिक्षा का माध्यम अगरचे नहीं बनेगी, वैज्ञानिक जब तक अपनी संकल्पनाओं को लेकर हिन्दी में सोचना आरम्भ नहीं करेंगे, वे हिन्दी को अपने विमर्श का माध्यम नहीं बनाएँगे, और उच्च शिक्षा तथा शोध की भाषा के रूप में हिन्दी का प्रयोग जब तक शुरू नहीं होगा, तब तक विज्ञान और प्रौद्योगिकी की अभिव्यक्ति की भाषा हिन्दी बनेगी कैसे? यह काम किसका है और कौन करेगा? विषय-विशेषज्ञों की इच्छाशक्ति की कमी आखिरकार भाषा की कमी कैसे हो सकती है?

इस संबंध में कतिपय वैज्ञानिकों के परस्पर अंतर्विरोधी विचारों पर गौर करना यहाँ अप्रासंगिक नहीं होगा। भारतीय प्रौद्योगिकी संस्थान, कानपुर में गणित के प्राध्यापक डॉ. जे. एन. कपूर के अनुसार, "विज्ञान और गणित की संपूर्ण शिक्षा हिन्दी माध्यम से दी जानी चाहिए, परंतु हिन्दी में पाठ्य पुस्तकें और पत्रिकाएँ प्रकाशित कराने के लिए व्यापक कार्यक्रम चलाना होगा। यह दुर्भाग्यपूर्ण है कि आज भी हिन्दी में गणित की कोई उल्लेखनीय पत्रिका नहीं है। हिन्दी में 'साइंस टुडे' के मुकाबले की भी कोई विज्ञान पत्रिका नहीं है। हिन्दी में उच्चस्तरीय पुस्तकें न के बराबर हैं। ...अंग्रेजी भाषा की तुलना में हिन्दी में गणित की पुस्तकें नगण्य मात्रा में उपलब्ध हैं।"[2]

किंतु उपर्युक्त विचार से किंचित भिन्न राय बनारस हिन्दू विश्वविद्यालय, वाराणसी के प्रोफेसर एम. एन. मेहरोत्रा की है। वे लिखते हैं– "यद्यपि पिछले चार दशकों में वैज्ञानिक एवं तकनीकी विषयों पर सैंकड़ों पुस्तकें एवं ग्रंथ प्रकाशित हुए हैं। भौतिकी विषय पर ही स्नातक तथा स्नातकोत्तर स्तर की एक सौ से भी अधिक पुस्तकें प्रकाशित हो चुकी हैं। विदेशी भाषाओं में रचित महत्त्वपूर्ण ग्रंथों के अनुवाद भी किए गए हैं। तथापि इस दिशा में अभी बहुत कुछ करना शेष है।"[3]

परंतु केंद्रीय भवन अनुसंधान संस्थान, रुड़की के एन. एस. त्यागी का मंतव्य इस संबंध में सर्वथा अलग है। उनके अनुसार वैज्ञानिक एवं तकनीकी विषयों पर हिन्दी में बहुत कुछ लिखा गया है और यह सिलसिला अनवरत जारी है। अस्तु हिन्दी में इन विषयों का साहित्य पर्याप्त रूप से उपलब्ध है। असल समस्या जानकारी नहीं होने की है। इस बारे में लोग पूरी तरह से जानते नहीं हैं और हिन्दी को ही अक्षम घोषित कर देते हैं। इससे हिन्दी भाषा की हानि होती है। इस प्रवृत्ति को वे उचित नहीं मानते हैं। उनके शब्दों में– "जो हिन्दी का क ख ग नहीं जानता, उस व्यक्ति द्वारा ऐसा बयान देना उचित नहीं है, क्योंकि हमारे देश की सर्वाधिक जनसंख्या देश के महत्त्वपूर्ण व्यक्तियों के कथनानुसार अपनी राय कायम कर लेती है और बिना तथ्यों की परख किए इस प्रकार की गलतफहमी का शिकार हो जाती है।"[4]

निश्चय ही अभिव्यक्ति का संकट भाषा का नहीं होता, व्यवहारकर्ता का होता है। कोई भी भाषा अविकसित अथवा विकसित नहीं होती। वह व्यवहार से, अपेक्षा के अनुरूप नए शब्द गढ़ने और उसे प्रचलित करने से तथा दूसरी भाषाओं के माकूल शब्द अंगीकृत करने से विकसित होती है। इस मामले में भाषा का स्वभाव बड़ा व्यावहारिक होता है। प्रयोग और प्रचलन में रहने से वह विकासमान रहती है तथा इससे कटते ही विलोपवाद का शिकार बन जाती है। अंग्रेजी और संस्कृत इसके समीचीन उदाहरण हैं। भाषा विज्ञान का सामान्य विचार भी इसी बात का निरुपण करता है। आंतरिक रूप से सभी भाषाएँ अपने प्रयोक्ताओं की संप्रेषण आवश्यकताओं को पूरा करने में सक्षम होती हैं। कोई भी भाषा इस दृष्टि से अपंग नहीं होती, जिसकी शब्दावली

अपर्याप्त हो और जिसका विकास न किया जा सकता हो अथवा जिसकी व्याकरणिक संरचनाएँ हमेशा के लिए स्थिर हो गई हों। किसी भाषा की शैलीगत प्रक्रिया और संवाद की पद्धतियाँ भी सर्वदा के लिए रुढ़ नहीं हो सकतीं।

भाषा के प्रसंग में विचार करते हुए अंतरिक्ष प्रौद्योगिकी (एयरोस्पेस टेक्नोलॉजी) के प्रसिद्ध भारतीय विशेषज्ञ डॉ. शिव कुमार ओझा ने ठीक ही लिखा है, "किसी भी भाषा के स्तंभ (आधार) अक्षर, शब्द और व्याकरण होते हैं, यही भाषा के तीन मौलिक उपकरण हैं। भारतीय भाषाओं के ये तीनों मौलिक उपकरण विशेष गुणों से युक्त हैं, वैज्ञानिक हैं, क्योंकि 1. शब्द में उसके प्रत्येक अक्षर का उच्चारण स्पष्ट रूप से व्यक्त होता है, 2. शब्द स्वयं अर्थ बताने का सामर्थ्य रखता है जो कि शब्द की व्युत्पत्ति द्वारा किया जाता है, 3. शब्द के उच्चारण मात्र से ही एक समर्थ भाव उभरता है, शब्द का यह भाव-सामर्थ्य शब्द के अंदर है जिसके कारण वह अधिक तेजस्वी है तथा स्वयं भासित होता है, 4. शब्दों के उच्चारण के नियम हैं तथा इस उच्चारण में कालांतर में विकृति न आने देने का विज्ञान है, 5. पर्यायवाची शब्दों की बहुतायत है जो पदार्थों के प्रति हमारे विश्लेषणात्मक स्वरूप को दर्शाता है, 6. शब्दों को जोड़कर वाक्य बनाने के नियम (व्याकरण) हैं, जिनका अक्षरशः पालन आवश्यक है।''[5]

जाहिर है कि उपर्युक्त मानकों का यथातथ्य निर्वाह हिन्दी में मिलता है। पुनः हिन्दी का शब्द संसार विशाल है और उसमें दूसरी भाषा के शब्दों को अपनाने तथा उन्हें अपने स्वभाव में ढालने की तत्पर प्रवृत्ति भी मिलती है। ऐसे में हिन्दी पर यह तोहमत लगाना कि वह विज्ञान और तकनीकी विषयों को अभिव्यक्त करने में सक्षम नहीं है, उचित प्रतीत नहीं होता। सवाल है कि इन विषयों के लेखन और अध्यापन में हिन्दी को माध्यम आखिरकार कितना बनाया जाता है? हिन्दी में वैज्ञानिक और तकनीकी संकल्पनाओं का विश्लेषणपरक लेखन होता है क्या? यदि किसी ने ऐसा किया है तो उसे अपने भावों तथा विचारों को प्रकट करने में किसी प्रकार की कोई दिक्कत आई है? विज्ञान और तकनीकी से जुड़े विचारों की अभिव्यक्ति के मामले में

जो लोग अंग्रेजी की तुलना में हिन्दी को कमजोर भाषा मानते हैं, आखिर उसका आधार क्या है? जिन्हें हिन्दी के संकल्पनावाची शब्द दुरूह लगते हैं, उन्हें अंग्रेजी के ऐसे शब्द आसान कैसे लगते हैं? शब्द अपने आप में सरल या दुरूह होते हैं क्या?

तथापि वैज्ञानिक और तकनीकी क्षेत्र में हिन्दी-प्रयोग की स्थिति हतोत्साहजनक नहीं है। हिन्दी भाषी राज्यों में विज्ञान पाठ्यक्रम की पुस्तकें हिन्दी में ही मिलती हैं। हिन्दी माध्यम से इन विषयों की पढ़ाई भी होती है। वैज्ञानिक एवं औद्योगिक अनुसंधान परिषद (CSIR) तथा प्रकाशन एवं सूचना निदेशालय के आँकड़ों के अनुसार पिछले दिनों में 'देश में कुल 3344 वैज्ञानिक और तकनीकी पुस्तकें हिन्दी में प्रकाशित हुई हैं, जिनमें से अधिकांश मौलिक पुस्तकें हैं। साथ ही विभिन्न वैज्ञानिक विषयों में कुल 321 पत्रिकाएँ हिन्दी में प्रकाशित हो रही हैं।'[6]

यह सच है कि विज्ञान एवं तकनीक से संबंधित विषयों पर हिन्दी में शोध-पत्र बहुत कम, लगभग न के बराबर लिखे जाते हैं। किंतु जो थोड़े शोध-पत्र लिखे जाते हैं, उनके प्रकाशन के लिए कई पत्रिकाएँ निकल रही हैं। उदाहरण के लिए वैज्ञानिक एवं औद्योगिक अनुसंधान परिषद की पत्रिका 'विज्ञान प्रगति' द इंस्टीट्यूट ऑफ इंजीनियर्स का हिन्दी जर्नल, नेशनल रिसर्च एंड डेवलपमेंट कार्पोरेशन की पत्रिका 'आविष्कार', भाभा परमाणु अनुसंधान केंद्र की पत्रिका 'वैज्ञानिक', भारतीय विज्ञान संस्थान की पत्रिका 'विज्ञान परिचय', गैर पारंपरिक ऊर्जा स्रोत विभाग की पत्रिका 'ऊर्जा भारती' और केंद्रीय सचिवालय हिन्दी परिषद की पत्रिका 'विज्ञान गंगा'। इस कड़ी में भारतीय प्रौद्योगिकी संस्थान, दिल्ली की पत्रिका 'जिज्ञासा' तथा इसी संस्थान के बंबई परिसर की पत्रिका 'विज्ञान गरिमा सिंधु' भी उल्लेखनीय हैं। गणित के रहस्यों का उद्घाटन करनेवाली पत्रिका 'गणित सुधा' नाम से लखनऊ से छपती है। इन पत्रिकाओं के अलावा कई अन्य पत्र-पत्रिकाएँ एवं सरकार के तकनीकी उपक्रमों की गृह पत्रिकाएँ आदि भी विज्ञान और तकनीकी विषयों पर लेख छापती हैं। यद्यपि इन पत्रिकाओं के लेख मौलिक होते हैं, किंतु इन्हें पढ़कर कभी-कभी यह भ्रम पैदा होता है कि ये मूलतः हिन्दी में लिखे गए होते हैं अथवा अंग्रेजी में।

वैसे भारत के अपेक्षाकृत पिछड़े समाज में वैज्ञानिक चेतना पैदा करने में पत्र-पत्रिकाओं में छपे विज्ञान और तकनीक से संबंधित लेखों की बड़ी भूमिका है। किंतु ये लेख अधिकांशतः सूचनात्मक तथा छात्रोपयोगी होते हैं। इनसे किसी शोध मनोवृत्ति के विकास में मदद शायद ही मिले। इस मामले में हिन्दी विज्ञान लेखन को अभी लंबा सफर तय करना है। यह एक श्रमसाध्य, चुनौतीपूर्ण तथा राष्ट्रवादी कार्य है। हिन्दी में विज्ञान के विशिष्ट क्षेत्रों और खास विषयों पर गहन, जिज्ञासापरक और संभावना के क्षितिज की ओर इशारा करनेवाले लेखन की बड़ी जरूरत है। आधुनिक शिक्षा का प्रसार जैसे-जैसे होगा, यह जरूरत और बढ़ती जाएगी। इस जरूरत को पूरा कर ही भारत में सही अर्थों में ज्ञान समाज का निर्माण किया जा सकता है।

संदर्भ संकेत

1. प्रो. सुहास पां. सुखात्मे, प्राक्कथन, भाषा और प्रौद्योगिकी (विनोद कुमार प्रसाद की पुस्तक) वाणी प्रकाशन, नई दिल्ली, प्रथम संस्करण 1999, पृष्ठ 5।
2. कार्यवाही, भाषा और प्रौद्योगिकी संगोष्ठी, 15-17 मार्च, 1986, भारतीय प्रौद्योगिकी संस्थान, कानपुर, पृष्ठ 107।
3. कार्यवाही, अखिल भारतीय संगोष्ठी-ऊर्जा संसाधन विकास एवं परियोजनाएँ तथा कार्यशाला, तकनीकी हिन्दी का विकास, रूड़की विश्वविद्यालय, 5-7 जुलाई, 1984, पृष्ठ 8-9।
4. कार्यवाही खंड-II, 'इक्कीसवीं शताब्दी में निर्माण प्रौद्योगिकी-शोध की दिशाएँ' संगोष्ठी, केंद्रीय भवन अनुसंधान संस्थान तथा केंद्रीय सचिवालय परिषद, रूड़की, 5-7 अक्तूबर, 1988।
5. डॉ शिवकुमार ओझा, आधुनिक परिवेश में भारतीय संस्कृति, खेमराज श्रीकृष्णदास प्रकाशन, बंबई, संस्करणः अप्रैल 2008, पृष्ठ 82।
6. हिन्दी में वैज्ञानिक एवं तकनीकी प्रकाशन निर्देशिका 1966-80, प्रकाशन एवं सूचना विभाग तथा वैज्ञानिक एवं औद्योगिक अनुसंधान परिषद, नई दिल्ली।

प्रशासन और राष्ट्रीय भावधारा

स्वतंत्र भारत का प्रशासनिक ढाँचा थोड़े बहुत बदलावों के बावजूद अंग्रेजी हुकूमत वाला ही है। शासन के कामकाज की भाषा के रूप में हिन्दी को स्वीकार करने के बावजूद अंग्रेजी को सह राजभाषा के तौर पर जारी रखने की छूट राजभाषा अधिनियम, 1963 देता है। ऐसे में सरकार के प्रशासनिक कामकाज में हिन्दी-प्रयोग की स्थिति क्या होगी, इसका सहज ही अनुमान लगाया जा सकता है।

भारत में ब्रिटिश शासन की भाषा अंग्रेजी थी। अंग्रेजों के बनाए नियम, कानून भी अंग्रेजी में थे। प्रशासनिक कार्य करनेवाले अधिकारियों और कर्मचारियों को भी अंग्रेजी में काम करने की आदत थी। अतः स्वतंत्र भारत के प्रशासन की भाषा भी अंग्रेजी थी। इस बीच भारत का संविधान बना और उसमें हिन्दी स्वतंत्र भारत की राजभाषा घोषित की गई। संविधान के 17 वें भाग के चार अध्यायों में अनुच्छेद 343 से अनुच्छेद 351 तक कुल 09 अनुच्छेदों में राजभाषा हिन्दी के संबंध में उपबंध प्रस्तुत किए गए।

संविधान के अनुच्छेद 343(2) के परंतुक के अधीन प्रदत्त शक्तियों का प्रयोग करते हुए 27 मई, 1952 को राष्ट्रपति ने पहली बार शासन के कुछ कामों के लिए हिन्दी भाषा का प्रयोग शुरू करने का आदेश जारी किया। इस संबंध में राष्ट्रपति का दूसरा आदेश 03 दिसंबर, 1955 को जारी हुआ। इन आदेशों में सरकारी कार्यालयों और अधिकारियों द्वारा जनता के साथ पत्र व्यवहार में हिन्दी भाषा का प्रयोग करने की बात थी। साथ ही सभी प्रकार की प्रशासनिक रिपोर्ट, संसद में प्रस्तुत की जानेवाली रिपोर्ट, विदेश में स्थित दूतावासों में नियुक्त भारत के प्रतिनिधियों को जारी किए जानेवाले कागजात जैसे सीमित कार्यों के

लिए भी हिन्दी भाषा का प्रयोग अनिवार्य किया गया। भारत सरकार के कामकाज में हिन्दी भाषा के प्रयोग की स्थिति के संबंध में राष्ट्रपति की ओर से 27 अप्रैल, 1960 को एक गहन और दूरगामी प्रभाववाला आदेश जारी हुआ, जिसके अंतर्गत कुछ श्रेणी के केंद्रीय सरकारी सेवकों को छोड़कर, सभी सेवकों के लिए हिन्दी सीखना अनिवार्य बना दिया गया। टंककों और आशुलिपिकों के लिए हिन्दी टंकण और हिन्दी आशुलिपि का प्रशिक्षण भी अनिवार्य बनाया गया। इन आदेशों के अनुपालन और कार्यान्वयन के लिए सरकारी कार्मिकों को हिन्दी भाषा का ज्ञान कराने की जरूरत व्यापक पैमाने पर महसूस की गई। इसके लिए सरकार ने 'हिन्दी शिक्षण योजना' शुरू की। इस योजना के तहत हिन्दी सिखाने वाले प्राध्यापक नियुक्त किए गए और केंद्रीय सरकारी कार्मिकों के कामकाज को ध्यान में रखते हुए प्राथमिक, माध्यमिक और उच्च माध्यमिक स्तर के तीन पाठ्यक्रम तैयार किए गए। इन पाठ्यक्रमों को 'प्रबोध', 'प्रवीण' और 'प्राज्ञ' नाम दिए गए। टंककों और आशुलिपिकों के लिए भी हिन्दी टंकण और हिन्दी आशुलिपि प्रशिक्षण का ढाँचा तैयार किया गया। इस योजना को सुचारुपूर्वक चलाने और मोनिटरन के लिए आगे चलकर 'केंद्रीय हिन्दी प्रशिक्षण संस्थान' की स्थापना हुई। इस संस्थान के कार्यालय और केंद्र देश में विभिन्न क्षेत्रों और स्थानों में खोले गए। मुख्यालय नई दिल्ली में तथा क्षेत्रीय कार्यालय नई दिल्ली, चेन्नई, कोलकाता, मुंबई और जबलपुर में खोले गए। इस व्यवस्था का उद्देश्य केंद्रीय सरकारी कार्यालयों में हिन्दी में कामकाज के लिए प्रशिक्षित मानवशक्ति उपलब्ध कराना है।

चूँकि कार्यालयों में कामकाज अंग्रेजी में होते हैं। संवैधानिक अपेक्षा तथा राजभाषा अधिनियम के अनुपालन के लिए कतिपय काम हिन्दी में भी करने हैं। अस्तु सरकारी कार्यालयों में हिन्दी में काम मुख्यतः अनुवाद के द्वारा ही होते हैं। इस बीच सरकार के आदेशों के अनुपालन में कार्यालयों की नियमावलियाँ, प्रक्रिया साहित्य, प्रपत्र, फार्म आदि की उपलब्धता द्विभाषी रूप में यानी हिन्दी में भी अनिवार्य कर दी गई। फलस्वरूप कार्यालयों में हिन्दी अनुवाद का काम व्यापक और महत्त्वपूर्ण हो गया। परिणामस्वरूंप सरकारी कार्यालयों में हिन्दी अनुभाग स्थापित

हुए और हिन्दी कार्यान्वयन के निमित्त पदों के सृजन किए गए। साथ ही हिन्दी में काम करने वास्ते सरकारी कार्मिकों के लिए अनेक प्रोत्साहन योजनाएँ भी शुरू की गईं।

तथापि सरकारी कार्यालयों में कामकाज की भाषा अंग्रेजी बनी हुई है। कार्मिक हिन्दी में कामकाज करने से कतराते हैं। उन्हें अंग्रेजी में काम करने की आदत है। ऐसे में हिन्दी में काम करने हेतु कल्पनाशीलता चाहिए तथा किंचित मानसिक श्रम भी करने पड़ सकते हैं। यद्यपि सरकार ने मानक साहित्य के अनुवाद के लिए तथा अनुवाद कार्यों की गुणवत्ता सुनिश्चित करने और अनुवादकों के प्रशिक्षण के लिए 'केंद्रीय अनुवाद ब्यूरो' की स्थापना की है। ब्यूरो का मुख्यालय नई दिल्ली में है और इसके तीन अनुवाद प्रशिक्षण केंद्र क्रमशः मुंबई, बेंगलूर और कोलकाता में स्थापित हैं। ब्यूरो सरकारी कार्यालयों को उनकी नियम पुस्तकों, प्रक्रिया साहित्य, मानक प्रपत्रों आदि का अनुवाद भी उपलब्ध कराता है।

इस प्रकार भारत सरकार के प्रशासन में हिन्दी भाषा के प्रयोग को लेकर सुव्यवस्थित ढाँचा बनाया गया है, जिसका नीति निर्माता निकाय केंद्र सरकार के गृह मंत्रालय के अंतर्गत 'राजभाषा विभाग' है। इस विभाग के अंतर्गत ही केंद्रीय हिन्दी प्रशिक्षण संस्थान तथा केंद्रीय अनुवाद ब्यूरो कार्य करते हैं। कार्यालयों के प्रशासनिक कार्यों में हिन्दी कार्यान्वयन की मोनिटरिंग करने के लिए राजभाषा विभाग के अंतर्गत देश में आठ 'क्षेत्रीय कार्यान्वयन कार्यालय' भी स्थापित किए गए हैं। ये कार्यालय नई दिल्ली के अतिरिक्त गाजियाबाद, मुंबई, कोलकाता, गुवाहाटी, भोपाल, बेंगलूर तथा कोचीन में स्थापित हैं।

देश की राष्ट्रीय भावधारा को मजबूत बनाने के उद्देश्य से भारत सरकार के प्रशासनिक ढाँचे में राजभाषा हिन्दी को लेकर जो व्यवस्था है, उसका यहाँ संक्षेप में उल्लेख अप्रासंगिक नहीं होगा।

हिन्दी अधिकारी : हिन्दी अधिकारियों की जिम्मेदारी सामान्यतः अंग्रेजी-हिन्दी और हिन्दी-अंग्रेजी के अनुवाद के काम और राजभाषा संबंधी आदेशों के कार्यान्वयन की है। राजभाषा विभाग के अनुसार हिन्दी अधिकारी के निम्नलिखित कर्तव्य हैं :

1. अंग्रेजी से हिन्दी और हिन्दी से अंग्रेजी के अनुवाद का काम और उसका पुनरीक्षण।
2. विभाग के अधिकारियों और कर्मचारियों को सरकार के राजभाषा संबंधी आदेशों की जानकारी कराना और उसके कार्यान्वयन में मदद करना।
3. राजभाषा अधिनियम के उपबंधों तथा हिन्दी प्रशिक्षण और राजभाषा संबंधी आदेशों का अपने विभाग और उसके अधीन कार्यालयों, अनुभागों, कंपनियों, निगमों आदि में यथोचित रूप से अनुपालन कराना।
4. विभाग/कार्यालय की राजभाषा कार्यान्वयन समिति के पदेन सचिव के रूप में काम करना और उसकी बैठकें समय-समय पर बुलाना। उन बैठकों की कार्य-सूची और कार्य-वृत्त तैयार करना तथा बैठक में लिए गए निर्णयों पर की गई कार्रवाई का समन्वय करना।
5. हिन्दी के प्रगामी प्रयोग को बढ़ावा देने के लिए समय-समय पर उचित सुझाव देना और इस बारे में राजभाषा विभाग से उचित माध्यम द्वारा संपर्क रखना।
6. सहायक और संदर्भ साहित्य तैयार करना, हिन्दी कार्यशाला का आयोजन करना और अधिकारियों/कर्मचारियों को हिन्दी सीखने तथा सरकारी कामकाज में उसका इस्तेमाल करने में मदद करना।

हिन्दी अनुवादक

विभिन्न मंत्रालयों/विभागों/कार्यालयों में अनुवादक—वरिष्ठ तथा कनिष्ठ के पद/पदों का सृजन किया गया है। इन पदों को मुख्यतः अनुवाद कार्य के लिए बनाया गया है। अतएव उनसे सामान्यतः वही कार्य कराया जाना चाहिए। राजभाषा अधिनियम 1963 की धारा 3(3) के तथा अन्य नियमों के सुनिश्चित अनुपालन के लिए अनुवादकों की सहायता ली जाती है। अनुवाद कार्य से इतर इनसे निम्नलिखित कार्य लिए जा सकते हैं, बशर्ते इससे अनुवाद कार्य की अवहेलना न हो :

1. विशिष्ट अवसरों पर–हिन्दी सलाहकार समिति, हिन्दी कार्यान्वयन समिति आदि की बैठकों आदि के समय–सहायता ली जा सकती है।
2. वरिष्ठ अनुवादकों से कार्यान्वयन संबंधी कार्य में भी सहायता ली जा सकती है।

सरकारी कार्यालयों में अनुवाद कार्य करनेवाले कार्मिकों का अनुवाद प्रशिक्षण अनिवार्य है। अनुवाद कार्य के प्रशिक्षण के लिए केंद्रीय अनुवाद ब्यूरो, पर्यावरण भवन, आठवाँ तल, केंद्रीय कार्यालय परिसर, लोधी रोड, नई दिल्ली-110003 अधिकृत है। ब्यूरो के तीन प्रशिक्षण केंद्र भी हैं, जहाँ विशेष रूप से अनुवाद प्रशिक्षण के कार्य ही संचालित होते हैं। ये केंद्र हैं–

1. केंद्रीय अनुवाद ब्यूरो, अनुवाद प्रशिक्षण केंद्र, केंद्रीय सदन, 5 वाँ तल, डी-विंग, कोरमंगला, बेंगलूर-560034
2. केंद्रीय अनुवाद ब्यूरो, अनुवाद प्रशिक्षण केंद्र, 67-बी, बालीगंज, पार्क टावर, सर्कुलर रोड, कोलकाता-700019
3. केंद्रीय अनुवाद ब्यूरो, अनुवाद प्रशिक्षण केंद्र, केंद्रीय सदन, छठी मंजिल, सीबीडी, बेलापुर, नवी मुंबई-400614

जिन कार्यालयों में हिन्दी अधिकारी या हिन्दी अनुवादक आदि का कोई पद नहीं है, वहाँ जरूरत पड़ने पर, अंग्रेजी से हिन्दी में और हिन्दी से अंग्रेजी में अनुवाद किसी योग्य व्यक्ति से मानदेय देकर कराने का प्रावधान है।

संकल्प, सामान्य आदेश, नियम, अधिसूचनाएँ, विनियम, प्रेस विज्ञप्ति, परिपत्र, विविध प्रकार की योजना/परियोजना से संबंधित अनुवाद कार्य मंत्रालय/विभाग में ही किए जाते हैं।

संसद में प्रस्तुत किए जानेवाले तथा अन्य सांविधिक कागजात के अनुवाद के लिए विधि मंत्रालय को प्राधिकृत किया गया है।

1. हिन्दी सीखने के लिए सुविधाएँ और प्रोत्साहन

1. परीक्षा और पढ़ाई की कोई फीस नहीं ली जाती।
2. पाठ्य पुस्तकें मुफ्त दी जाती हैं।

3. कक्षाएँ दफ्तर के समय में लगाई जाती हैं।
4. कक्षाओं में आने-जाने के मार्ग-व्यय की प्रतिपूर्ति की जाती है।
5. परीक्षाओं में बैठने के लिए नियमानुसार यात्रा-भत्ता/वास्तविक खर्च दिया जाता है।
6. परीक्षाओं के लिए विशेष छुट्टी दी जाती है।
7. राजपत्रित अधिकारियों को हिन्दी सिखाने के लिए अलग कक्षाएँ भी लगाई जाती हैं।
8. परीक्षाओं में प्राइवेट रूप में बैठने की छूट है।
9. केंद्रीय हिन्दी निदेशालय, नई दिल्ली की ओर से पत्राचार द्वारा भी हिन्दी पढ़ाई जाती है।
10. केंद्रीय हिन्दी संस्थान, आगरा में 2-3 महीने में गहन प्रशिक्षण द्वारा पूरा पाठ्यक्रम पढ़ाया जाता है।
11. निर्धारित परीक्षा पास करने पर सेवापंजी में इंदराज किया जाता है।
12. नकद और एकमुश्त पुरस्कारों की राशि पर आयकर नहीं लगता।

प्रोत्साहन

क) **वैयक्तिक वेतन** (12 महीने के लिए एक वेतन-वृद्धि के बराबर) दिया जाता है।

1. अराजपत्रित कर्मचारियों को प्राज्ञ परीक्षा पास करने पर।
2. जिन अराजपत्रित कर्मचारियों के लिए प्रवीण या प्रबोध की परीक्षा ही अंतिम परीक्षा है, उन्हें उक्त परीक्षाएँ पास करने पर।
3. राजपत्रित कर्मचारियों को अंतिम परीक्षा के रूप में प्रवीण या प्राज्ञ परीक्षा पास करने पर।
4. जहाँ हिन्दी शिक्षण योजना के केंद्र नहीं हैं, वहाँ के कर्मचारियों को स्वैच्छिक हिन्दी संगठनों की मैट्रिक या उससे उच्च स्तर की मान्यता प्राप्त परीक्षा पास करने पर।

ख) **नकद पुरस्कार** (विशेष योग्यता के साथ परीक्षा पास करने पर)।

ग) **एकमुश्त पुरस्कार** (निजी प्रयत्नों से परीक्षा पास करने पर) परिचालन कर्मचारियों तथा उन कर्मचारियों के लिए जो ऐसे स्थानों पर नियुक्त हैं, जहाँ हिन्दी शिक्षण योजना के केंद्र नहीं हैं।

2. हिन्दी टाइपिंग और आशुलिपि सीखने के लिए सुविधाएँ एवं प्रोत्साहन

1. परीक्षा और पढ़ाई की कोई फीस नहीं ली जाती।
2. पाठ्य पुस्तकें मुफ्त दी जाती हैं।
3. कक्षाएँ दफ्तर के समय में लगाई जाती हैं।
4. कक्षाओं में आने-जाने के मार्ग-व्यय की प्रतिपूर्ति की जाती है।
5. परीक्षाओं में बैठने के लिए नियमानुसार यात्रा-भत्ता/वास्तविक खर्च दिया जाता है।
6. परीक्षाओं में प्राइवेट रूप में बैठने की छूट है।
7. परीक्षाओं के लिए विशेष छुट्टी दी जाती है।
8. मान्यता प्राप्त टाइपिंग/आशुलिपि प्रशिक्षण केंद्रों पर दफ्तर के समय प्रशिक्षण के लिए जाने की इजाजत दी जाती है।
9. निर्धारित परीक्षा पास करने पर सेवापंजी में इंदराज किया जाता है।
10. नकद और एकमुश्त पुरस्कारों की राशि पर आयकर नहीं लगता।

प्रोत्साहन

क) **वैयक्तिक वेतन** (12 महीने के लिए एक वेतन-वृद्धि के बराबर)

1. अराजपत्रित कर्मचारियों को हिन्दी टाइपिंग/हिन्दी आशुलिपि परीक्षा पास करने पर।
2. राजपत्रित आशुलिपिकों को भी हिन्दी आशुलिपि परीक्षा 90 प्रतिशत या उससे अधिक अंक लेकर पास करने पर।

   विशेष : जिन आशुलिपिकों की मातृभाषा हिन्दी नहीं है, उन्हें हिन्दी आशुलिपि की परीक्षा पास करने पर पहले 12 महीनों

के लिए दो वेतन-वृद्धि और अगले 12 महीनों के लिए एक वेतन-वृद्धि के बराबर वैयक्तिक वेतन दिया जाता है।

3. सरकारी कामकाज में मूल हिन्दी टिप्पण तथा आलेखन के लिए प्रोत्साहन

इस संबंध में एक योजना 05.10.1975 को लागू की गई थी, जो अपेक्षित सीमा तक सफल नहीं रही। अतः इसे और अधिक उदार बनाते हुए दिसंबर, 1984से पुनः लागू की गईः-

i) योजना का क्षेत्र

केंद्रीय सरकार के सभी मंत्रालय/विभाग/संबद्ध और अधीनस्थ कार्यालय अपने अधिकारियों/कर्मचारियों के लिए स्वतंत्र रूप से इस योजना को लागू कर सकते हैं।

ii) पात्रता

क) सभी श्रेणियों के वे अधिकारी/कर्मचारी इस योजना में भाग ले सकते हैं, जिनसे सरकारी कामकाज में मूल टिप्पण/आलेखन की अपेक्षा की जाती है।

ख) आशुलिपिक/टाइपिस्ट जो सरकारी कामकाज में हिन्दी के प्रयोग को बढ़ावा देने संबंधी किसी अन्य योजना के अंतर्गत आते हैं, इस योजना में भाग लेने के पात्र नहीं होंगे।

ग) हिन्दी अधिकारी और हिन्दी अनुवादक, जो सामान्यतः अपना काम हिन्दी में करते हैं, वे इस योजना में भाग लेने के पात्र नहीं होंगे।

iii) पुरस्कार

भाग लेनेवाले कर्मचारियों को प्रतिवर्ष उनके द्वारा हिन्दी में किए गए काम के आधार पर {जिसके लिए पृथक रूप से मानदंड निर्धारित किए गए हैं और जिसका निर्णय मूल्यांकन समिति (मंत्रालयों/विभागों में हिन्दी के प्रभारी संयुक्त सचिव, संगठन के प्रभारी अवर सचिव और वरिष्ठ हिन्दी अधिकारी अथवा हिन्दी अधिकारी) करती है} निम्नलिखित नकद पुरस्कार दिए जा सकते हैं–

4. अंग्रेजी टाइपिस्टों/आशुलिपिकों को हिन्दी में भी टाइपलेखन और आशुलिपि कार्य करने के लिए 'प्रोत्साहन भत्ता'

भारत सरकार के मंत्रालयों, विभागों तथा उनके संबद्ध और अधीनस्थ कार्यालयों में कार्य कर रहे उन आशुलिपिकों और टाइपिस्टों को, जो अंग्रेजी टाइप/आशुलिपि जानते हैं और अंग्रेजी के अतिरिक्त हिन्दी में भी अपना सरकारी कार्य करते हैं, प्रतिमास विशेष भत्ता दिया जा सकता है।

15 अगस्त, 1983 से यह योजना लागू है। इस योजना में केवल वे ही अंग्रेजी आशुलिपिक/टाइपिस्ट इस भत्ते के पात्र होंगे, जो हिन्दी में औसतन 5 टिप्पणियाँ/प्रारूप/पत्र प्रतिदिन टंकित करते हैं। यह विशेष भत्ता 'वेतन' नहीं माना जाएगा और इस राशि पर महँगाई भत्ता, मकान भत्ता, नगर प्रतिकर भत्ता और अन्य भत्ते देय नहीं होंगे। केवल एक या दो पंक्तियों के प्रारूप/टिप्पणियाँ इसमें शामिल नहीं होंगे। कार्यालय अध्यक्ष तथा आशुलिपिकों/टाइपिस्टों पर पर्यवेक्षी नियंत्रण रखनेवाले अधिकारियों का यह उत्तरदायित्व होगा कि वे सुनिश्चित करें कि इस योजना के अनुसार यह विशेष भत्ता संबंधित आशुलिपिक/टाइपिस्ट द्वारा द्विभाषी रूप में कार्य करने पर ही प्राप्त किया जाए। निश्चित रूप से इस योजना से सरकारी कामकाज में हिन्दी का उत्तरोत्तर प्रयोग बढ़ाने में सहायता मिल रही है।

5. राजभाषा शील्ड, ट्राफी तथा पदक प्रदान करने की योजना

केंद्रीय हिन्दी समिति के निर्णय के अनुसार विभिन्न मंत्रालयों/विभागों में हिन्दी के प्रयोग को प्रोत्साहन देने के लिए एक 'शील्ड' देने की योजना प्रारम्भ की गई है। यह शील्ड राजभाषा विभाग की ओर से उस मंत्रालय/विभाग को प्रदान की जाती है, जिसमें हिन्दी में सबसे अधिक काम हुआ हो। यह योजना सन् 1980 से लागू है। सर्वप्रथम वर्ष 1981-82 के लिए शील्ड दी गई। इसके लिए अनुभाग द्वारा हिन्दी में कार्य, हिन्दी में पत्राचार तथा सन् 1963 के राजभाषा अधिनियम की धारा 3(3) के अनुसार कार्यालय में किए गए कार्य, प्रशिक्षण, टाइपराइटरों की व्यवस्था, आशुलिपिकों (हिन्दी-प्रशिक्षित)

की व्यवस्था, प्रकाशन तथा अन्य विविध कार्यों को आधार बनाया गया।

इस संबंध में एक निर्णायक समिति का गठन भी किया गया है, जिसमें मंत्रालयों/विभागों से प्राप्त आँकड़ों के आधार पर शील्ड देने का निर्णय किया जाता है। सर्वाधिक अंक प्राप्त करनेवाले मंत्रालय/विभाग को शील्ड और द्वितीय, तृतीय तथा अन्य को प्रोत्साहन पुरस्कार देने की व्यवस्था की गई है।

6. नगर राजभाषा कार्यान्वयन समिति को पुरस्कार :

केंद्रीय सरकार के कार्यालयों, उपक्रमों, बैंकों, स्वायत्त निकायों आदि में हिन्दी संबंधी कार्य की प्रगति की समीक्षा करने, समस्याओं पर विचार-विमर्श करने, हिन्दी से संबंधित प्रतियोगिताओं का आयोजन करने के लिए प्रमुख नगरों में जहाँ 10 या उससे अधिक केंद्र सरकार के कार्यालय हैं, नगर राजभाषा कार्यान्वयन समितियाँ बनाई गई हैं। इन समितियों की अध्यक्षता नगर के वरिष्ठतम अधिकारी करते हैं। नगर में स्थित केंद्रीय सरकार के सभी कार्यालय इस समिति के सदस्य होते हैं।

इस समिति की बैठक प्रत्येक छह महीने में होती है। बड़े नगरों में, जहाँ केंद्र सरकार के बहुत सारे कार्यालय होते हैं, यह समिति केंद्रीय सरकारी कार्यालयों, उपक्रमों तथा बैंकों के लिए पृथक तौर पर गठित होकर अपने कार्य करती है। वर्तमान में देश में 305 नगर राजभाषा कार्यान्वयन समितियाँ गठित हैं।

जाहिर है कि उपर्युक्त सारे प्रावधान प्रशासनिक क्षेत्र में हिन्दी के अधिकाधिक प्रयोग सुनिश्चित करने के निमित्त हैं और इसका एकमात्र उद्देश्य प्रशासन में हिन्दी के माध्यम से जन सहभागिता को बढ़ाना तथा राष्ट्रीय भावधारा को प्रबल करना है।

इतिहास के आईने में राजभाषा

हिन्दी का जन्म या विकास सन् 1000 ई0 के आसपास बिहार से लेकर राजस्थान तक बोली जानेवाली अर्धमागधी और शौरसेनी अपभ्रंश भाषाओं से हुआ। इन्हीं अर्धमागधी और शौरसेनी भाषाओं से पूर्वी तथा पश्चिमी हिन्दी की सभी बोलियों का विकास हुआ। इन बोलियों में खड़ी बोली भी थी। खड़ी बोली मुख्यतः मेरठ से लेकर दिल्ली के जनजीवन में विकसित हुई। यह वह कालखंड था जब मुगल हमलावर भारत पर लगातार हमले कर रहे थे।

अपनी बोलियों से उद्भूत हिन्दी पूर्व में अपभ्रंश के आदि कवि सरहपा से आबद्ध रही तो उत्तर में खड़ी बोली, भोजपुरी, अवधी, ब्रजभाषा और राजस्थानी के संतकवि कबीर, जायसी, तुलसी, सूर और मीरा से संबद्ध एवं समृद्ध हुई। इस प्रकार हिन्दी अपने शैशवकाल से ही विराट फलक के साथ विकसित हुई, जिसमें जाति, धर्म, क्षेत्र आदि भेदोपभेद का कभी कोई अस्तित्व नहीं रहा।

गजनवी का शासक मुहम्मद गौरी दर्जनाधिक विफल हमलों के बावजूद 1192 ई. में दिल्ली के शासक पृथ्वीराज चौहान को शिकस्त देने में कामयाब हुआ। इसी के बाद उत्तर भारत में पहले इब्राहिम लोदी और फिर बाबर के माध्यम से मुस्लिम सत्ता की नींव पड़ी। फलस्वरूप शासन की भाषा फारसी बनी। तथापि, शासन की भाषा से आम बोलचाल की भाषा अलग थी। किंतु शासन की जुबान समझने के प्रति लोगों में दिलचस्पी का पैदा होना स्वाभाविक था। इसका असर यह हुआ कि लोग बोलचाल में गाहे-बगाहे अरबी-फारसी के शब्दों का इस्तेमाल करने लगे। यह सिलसिला अकबर के शासनकाल में संस्थागत रूप लेने लगा। यद्यपि उसके दरबार में हिन्दी का खुलकर प्रयोग होता

था और राज का बहुत-सा काम हिन्दी में होता था, तथापि उसी के वित्त (खजाना) मंत्री टोडरमल ने राजकाज में फारसी के इस्तेमाल का आदेश जारी किया। उसी के समय में फारसी की पढ़ाई के लिए शासन की ओर से मदरसे खोले गए। उसी के शासन काल में अथर्ववेद, रामायण, महाभारत जैसे संस्कृत के गौरव ग्रंथों का फारसी में अनुवाद किया गया। यह सिलसिला जहाँगीर और शाहजहाँ तक अबाध जारी रहा। फलस्वरूप शासन के प्रोत्साहन से चंद्रभान ब्रह्म, बनवारीलाल वली, मनोहर तौसानी, मुंशी माधोराम, निहालचंद, मुंशी हरकरण जैसे अनेक हिन्दू फारसी भाषा के श्रेष्ठ कवि और लेखक हुए।

परंतु तमाम शासनादेशों और प्रोत्साहनों के बावजूद फारसी की पैठ आम लोगों में हो नहीं पाई। अलबत्ता आम बोलचाल में फारसी के कतिपय शब्दों और भाषिक प्रयोगों का चलन जरूर बढ़ा। यह सिलसिला चलता रहा। औरंगजेब के जोर-जबरदस्ती तथा जजिया वाले दौर में भी यह अबाध चलता रहा। खड़ी बोली में फारसी शब्दों और मुहावरों के भाषिक प्रयोगों का यह चलन आगे चलकर उर्दू जबान के नाम से मशहूर हुआ। मुगलकाल में राजकाज की भाषा फारसी थी और लिपि अरबी। और चूँकि अस्तित्व में आ रही इस नई जबान में फारसी के शब्दों, मुहावरों एवं भाषिक प्रयोगों के प्रति रुझान था, इसलिए इस जबान के लिए भी अरबी लिपि का प्रयोग होने लगा। लेकिन खड़ी बोली की देवनागरी लिपि भी इस जबान के लिए व्यवहृत होती रही।

बहरहाल रेखा (लकीर) आधार में लिखी जानेवाली लिपि देवनागरी की भाषा खड़ी बोली को रेखता (रेख्ता) भी कहा गया। अकारण नहीं गालिब अपनी भाषा को रेख्ता कहते हैं। वे लिखते हैं-

रेख्ता के तुम्हीं नहीं उस्ताद गालिब,
कहते हैं किसी जमाने में कोई मीर भी था।

गालिब अपनी जबान को हिन्दी ही कहते थे। उन्होंने अपने पत्र-संकलन का नाम 'ऊद-ए-हिन्दी' रखा था, जो उनके जीवनकाल में ही 27 अक्तूबर, 1868 को मेरठ से प्रकाशित हुआ था। गालिब ने रायबहादुर मुंशी शिवनारायण आराम को लिखे पत्र में भी अपनी गजलों को हिन्दी गजल कहा है। हमारे दौर के प्रसिद्ध शायर निदा फाजली भी हिन्दी और

उर्दू को अभिन्न भाषा मानते हैं। वे हिन्दी और उर्दू के बीच भेद के सवाल पर कहते हैं–"हिन्दी और उर्दू वास्तव में एक ही भाषा थी, जिसे अंग्रेजों ने 'फूट डालो, राज करो' षडयंत्र के तहत दो टुकड़ों में बाँट दिया। अमीर खुसरो दोनों भाषाओं के बाबा आदम कहे जाते हैं। आज हिन्दी की आधुनिक कविता और कहानी की भाषा वही है, जो मेरी भाषा है। देवनागरी में प्रकाशित होने पर मेरी रचना हिन्दी की ही लगती है।" (राजस्थान पत्रिका पृष्ठ-7, दिनांक 21.4.2002)।

मुहम्मद तुगलक अपनी राजधानी दिल्ली से दौलताबाद ले गया था। इस स्थानांतरण में दिल्ली की आबादी का एक बड़ा तबका उसके साथ दौलताबाद (दक्षिण) गया था। जाहिर है कि इस क्रम में दिल्ली की भाषा भी दक्षिण पहुँची और दक्कन में प्रचलित हुई। मुगलों में इस भाषा के प्रचलन के कारण इसके प्रसार में विस्तार आया। आगे चलकर बहमनी सल्तनत ने (हैदराबाद, औरंगाबाद, गोलकुंडा, बीजापुर) इस दक्कन वाली भाषा दक्कनी या दक्खिनी अर्थात् दक्षिणी हिन्दी को अपनी राजभाषा बनाया। फलस्वरूप पहली मर्तबा दक्कन में ही इस भाषा में कविता लिखने की शुरुआत हुई। औरंगाबादी वली दक्खिनी हिन्दी के पहले कवि हुए, जिन्होंने लिखा है–

दिल वली का ले लिया दिल्ली ने छीन,
जा कहो कोई मुहम्मद शाह सों।

बात अंग्रेजी की

भारत में अंग्रेजी भाषा के संबंध में कोई भी बात फोर्ट विलियम कॉलेज की चर्चा के बिना मुकम्मल नहीं हो सकती। यह कॉलेज कलकत्ता (अब कोलकाता) में 4 मई, 1800 ई. के दिन शुरू हुआ था। इस कॉलेज का शिलान्यास तत्कालीन लार्ड वैलेजली ने किया था। इस कॉलेज को स्थापित करने के मुख्य दो उद्देश्य थे। पहला यह कि भारतीय सिविल तथा मिलिट्री सर्विस में चयनित होकर जो अंग्रेज अफसर भारत आते थे, उन्हें सेवारम्भ से पहले भारतीय भाषाओं की कामचलाऊ जानकारी उपलब्ध कराई जाए। दूसरा उद्देश्य भारतीय भाषाओं के माध्यम से

ईसाई धर्म का प्रचार करना था। प्रसिद्ध इतिहासकार पं. सुंदरलाल ने अपने इतिहास ग्रंथ 'भारत में अंग्रेजी राज' के पहले भाग में लिखा है– "वैलेजली के जीवन चरित्र का रचयिता आर. आर. पीयर्स साफ लिखता है कि यह कॉलेज भारतवासियों में ईसाई धर्म को फैलाने का भी एक मुख्य साधन था। इस कॉलेज के द्वारा भारत की सात अलग-अलग भाषाओं में इंजील का अनुवाद कराके उसका भारतवासियों में प्रचार कराया गया।"

प्रसंगवश यह भी ध्यातव्य है कि फोर्ट विलियम कॉलेज में फारसी, अरबी, उर्दू, हिन्दी, बांग्ला जैसी भाषाओं के अध्ययन के साथ-साथ साहित्य सृजन का भी कार्य विधिवत् शुरू कराया गया था। हिन्दी में साहित्य सृजन का कार्य लल्लूलाल, सदल मिश्र, इन्शा अल्ला खाँ, गोपालराम गहमरी आदि लेखक करते थे। ये लेखक मूल सृजन करने के साथ-साथ अनुवाद कार्य में भी प्रवीण थे। इन्होंने अरबी, फारसी और संस्कृत की रोचक किस्से-कहानियों या प्रेम कहानियों के हिन्दी में अनुवाद किए। लल्लूलाल के 'प्रेम सागर' और 'भाषा कायदा' तथा सदल मिश्र के 'नचिकेतोपाख्यान' की रचना फोर्ट विलियम कॉलेज के सेवाकाल में ही हुई।

परंतु यह सिलसिला ज्यादा दिनों तक चल नहीं पाया। मैकाले के भारत आते ही स्थिति उलट गई। मैकाले 10 जून, 1834 को भारत आया। वह वायसराय लार्ड विलियम बैंटिक की कार्यकारी परिषद का विधि सदस्य बनकर भारत आया था। यहाँ उसे लोकशिक्षा समिति का अध्यक्ष भी बनाया गया। इस हैसियत से उसने 2 फरवरी, 1835 को 'अंग्रेजी शिक्षा की आवश्यकता' प्रस्ताव प्रस्तुत किया। इस बदनाम प्रस्ताव को इतिहास में 'मैकाले मिनट-1835' के नाम से जाना जाता है। इस कुख्यात प्रस्ताव में वह दंभी टिप्पणी भी शामिल है, जिसमें कहा गया है कि "अच्छे यूरोपीय साहित्य का अकेला शेल्फ संपूर्ण भारतीय और अरबी साहित्य से कहीं श्रेष्ठ है।'' तब से ब्रिटिश हुकूमत ने भारत में अंग्रेजी शिक्षा की आवश्यकता क्या पूरी करनी शुरू की, आम भारतीयों की मानसिकता ही बदल गई। भारतीय मानसिकता में स्थायी बदलाव कैसे संभव हुआ, इस पर यहाँ संक्षेप में विचार किया जाएगा।

'मैकाले मिनट-1835' को लार्ड विलियम बैंटिक ने 7 मार्च, 1835 को अपनी स्वीकृति दी और उसके आधार पर जो आदेश जारी किए, उसके मुख्यतः चार बिंदु इस प्रकार थे :

1. ब्रिटिश सरकार का यह महत् उद्देश्य है कि भारतवासियों में यूरोपीय साहित्य और विज्ञान को प्रचारित किया जाए और यहाँ के शिक्षा से संबंधित कोष को केवल अंग्रेजी की शिक्षा पर खर्च किया जाए।
2. भारतीय भाषाओं और साहित्य तथा दूसरे भारतीय शिक्षा से संबंधित कॉलेज या स्कूल में भर्ती हुए विद्यार्थियों को अब से कोई छात्रवृत्ति नहीं दी जाएगी। पौर्वात्य संस्थाओं में जब किसी अध्यापक का स्थान रिक्त होगा तो कमेटी सरकार को उसके बारे में सूचना देगी और सरकार उस स्थान को भरने के बारे में पुनर्विचार करेगी।
3. अब से भारतीय ज्ञान से संबंधित कार्यों (पौर्वात्य ग्रंथों) को प्रकाशित करने में फंड का कोई हिस्सा खर्च नहीं किया जाएगा।
4. हिज लार्डशिप-इन-काउंसिल निर्देश देते हैं कि शिक्षा में सुधारों से संबंधित संपूर्ण कोष को भारत में अंग्रेजी साहित्य और विज्ञान के ज्ञान को अंग्रेजी भाषा के माध्यम से पढ़ाने में खर्च किया जाए।

स्पष्ट है कि लार्ड विलियम बैंटिक के इस आदेश का उद्देश्य भारतीय जनमानस पर अंग्रेजी भाषा और संस्कृति को थोपना था। अकारण नहीं 1837 में सरकारी कामकाज की भाषा के रूप में फारसी की जगह अंग्रेजी स्वीकृत हुई। फिर जैसे-जैसे अंग्रेजी का प्रसार और प्रभाव बढ़ता गया, वैसे-वैसे भारतीय भाषाएँ उपेक्षित होती गईं। हिन्दी-उर्दू की पारस्परिकता, समरसता तथा परिपूरकता नष्ट करवाई गई। इसके लिए इन दोनों भाषाओं को हिन्दू धर्म तथा इस्लाम से जोड़कर प्रचारित कराया गया। भारतीय भाषाओं को अक्षम एवं पिछड़ी हुई भाषा बताकर उन्हें शासन, शिक्षा और अदालतों से बहिष्कृत कर दिया गया। ऐसे में कानूनी संबल से लैस अंग्रेजी को प्रसारित होने में ज्यादा देर न

लगी। इसके लिए कोलकाता, मद्रास और मुंबई के अलावा दिल्ली, ढाका, बनारस, इलाहाबाद, पटना आदि नगरों में अंग्रेजी माध्यम की शिक्षा वाले महाविद्यालय और विश्वविद्यालय खोले गए। इससे अंग्रेजी पढ़ने के प्रति उच्च वर्ग के साथ-साथ मध्य वर्ग में भी रुझान पैदा हुआ। कहने की आवश्यकता नहीं कि लार्ड ऑकलैंड की 'सिर्फ उच्च वर्ग को शिक्षा देने वाली नीति' दृयहीं आकर फेल हो गई। अलबत्ता अंग्रेजी पढ़ा-लिखा उच्च वर्ग अंग्रेजों का चाटुकर बना और ब्रिटिश हुकूमत की जड़ जमाने के काम आया। परंतु मध्यवर्ग के जिन लोगों ने भी अंग्रेजी शिक्षा ग्रहण की, उनमें अंग्रेजी शासन की 'फूट डालो और राज करो' वाली दोगली नीति के प्रति नफरत घर कर गई और यही नफरत आगे चलकर भारत में ब्रिटिश हुकूमत के ताबूत की कील बनी।

उल्लेखनीय है कि भारत में अंग्रेज जब आए तो वे अपनी भाषा भी साथ लाए। वे जैसे-जैसे यहाँ काबिज होते गए, भारतीय जनमानस पर अंग्रेजी थोपते गए। उनका तर्क था कि अंग्रेजी के माध्यम से ज्ञान का प्रकाश फैलाकर भारतीय जन समुदाय को बर्बरता और मूर्खता के अंधकार से निकाल रहे हैं। लगभग दो सौ वर्षों से अंग्रेजी की इस दास्ताँ ने हमारे देश में क्या-क्या गुल खिलाए, यह बताने की आवश्यकता नहीं है। यह हम सभी जानते हैं। आर्थिक गुलामी से ज्यादा भयावह हमारे लिए मानसिक गुलामी बन गई है। अंग्रेजियत हमारी इसी मानसिक गुलामी का दूसरा नाम है। इससे मुक्त हुए बिना सच्ची मुक्ति असंभव है। जाहिर है कि इतिहास के इन परिप्रेक्ष्यों को समझे बिना राजभाषा हिन्दी से संबंधित कोई भी चिंता अधूरी रहेगी।

हिन्दी : हकीकत और फसाना

भारतीय संविधान के अनुच्छेद 343(1) में हिन्दी को संघ की राजभाषा का दर्जा दिया गया है। यथासंशोधित राजभाषा अधिनियम, 1963 के अनुसार हिन्दी के साथ-साथ अंग्रेजी का प्रयोग भी जारी रहेगा। किंतु संसद द्वारा दिसंबर, 1967 में पारित भाषा संकल्प के अनुसार भारत सरकार और उसके कार्मिकों से यह अपेक्षा की जाती है कि सरकारी कामकाज में हिन्दी का प्रयोग उत्तरोत्तर बढ़ाया जाए। भारत के नागरिक होने के नाते प्रत्येक व्यक्ति का यह संवैधानिक दायित्व बनता है कि संविधान के तहत लिए गए सभी संकल्पों का पूरा-पूरा पालन किया जाए। संविधान के 17 वें भाग में उल्लिखित उपबंधों के अनुसार संविधान लागू होने के 15 वर्षों की अवधि में कार्यालयी कामकाज में हिन्दी को अंग्रेजी का स्थान ले लेना था। किंतु वर्षों से अंग्रेजी में काम करने की हमारी आदत अब तक नहीं छूटी है और हमारी भाषा संबंधी मानसिक पराधीनता समाप्त नहीं हुई है।

इस बीच सरकारी संगठनों की स्थिति ऐसी है कि हिन्दी में कार्यसाधक ज्ञान रखने के बावजूद बहुत से अधिकारी एवं कर्मचारी उचित अवसर, वातावरण अथवा अभ्यास न होने के कारण कार्यालय के कामकाज में हिन्दी का प्रयोग करने में कठिनाई का तो अनुभव करते ही हैं, संकोच का भी अनुभव करते हैं। ऐसा नहीं है कि ऐसे अधिकारियों/कर्मचारियों की हिन्दी बहुत कमजोर है अथवा उन्हें हिन्दी का प्रारंभिक ज्ञान नहीं है। सच तो यह है कि ऐसे लोगों में से 30 से 40 प्रतिशत को हिन्दी भाषा का उत्तम ज्ञान है और वे अपने काम और हिन्दी भाषा के ज्ञान में दक्ष हैं। अहिन्दी भाषी अधिकारियों/कर्मचारियों को भी उनकी सेवावधि में हिन्दी शिक्षण योजना के तहत हिन्दी का कार्यसाधक ज्ञान करा दिया

जाता है। फिर भी ये लोग हिन्दी में काम करने के लिए पहल नहीं कर पाते हैं। इनमें से कुछ लोग 'ऊपर' से आदेश न मिलने का हवाला देकर हिन्दी में काम करने से कतराते हैं, तो कुछ लोग अपने आला अफसरों के अनुदेश की प्रतीक्षा करते रहते हैं।

अधिकारियों एवं कर्मचारियों का एक वर्ग ऐसा भी देखने को मिलता है जो हिन्दी में काम करने की इच्छा रखता है और इस दिशा में पहल भी करता है, परन्तु ऐसे लोग हिन्दी के प्रति कदाचित कुछ ज्यादा ही आग्रही होते हैं। फिर वे हिन्दी में काम करने का मतलब केवल हिन्दी और विशुद्ध हिन्दी का प्रयोग करना समझ बैठते हैं। लेकिन अभ्यास तो रहता नहीं है। फिर वर्षों से अंग्रेजी में काम करते रहने के कारण इनका चिन्तन भी अंग्रेजीपरस्त रहता है। फलतः हिन्दी में शुरूआत करने के बावजूद इनकी लेखनी थोड़ी ही दूर चलकर अटक जाती है। और एक बार अटकना क्या होता है कि उनके पूरे उत्साह को पाला मार जाता है।

हिन्दी के प्रति प्रेम रखनेवाले कतिपय ऐसे आग्रही भी आए दिन मिलते हैं, जो हिन्दी का मतलब केवल हिन्दी समझते हैं। उन्हें उर्दू, फारसी, अंग्रेजी के साथ-साथ हिन्दी की क्षेत्रीय बोलियों के शब्दों एवं मुहावरों से खासी चिढ़ होती है। ऐसे लोग कोर्ट को अदालत, जजमेंट को फैसला तथा पेन को कलम कहने के सख्त खिलाफ होते हैं। ऐसे हिन्दीप्रेमियों को किन्हीं कारणों से जब कचहरी और अदालत के बदले न्यायालय और फैसला के बदले न्याय तथा कलम के बदले लेखनी जैसे तत्सम् शब्द याद नहीं आते हैं, तब उनका सारा हिन्दी प्रेम कपूर की तरह काफूर हो जाता है। फिर उनकी लेखनी अंग्रेजी में सरपट दौड़ने लगती है।

कार्यालयी कामकाज में हिन्दी के प्रयोग की राह में रोड़ा बनी रौब अथवा दंभ की मनोग्रंथि से भी आँखें नहीं चुराई जा सकतीं। यह नंगा सच अब वस्तुगत यथार्थ बन गया है। आम आदमी, कुली, कारीगर, रिक्शा चालक, साधारण मजदूर आदि जिस भाषा में बोले-चाले और काम करे, वही हमारी भी भाषा हो तो ऐसे सामान्यजनों और मुझमें अन्तर ही क्या रहेगा-ऐसा सोचना भी हमारे चिन्तन का पहलू बना हुआ है। हिन्दी की राह में यह ग्रंथि भी कोई सामान्य अड़चन नहीं है।

लेकिन हिन्दी की आज की माली दशा का गुनहगार सिर्फ हमारा संकोच-झिझक या दंभ आदि ही नहीं है। ऐसा मानकर हम फिर से बड़ी भूल कर बैठेंगे और हिन्दी प्रेमियों के बहुत बड़े वर्ग को ही हिन्दी के दुश्मन समझने लगेंगे। यह अक्षम्य अपराध होगा।

हिन्दी को सम्पर्क भाषा और राजकाज की भाषा बनाने की राह में आनेवाली बाधाओं की पहचान करने के क्रम में हम उस ऐतिहासिक कारण को भी नजरअंदाज नहीं कर सकते, जो सदियों की पराधीनता के कारण हमारे दिल और दिमाग तथा संस्कार का अंग बन गया है। भारत में मुगल सल्तनत की स्थापना के दौरान फारसी को राजकाज की भाषा बनाया गया। अंग्रेजी सल्तनत में यह स्थान अंग्रेजी को प्राप्त हुआ। स्वतंत्र भारत में हमारी कामकाज की भाषा हिन्दी अवश्य हो गई होती यदि हमने सत्ता संभालते ही 'मैकाले-शिक्षा पद्धति' का उन्मूलन कर दिया होता। साथ-ही-साथ पाश्चात्य सभ्यता तथा फैशन का अंधभक्त न बनकर अपनी सभ्यता, संस्कृति, राष्ट्रीयता तथा प्राचीन विरासत के प्रति एक स्वस्थ और वैज्ञानिक दृष्टिकोण विकसित किया गया होता।

भाषा का सवाल समाज, सभ्यता, संस्कृति और लोकजीवन से निरपेक्ष नहीं होता है। परन्तु हिन्दी के परिप्रेक्ष्य में इसे बहुधा निरपेक्ष समझा जाता है। आखिरकार जिस वैज्ञानिक, अभियंता, चिकित्सक और अफसर ने अपनी पूरी पढ़ाई अंग्रेजी माध्यम से की है, उसे अचानक हिन्दी में काम करने को विवश भी कैसे किया जा सकता है? यदि ऐसा किया जाए तो वही भाषा थोपना कहलाएगा। हम भाषा थोपने के पक्षधर नहीं हैं।

हमारे यहाँ दैनिक कामकाज और तकनीकी कार्यों में हिन्दी के प्रयोग की वर्तमान स्थिति असंतोषजनक इसलिए भी है कि लोगों को हिन्दी में काम करने का अभ्यास नहीं है।

आदत जो पड़ी है मुद्दत से
वह दूर भला कब होती है।
रखी है चुनौटी पॉकेट में
पतलून के नीचे धोती है।।

पतलून के नीचे धोती का होना तो भारतीयता के प्रति लगाव का प्रतीक है, परन्तु कार्यालयी कामकाज में हिन्दी के प्रयोग के संदर्भ में स्थिति बिल्कुल उलटी है। यहाँ तो पतलून के ऊपर धोती वाली स्थिति है। हिन्दी में काम करना चूँकि संवैधानिक अनिवार्यता है, इसलिए खानापूरी करने के लिए हम हिन्दी में कामकाज की बात करते तो जरूर हैं, परन्तु उसे आचरण का अंग नहीं बनाते।

लेकिन इस स्थिति को व्यंग्य अथवा मखौल के रूप में नहीं लिया जा सकता, क्योंकि वर्षों से, बल्कि कहना चाहिए कि सदियों से अंग्रेजी में काम करते रहने के कारण हमारा चिन्तन अब अंग्रेजीदाँ हो गया है। हम किसी संचिका (फाइल) में छोटी से छोटी एक वाक्य की टिप्पणी भी अंग्रेजी में ही लिखना पसंद करते हैं, क्योंकि हमारा दिमाग भी अब अंग्रेजीपरस्त हो गया है। एक वाक्य की टिप्पणी के लिए भी हिन्दी में सोचने की जहमत दिमाग उठाना नहीं चाहता। अलबत्ता जो लोग ऐसी टिप्पणियाँ हिन्दी में लिखना चाहते हैं, वे लिखने से पहले राजभाषा अधिकारी से बात करते हैं कि यह बात मैं हिन्दी में लिखना चाहता हूँ, कैसे लिखूँ?

अंग्रेजी में सोचकर उसका हिन्दी अनुवाद करना प्रयत्न का काम है। होना तो यह चाहिए कि सोचने का काम भी हिन्दी में ही किया जाए और जैसा हिन्दी में सूझे वैसा लिख दिया जाए। हिन्दी लिखते हुए बीच-बीच में अंग्रेजी के शब्दों के प्रयोग से बचने की जरा भी कोशिश नहीं करनी चाहिए। इस तरह की कोशिश भी हिन्दी के प्रयोग की राह में अड़चन बन जाती है, क्योंकि जब किसी अंग्रेजी के शब्द का हिन्दी रूप याद नहीं आता है, तब हम सोचने लगते हैं, और वहीं हिन्दी में लिखना बंद हो जाता है। शब्द संपदा किसी भी भाषा की बहुत बड़ी संपदा होती है। अंग्रेजी के स्टेशन, टिकट, ग्लास जैसे शब्दों का कोई माकूल रूप हिन्दी में नहीं मिलता है तो इन शब्दों से परहेज करने की क्या जरूरत है? इन्हें हम अपनी भाषा में क्यों नहीं पचा सकते? अंग्रेजी भाषा के भी तो लगभग 60 प्रतिशत शब्द उसके अपने नहीं हैं। 'नीयर' शब्द को आप अंग्रेजी मानेंगे या हिन्दी, जिसका प्रयोग सोलहवीं शताब्दी में संत तुलसीदास और उनसे भी

पहले संत कबीरदास ने अपने पदों में धड़ल्ले से किया है। प्रमाण के लिए उनके पद प्रस्तुत हैं–

आगे चले राम रघुराई
रिसमुक पर्वत नियराई। **–तुलसी**

निंदक नियरे राखिये आँगन कुटी छवाय।
बिन पानी साबुन बिना निर्मल करे सुहाय।। **--कबीर**

हिन्दी ही नहीं लैटिन, ग्रीक, फ्रेंच, जर्मन आदि भाषाओं के ऐसे हजारों शब्दों के उदाहरण गिनाए जा सकते हैं, जिन्हें अंग्रेजी में पढ़ने के बावजूद उनके भाषा खानदान से परिचित होने पर आश्चर्य होता है।

कहने का तात्पर्य यह है कि भाषा प्रयोग के मामले में हमें रूढ़िवादी नहीं होना चाहिए। ऐसा होने से काम नहीं चलेगा। इस रूढ़िवाद के कारण खुद हिन्दी का भी बहुत बड़ा अहित हुआ है। जो लोग आज हिन्दी का विरोध करते हैं, उन लोगों के पूर्वज अपने समय में अतिरिक्त भाषा के रूप में हिन्दी का भी यथा आवश्यकता उपयोग करते थे। भारतीय भाषा का इतिहास तो इस बात का भी गवाह है कि सदियों पहले दक्षिण के लोग हिन्दी में कविता भी लिखते थे। दक्षिण के पुस्तकालयों में हजारों की संख्या में पड़े दक्षिणी हिन्दी ग्रंथों की पांडुलिपियाँ इस बात के प्रमाण हैं।

राजकाज में चाहे वह कार्यालयी कामकाज हो अथवा तकनीकी कामकाज-हिन्दी की दुरवस्था का सबसे बड़ा कारण यह है कि बहुभाषा-भाषी भारतवर्ष में हिन्दी का राष्ट्रीय स्वरूप नहीं मिलता। बहुसंख्यक भारतीयों की भाषा होने के बावजूद हिन्दी आज भी कन्याकुमारी से कश्मीर और कच्छ से अरुणाचल प्रदेश के लोगों की सर्वमान्य भाषा नहीं बन पाई है तो इसलिए कि हिन्दी को राष्ट्रीय व्यक्तित्व देने का प्रयास नहीं किया गया है। इसके दो बाधक तत्त्व रहे हैं–पहला अनुदार हिन्दी प्रेम। हिन्दी के ऐसे प्रेमी निरंतर विशुद्धतावाद का ढोल पीटते रहे हैं। इसके कारण हिन्दी भारत की अन्य भाषाओं के साहित्य और शब्द-संपदा को यथेष्ट रूप में पचा नहीं सकी है। दूसरा बाधक तत्त्व रहा है–सदियों की हमारी

पराधीनता। यह भी हिन्दी के राष्ट्रीय व्यक्तित्व निर्माण में बहुत बड़ी बाधा बनी। मध्यकाल में दक्षिण के आलवार संतों और वल्लभाचार्य तथा रामानुजाचार्य जैसे राष्ट्रचेताओं ने पुनर्जागरण की लहर में पूरे भारत में भक्ति का आंदोलन चलाया था। इससे सम्पूर्ण भारत में पहली बार भावात्मक एकता स्थापित हुई थी। काश उस समय की लिपि फारसी न होती। मुगलशासन होने के कारण उस समय समूचे भारत के राजकाज की भाषा और लिपि फारसी थी। फलतः दक्षिण के तत्कालीन कवियों तथा समाज-सुधारकों के साहित्य और उपदेश हिन्दी में होते हुए भी फारसी में लिपिबद्ध हुए। फिर हमारे भाग्यनियंता अंग्रेज बने और अंग्रेजों की 'फूट डालो और राज करो' नीति ने दक्षिण को उत्तर से काट दिया। फलतः उत्तर वाले अपनी हिन्दी के दक्षिणी स्वरूप और साहित्य से भी कट गए। यदि ऐसा नहीं हुआ होता तो आज हिन्दी का निस्संदेह राष्ट्रीय व्यक्तित्व होता और दक्षिण के हिन्दी विरोधी भी आज अपने पूर्वज कवियों-खुशनग्जजानम, शेख अशारफ, नुअम्रती, शाहतुराब, सनाती आदि की जुबान में ही गर्व से कहते–

ये सब बोलूं हिन्दी बोल
पर तू अनभौ सेती खोल।
एब न राखें हिन्दी बोल
माना तो चख देखें खोल।।

–जानम (इशादिनामा)

हिन्दी को भारत-भर की सर्वमान्य सम्पर्क भाषा बनाने तथा राजकाज की भाषा बनाने के लिए यह अत्यंत आवश्यक है कि हिन्दी भाषा का राष्ट्रीय व्यक्तित्व निर्मित किया जाए। स्मरण रखिए कि हिन्दी का राष्ट्रीय व्यक्तित्व हिन्दी प्रदेश की जनता का व्यक्तित्व नहीं, बल्कि भारतवर्ष के समस्त जनसमुदाय का सम्मिलित व्यक्तित्व है। भावात्मक एकता को मजबूत करने के लिए भी अनिवार्य है कि हम हिन्दी के देशव्यापी स्वरूप को पोषित करें। यह काम दक्षिणी हिन्दी के प्राचीन ग्रंथ, जो फारसी लिपि में लिखे गए हैं, उनका लिप्यंतरण देवनागरी में करके किया जा सकता है। ऐसा करने से दक्षिण के हिन्दी विरोधी भी अपना दुराग्रह छोड़ने को विवश होंगे और हिन्दी से भावात्मक एकता महसूस करेंगे। ऐसा करने से हिन्दीतर भाषियों के मन का यह भय भी

दूर हो जाएगा कि हिन्दी को अपनाने से उनकी मातृभाषा का विकास अवरूद्ध होगा। वे यह तथ्य मानने को विवश हो जाएँगे कि लगभग पाँच शताब्दियों तक हिन्दी अपने किसी आरंभिक स्वरूप में द्रविड़ भाषा क्षेत्र में साहित्य का माध्यम होकर भी तमिल, तेलुगु, मलयालम और कन्नड़ के विकास में बाधक नहीं बनी।

तकनीकी कार्यों में हिन्दी के प्रयोग का सवाल भी कोई बहुत कठिन सवाल नहीं है। यह जरूर है कि वर्तमान समय में तकनीकी कामकाज में हिन्दी का प्रयोग बहुत ही कम, न के बराबर होता है, लेकिन संभावना से इनकार नहीं किया जा सकता। हमारे तकनीकी विशेषज्ञ आज जब अपने कामगारों से तकनीकी कामकाज से संबंधित बातचीत हिन्दी में ही करते हैं तो इस प्रक्रिया को लेखन कार्य का स्वरूप लेने में कोई बड़ी अड़चन नहीं आएगी। दिल्ली अब बहुत दूर नहीं है। अंग्रेजी का तिलिस्म बस टूटने ही वाला है। सत्ता में जनता की भागीदारी जैसे-जैसे बढ़ती जाएगी, वैसे-वैसे हिन्दी का प्रचलन भी बढ़ता जाएगा। आम जनता चाहे वह कश्मीर की हो या कन्याकुमारी की, कच्छ की हो अथवा मेघालय या अरुणाचल की–उसे अंग्रेजी के बनिस्बत हिन्दी ज्यादा समझ में आती है। इस प्रसंग में उत्तर प्रदेश सरकार की भाषा नीति का उदाहरण देखा जा सकता है। वहाँ हिन्दी को राष्ट्रभाषा का दर्जा देने के साथ-साथ दक्षिणी भाषाओं को भी पर्याप्त महत्त्व दिया गया है। सरकार तमिल, तेलुगु, कन्नड़ और मलयालम भाषाओं की अकादमियाँ गठित करने की दिशा में प्रयत्नशील है, ताकि हिन्दीवालों को भी दक्षिण की कम से कम एक भाषा का कामकाजी ज्ञान कराया जा सके।

फैशन का अंधानुकरण, रौब अथवा सामंती सोच, शासन का मध्यवर्गीय तथा कृत्रिम चिंतन, आतंकवाद और बेहिसाब आर्थिक भार की वजह से दिन-प्रति-दिन नीरस एवं ठस होती जा रही हमारी जीवन-शैली भी नागरिक जीवन में राष्ट्रप्रेम एवं राष्ट्रभाषा के महत्त्व को उजागर करने में बहुत बड़ी बाधक रही है। लेकिन ये बातें आज सार्वदेशिक हो गई हैं। इसलिए हिन्दी के प्रगामी प्रयोग के बाधक तत्त्व के रूप में इन्हें चिन्हित करने से ज्यादा जरूरी है हिन्दी की शब्द-संपदा

समृद्ध की जाए तथा उसके पारिभाषिक स्वरूप स्थिर किए जाएँ। इस संदर्भ को स्पष्ट रूप से समझने के लिए कुछ उदाहरण प्रस्तुत हैं-

विज्ञान की प्रायः सभी शाखाओं और तकनीकी क्षेत्र में 'एनर्जी चार्ज' शब्द बहुप्रचलित है। इसका हिन्दी में अनुवाद होता है 'ऊर्जा आवेश'। विज्ञान और तकनीक जगत में इन शब्दों से बननेवाली अभिव्यक्तियों के लिए उपर्युक्त पर्यायों का ही प्रयोग किया जाता है। परन्तु मानविकी विषयों में आकर इन शब्दों का प्रयोग विषयानुसार बदलता रहता है, जिनसे परिचित नहीं होने के कारण हिन्दी सीखनेवालों के सामने भारी दुविधा की स्थिति उत्पन्न हो जाती है। जैसे चार्ज का प्रशासन में अर्थ होता है कार्यभार, लेखाविधि में व्यय, वाणिज्य में उधार और राजनीति में धावा, प्रवाह आदि। इसी तरह से अंग्रेजी के शब्द 'जेनेरल' के हिन्दी में विषयवार कई अर्थ होते हैं। जैसे जेनेरल एलेक्शन के लिए आम चुनाव, जेनेरल बॉडी के लिए साधारण सभा, जेनेरल प्रिन्सिपुल्स के लिए सामान्य सिद्धांत और जेनेरल गुड के लिए सार्वजनिक हित तो जेनेरल मैनेजर के लिए महाप्रबंधक। इस प्रकरण में एलेक्शन, इंट्रेस्ट, इम्प्लॉयमेंट, जॉब जैसे सैकड़ों शब्द गिनाए जा सकते हैं, जिनके हिन्दी रूप विषयवार बदल जाते हैं।

अंत में उस फतवे पर विचार करना भी प्रासंगिक होगा, जिसमें यह बार-बार कहा जाता है कि हिन्दी में विज्ञान, तकनीक और चिकित्साशास्त्र का पठन-पाठन और कार्यकलाप असंभव-सा है। इस संदर्भ में मेरा विनम्र निवेदन है कि सिर्फ अमरीका और ब्रिटेन ही नहीं, बल्कि फ्रांस, जर्मनी, जापान, रूस और चीन की वैज्ञानिक, तकनीकी एवं चिकित्सा-भाषा तथा शब्दावली एवं उपलब्धियों के बारे में भी जानकारी प्राप्त करने का कष्ट किया जाना चाहिए। ऐसा करने से फतवे की प्रवृत्ति निश्चय ही कम होगी और अपनी भाषा के प्रति सम्मान एवं विश्वास के भाव जागृत होंगे। उदाहरण के लिए चंद अंग्रेजी-रूसी तकनीकी शब्दावलियाँ प्रस्तुत हैं—

रूसी हवाई उड़ान के क्षेत्र में अंग्रेजी के एयरकॉक, एयर एस्केप कॉक, बैलेंस कॉक, कंट्रोल कॉक, ट्रेन कॉक, फ्यूएल कॉक, थ्रोट लिंक कॉक आदि में से किसी भी पारिभाषिक शब्दावली का प्रयोग

अपने कामकाज में नहीं करते। उनकी भाषा में इनके लिए अलग-अलग शब्दावलियाँ प्रचलित हैं। रूसी में कंट्रोल के लिए उप्रावलेनिय तथा एयरक्राफ्ट के लिए सामल्योत शब्द बेहद प्रचलित हैं, ठीक उसी तरह से जैसे हमारे 'अलविदा' शब्द के लिए रूसी 'दसविदानिया' शब्द बहुप्रचलित है। ग्लासनोस्त और पेरोस्त्रोइका शब्दों के विश्व प्रचलन का आखिर क्या संदेश है? रूसियों के प्रयोग के बिना ही ये शब्द क्या विश्व प्रचलन में आ जाते?

आशय स्पष्ट है। फिर भी दुहराना चाहूँगा कि हिन्दी में तकनीकी कामकाज करना असंभव अथवा कठिन नहीं है। बस शुरुआत और अभ्यास की जरूरत है। बिना अभ्यास के पानी में तैरना भी तो नहीं आता है। फिर अगर डूबने के भय से पानी में न उतरा गया होता तो आज समुद्र-विज्ञान की क्या अवस्था होती—सहज ही कल्पना की जा सकती है। कबीरदास ने ठीक ही कहा है—

जिन ढूँढ़ा तिन पाइयाँ, गहरे पानी पैठ
जो बौरा डूबन डरा, रहा किनारे बैठ।

कहना नहीं होगा कि वैज्ञानिक और तकनीकी कामकाज में हिन्दी के प्रयोग को बढ़ाने के लिए यह अत्यंत आवश्यक है कि हिन्दी की शब्द संपदा समृद्ध की जाए तथा उसकी बहुआयामी प्रकृति से अपरिचितों को परिचित कराने का अभियान छेड़ा जाए। ऐसा करना हिन्दी के प्रति आकर्षण पैदा करने की दिशा में निश्चय ही लाभकारी होगा। सन् 77 के बाद से अब तक के आम चुनावों के नतीजों के मद्देनजर यह निर्विवाद रूप से कहा जा सकता है कि भारत में लोकतंत्र की जड़ें गहरी हो चुकी हैं और जनता अपने असाधारण अधिकारों से परिचित है। अब जबकि जनता के चरण सत्ता के महलों की ओर बढ़ने लगे हैं, अंग्रेजी के रौब से आखिर उसे कब तक सिंहासन से दूर रखा जा सकता है? हिन्दी का भविष्य भी दरअसल लोकतंत्र की उन्हीं घड़ियों से जुड़ा हुआ है।

प्रौद्योगिकीय विकास और हिन्दी

भाषा अप्रतिम मानवीय आविष्कार है। मनुष्य अपने विविध अनुभव और अभिप्राय भाषा के माध्यम से ही व्यक्त करता है। दुनिया के सारे कार्य व्यापार भाषा के द्वारा ही संपन्न होते हैं। सभ्यता की विकास यात्रा में भाषा मानव संस्कृति की संवाहक रही है। मनुष्य की पहचान का प्रसंग मानवीय संस्कृति से संबद्ध होता है और संस्कृति की संवाहिका शक्ति भाषा होती है। संस्कृति, लोकजीवन, रहन-सहन, खान-पान, भौगोलिक विशिष्टता और पर्यावरण, उत्पादन संबंध और सभ्यता का संश्लिष्ट निदर्शन होती है। संस्कृति की संवाहिका होने के कारण भाषा में तमाम सांस्कृतिक विशिष्टताओं का रूपांकन स्वाभाविक होता है। यही कारण है कि संस्कृति का इतिहास भाषा में परिलक्षित होता है। जैसा समाज होता है, वैसी भाषा होती है।

तथापि भाषा और समाज का संबंध सरल नहीं होता है। भाषा और समाज का संबंध द्वंद्वात्मक होता है। यह द्वंद्वात्मक संबंध मनुष्य समाज की द्वंद्वात्मकता और उसके उत्थान-पतन, विकास-ह्रास तथा जय-पराजय का परिणाम होता है। अकारण नहीं मनुष्य की अभिव्यक्ति और उपलब्धि भाषा में व्यक्त होती है, भाषा में संग्रहीत होती है और भाषा में ही संरक्षित होती है। फलतः सभ्यता के विकास के साथ मनुष्य और भाषा का संबंध अटूट होता जाता है।

भाषा ही वह माध्यम होती है, जिसके सहारे मनुष्य व्यापक समाज के साथ जुड़ता है। किंतु जब कभी मनुष्य अपने बुद्धि-कौशल से भाषा को अपनी महत्त्वाकांक्षा की पूर्ति का औजार बनाता है, भाषा में शक्ति और सत्ता का खेल शुरू हो जाता है। यह कम दिलचस्प नहीं है कि जो भाषा मनुष्य की अभिव्यक्ति का माध्यम होती है, वही शक्ति और सत्ता

के मद में मनुष्य विरोधी हो जाती है। अमरीका के भाषा व्यवहार से इसे समझा जा सकता है।

भाषा संबंधी विभिन्न अध्ययनों का निष्कर्ष है कि भूमंडलीकरण के कारण भाषाओं के विविध संसार में भी उपयोगितावाद और उपभोक्तावाद की पैठ हुई है। इस पैठ के चलते छोटी-छोटी भाषाओं को घुन लगने लगा है (small languages are at the verge of extinction)। वे क्षयशील हुई हैं। जबकि बड़ी भाषाओं का प्रभाव दिनानुदिन व्यापक हो रहा है। भाषाओं के विविध संसार में इस घुनलगी को रोकने के लिए संयुक्त राष्ट्रसंघ भी सक्रिय हुआ है और उसने यूनेस्को के माध्यम से प्रत्येक वर्ष 21 फरवरी को अंतरराष्ट्रीय मातृभाषा दिवस मनाने का प्रस्ताव किया है। क्योंकि विश्व में भाषा की दुनिया में बड़ी तेजी से क्षरण हो रहा है। लगभग चार भाषाएँ प्रत्येक दो महीने में विलुप्त हो रही हैं। यूनेस्को ने दुनिया-भर की भाषाओं का व्यापक सर्वे कराने के बाद अपने नवंबर, 1999 के महाअधिवेशन में जो रिपोर्ट प्रस्तुत की, उसमें 06 हजार 800 भाषाओं और बोलियों के प्रचलन में होने की बात कही गई। उस रिपोर्ट में यह भी खुलासा किया गया कि इन भाषाओं और बोलियों में से केवल 25% भाषाओं के लिए ही लिपियों का प्रयोग होता है। इनमें से भी 25% भाषाएँ नई पीढ़ी को नहीं सिखाई जाती हैं और यह सिलसिला अगर जारी रहा तो अगले 100 वर्षों में विश्व की 75% भाषाएँ विलुप्त हो जाएँगी।

सौभाग्य से हमारी राष्ट्रभाषा हिन्दी के सामने विलोप का संकट नहीं है। ब्रिटिश लैंग्वेज कंस्लटेंसी कंपनी मिल्टन केनेस के निदेशक भाषाविद् डेविड ग्रैडल ने विश्व की प्रमुख भाषिक प्रवृतियों का गहन अध्ययन करने के पश्चात यह निष्कर्ष निकाला है कि आनेवाले 50 वर्षों में हिन्दी विश्व की सर्वाधिक बोली जानेवाली भाषा बन जाएगी। अंग्रेजी और चीनी से भी अधिक बोली जानेवाली भाषा। सवाल है कि ऐसा क्या है हिन्दी में कि जहाँ अन्य भाषाओं की दुनिया में इतना तीव्र क्षरण हो रहा है, वहीं हिन्दी का प्रसार हो रहा है? जवाब आसान है- हिन्दी स्वभाव से सर्वग्राही है। जनकांक्षाओं की अभिव्यक्ति में हिन्दी सदैव आगे रही है। स्वाधीनता संग्राम का इतिहास इसका प्रमाण है।

पिछली शताब्दियों में हिन्दी को फारसी और अंग्रेजी के कैसे-कैसे दबाव नहीं झेलने पड़े। अंग्रेजी की मार तो यह आज भी झेल रही है। परंतु हिन्दी इन सबसे बेअसर है।

भूमंडलीकरण के बाद से बाजार और प्रौद्योगिकी सामाजिक जीवन के नियामक कारक बनकर उभरे हैं। बाजार ने प्रौद्योगिकी के सहारे उपभोक्तावाद को विश्वव्यापी तथा चरम रूप से अपरिहार्य बना दिया है। इससे चीजें क्षण भंगुर हुई हैं। साथ ही साथ प्रौद्योगिकी का कलेवर भी बदला है। आखिर बाजार का ही वह दबाव था कि अमरीकी कंपनी ओरिएंटल कॉम को इंटरनेट पर हिन्दी में मेल भेजने के उपकरण इजाद करने पड़े। माइक्रोसॉफ्ट को अपने विंडोज ऑपरेटिंग सिस्टम में हिन्दी में कामकाज का समावेश करना पड़ा। इस क्रम में ताजा खबर यह है कि माइक्रोसॉफ्ट ने हिन्दी में पूर्ण ऑफिस सुइट विकसित कर लिया है। इसमें इंस्क्रिप्ट, रेमिंग्टन एवं फोनेटिक की-बोर्डों का विकल्प उपलब्ध है। पूरा इंटरफेस भी हिन्दी में है। यह हिन्दी में ही मेनू तथा टूलबार प्रदान करता है। इसमें 50 लाख शब्दों की स्वतः पूर्ण शब्दावली भी है, जिसके सहारे हिन्दी के साथ-साथ 09 भारतीय भाषाओं में काम करना संभव है। यह सॉफ्टवेयर 'यूनिकोड' में काम करता है, जिससे किसी भी प्लेटफार्म पर भारतीय भाषाओं की जानकारी का आदान-प्रदान हो सकता है।

प्रौद्योगिकीय विकास से हिन्दी सीखना अब पहले से अधिक सरल हो गया है। राजभाषा विभाग ने ऐसे प्रोग्राम और पैकेज तैयार कराए हैं, जिसके माध्यम से तमिल, तेलुगु, कन्नड़, मलयालम, असमी, बांग्ला, ओड़िया, मराठी, गुजराती आदि भाषाओं के सहारे हिन्दी सीखी जा सकती है।

इस सिलसिले में यह भी उल्लेखनीय है कि भूमंडलीकरण के बाद से हिन्दी की पहुँच व्यापक हुई है। अन्य भाषा भाषी भी अब हिन्दी में बोलने से परहेज नहीं करते। अनेक विदेशी चैनल भी अब हिन्दी में अपने कार्यक्रम प्रसारित करने लगे हैं। अंग्रेजी के ऑक्सफोर्ड तथा वेब्स्टर जैसे शब्दकोश भी सैकड़ों हिन्दी शब्दों को अपनाकर अपने संस्करणों को संवर्द्धित करने लगे हैं। ये सब हिन्दी की जीवंतता तथा लोकप्रियता के प्रमाण हैं।

जहाँ तक प्रौद्योगिकीय विकास और हिन्दी का संदर्भ है, यह कहने की आवश्यकता नहीं कि विज्ञान और प्रौद्योगिकी ने मानव-जीवन को निर्विवाद रूप से उन्नत और आधुनिक बनाया है। यह भी निर्विवाद है कि भारत में विज्ञान और प्रौद्योगिकी की भाषा अंग्रेजी है। परंतु इस विमर्श में स्मरण रखना होगा कि विज्ञान और प्रौद्योगिकी का केवल विकास साध्य नहीं होता। विज्ञान और प्रौद्योगिकी की व्यापक पहुँच भी आवश्यक है। प्रश्न है कि भारतीय समाज और जीवन के परिप्रेक्ष्य में विज्ञान और प्रौद्योगिकी आम आदमी तक पहुँचे कैसे? इस पहुँच की भाषा क्या हो? क्योंकि वास्तविकता यह है कि अंग्रेजी माध्यम होने के कारण भारतीय जनजीवन में विज्ञान और प्रौद्योगिकी की स्वीकार्यता तथा पैठ नहीं है।

हमारे समाज की वास्तविकता तो यह है कि संघ सरकार के शिक्षा और विज्ञान मामलों के एक राज्यमंत्री जादू और टोना-टोटका किया करते थे। प्रायः भारतीय कार्यारम्भ से पूर्व शुभ और मंगल का, लग्न और मुहूर्त का तथा योग और क्षेम का ध्यान करते हैं। ऐसे समाज में विज्ञान और प्रौद्योगिकी के विकास तथा जन-साधारण तक उसकी पहुँच का प्रश्न बड़ा गंभीर और व्यापक हो जाता है। और इसी बिंदु पर विज्ञान और प्रौद्योगिकी की भाषा का प्रश्न पैदा होता है।

विज्ञान और प्रौद्योगिकी के विकास के संदर्भ में जहाँ तक हिन्दी का प्रश्न है, हमारे वैज्ञानिकों को इसमें संभावना नहीं दिखाई पड़ती। इसलिए उन्हें यह प्रश्न उद्वेलित नहीं करता। परंतु वस्तुस्थिति बस इतनी ही नहीं है। वस्तुस्थिति का बहुआयामी पक्ष मनुष्य समाज की आपसदारी, बाजार और संचार माध्यमों से भी जुड़ा है।

मनुष्य समाज की आपसदारी बड़ी ताकतवर होती है। आपसदारी में बँधा समाज क्रूर-से-क्रूर हमलों को आसानी से झेल जाता है और टूटता नहीं है। पराधीन भारत में अंग्रेजों की अमानवीयता के बरअक्स भारतीयों की चट्टानी एकता से इसे समझा जा सकता है।

इसी तरह से बाजार और संचार माध्यमों की शक्ति और संजाल को भूमंडलीकरण तथा सूचना के विस्फोट और उपग्रह चैनलों, इंटरनेट आदि के परिप्रेक्ष्य में समझा जा सकता है। प्रिंट और इलेक्ट्रॉनिक

मीडिया के पहुँच और परिप्रेक्ष्य में बाजार का दबाव, विज्ञान की जरूरतें तथा उपभोक्ता वस्तुओं के लुभावन लोक को ध्यान में रखा जाना चाहिए। ये हिन्दी भाषा के आधुनिक ऊर्जा-केंद्र हैं। इनसे हिन्दी न सिर्फ सशक्त हुई है, बल्कि तेजी से बदल रहे भारतीय जन के जीवन को साथ ही साथ दुनिया में भारतीयों की आकांक्षा को व्यक्त करने के क्रम में हिन्दी नित नई-नई अभिव्यक्तियों से संपन्न होकर लोकप्रिय हो रही है।

हिन्दी के इस स्वरूप से उसके शुद्धतावादी समर्थक नाक-भौं सिकोड़ सकते हैं। परंतु हिन्दी के इस उपभोक्तावादी रूप निर्माण से भी सार्थक और महत्त्वपूर्ण वह विकास है, जो ज्ञान और विज्ञान के क्षेत्र में कभी धीमी और कभी तेज गति से घटित हो रहा है। हिन्दी प्रेमी विद्वत समूह यथार्थवादी नजरिए और अपने सतत प्रयास से हिन्दी को इस लायक बना रहे हैं कि वह समाजनीति, राजनीति, प्रशासन, पर्यावरण, विज्ञान तथा प्रौद्योगिकी के स्वप्न और आकांक्षा को व्यक्त करने में सक्षम हो सके। हिन्दी की सामर्थ्य के लिए यह प्रयास निश्चय ही महत्त्वपूर्ण है। भले ही यह सतह पर नजर नहीं आए, किंतु यह वास्तविकता है। यह वास्तविकता हिन्दी की अन्तर्वस्तु में जो सहयोग और सहकार की भावना है, उसका परिणाम है। यहाँ हम स्मरण दिलाना चाहेंगे कि सभ्यताओं के संघर्ष और दमन की भाषा का कलंक चाहे जिस किसी भाषा के सिर मढ़ा हो, हिन्दी प्रारम्भ से ही सभ्यताओं में समन्वय और सहयोग से विकसित हुई है। हिन्दी की यही शक्ति है और इस शक्ति का स्रोत जनता की आकांक्षा और सपने रहे हैं।

कहना न होगा कि हिन्दी स्वभाव से सर्वग्राही और प्रकृति से बहुलतावादी है। जनाकांक्षाओं की अभिव्यक्ति में हिन्दी सदैव आगे रही है। स्वाधीनता संग्राम का इतिहास इसका प्रमाण है।

आज का समय विज्ञान और प्रौद्योगिकी का है। वैज्ञानिक और प्रौद्योगिकीय विकास को जन मानस तक ले जाने में हिन्दी को बड़ी भूमिका निभानी होगी। चाहे लोक की जरूरत हो, चाहे बाजार का दबाव, हिन्दी ने अपनी तैयारी शुरू कर दी है। यह आश्वस्तकारी लक्षण है। बाजारवाद आज शक्तिशाली हुआ है। पर राष्ट्रवाद सदैव शक्तिशाली

होता है। भारत के मौजूदा विकास की दिशा भारत राष्ट्रराज्य के सुनहरे भविष्य का संकेत करती है। भारतीय राष्ट्रवाद जैसे-जैसे सशक्त होगा, भाषायी राष्ट्रवाद में वैसे-वैसे निखार आता जाएगा। इस सशक्तीकरण और निखार की बदौलत आम प्रचलन की भाषा के नाते हिन्दी निश्चय ही विज्ञान और प्रौद्योगिकी का माध्यम बनेगी।

क्षेत्रीय शक्तियों के रूप में जनतंत्र का क्षैतिज विस्तार दिखाई देने लगा है। यही विस्तार विज्ञान और प्रौद्योगिकी के विकास में हिन्दी का समावेश करेगा। तभी भारत में वास्तविक सामाजिक, सांस्कृतिक, वैज्ञानिक तथा तकनीकी विकास लोक से आबद्ध हो पाएगा। तब तक चरैवेति, चरैवेति।

वाणिज्य में हिन्दी की संभाव्यता

प्रौद्योगिक के विकास और सूचना के संजाल (Network) से आज दुनियाभर के लोगों का आपसी संपर्क मजबूत हुआ है। राजनीतिक तौर पर ही नहीं, व्यापार एवं वाणिज्य, उद्योग, पर्यटन आदि के क्षेत्र में भी दुनिया सिमटकर काफी छोटी हो गई है। भूमंडलीकरण के जमाने में, जब आदमी आपसी जरूरतों तथा उनको पूरा करने के मामले में एक दूसरे का करीबी साझीदार हुआ है, तब भाषा की दीवार जैसी कोई बात नहीं रह गई है। अनुवाद हर भाषिक दीवार के बीच संवाद का जरिया बनकर उभरा है। भारत के संदर्भ में यह हिन्दी के माध्यम से संभव हो रहा है।

हिन्दी भारत की संपर्क भाषा है और देश के कोने-कोने में, आम और खास हर तबके में इसकी पहुँच है। वाणिज्य और व्यवसाय के क्षेत्र में भी हिन्दी की पैठ गहरी है। यद्यपि भारत एक बहुभाषी देश है और ब्रिटिश शासन के दौर में यहाँ अंग्रेजी थोपी गई, जिसके कारण सभी क्षेत्रों में शीर्ष स्तर पर आज भी अंग्रेजी का बोलबाला है; तथापि देश के वाणिज्य एवं व्यापार की आम भाषा सदियों से हिन्दी ही रही है। देश में बहमनी सल्तनत (सन् 1347 से 1527 ई0) ने चौदहवीं सदी में ही हिन्दी को अपना लिया था। केरल, तमिलनाडु और कर्नाटक के मसाले, नारियल, सुपारी आदि के निर्यात हिन्दी माध्यम से ही उत्तर भारत में होते थे। निर्याततित वस्तुओं के तब के बीजक इस बात के प्रमाण हैं कि उस समय दक्षिण से उत्तर और राजस्थान से बंगाल तक वाणिज्य और व्यापार की भाषा हिन्दी थी। वाणिज्य के क्षेत्र में हिन्दी की पैठ तभी से है।

भारत की भाषाई विविधता में हिन्दी अपनी पहुँच और स्वभाव के चलते सहज ही संपर्क भाषा बन जाती है। यह हिन्दी का सहज स्वभाव

है कि भद्र वर्ग के बीच परिनिष्ठित हो जाती है तो आमजन के बीच बोलियों की शब्दावलियों और शैली से भरी-पूरी स्थानीय एवं सरल बन जाती है। हिन्दी एक साथ और एक ही समय में तत्सम प्रधान, उर्दू मिश्रित और लोक भाषाओं की ऊर्जा से भरी व्यापक विविधता के साथ अभिव्यक्त हो सकती है। तत्सम के सहारे यह सभी भारतीय भाषाओं से जुड़ती है और उर्दू के सहारे विविध क्षेत्रों में अपनी मौजूदगी दर्ज कराती है। लोक भाषाओं एवं बोलियों के साथ घुल-मिलकर हिन्दी देश के सुदूर क्षेत्रों, गाँवों तथा हाट-बाजारों के लिए भी अबूझ नहीं रह जाती और व्यापक लोक की जुबान बन जाती है। हिन्दी अपनी इन्हीं विशेषताओं की बदौलत मौजूदा सूचना क्रांति के दौर में भी निरंतर समृद्ध होती जा रही और भारत की सफल संपर्क भाषा बनी हुई है। हिन्दी का ज्ञान जहाँ अंतरभाषाई संवाद के लिए तथा व्यापार के प्रसार के वास्ते जरूरी है, वही वाणिज्य के क्षेत्र में तकनीकी जानकारी तथा आयात-निर्यात की सफलता के लिए अनुवाद के रास्ते अपरिहार्य है।

हालाँकि भूमंडलीकरण और सूचना क्रांति के चलते आज दुनिया-भर में अंग्रेजी का बोलबाला बढ़ा है, फिर भी नई बाजारवादी व्यवस्था में उत्पादक और विनिर्माता अपने माल उन लोगों तक भी पहुँचा रहे हैं, जो अंग्रेजी नहीं जानते। एशिया का बाजार आज संसार का सबसे बड़ा बाजार है। अकेले चीन और भारत में ही करीब दो अरब पचास करोड़ उपभोक्ता रहते हैं, और अंग्रेजी इनकी भाषा नहीं है। इस वास्तविकता को यूरोप और अमरीका की कंपनियाँ भी भलीभाँति समझती हैं। तभी तो फोर्ड लग्जरी कार 'जोश' वर्जन में आइकॉन नाम से बाजार में उतरती है और विदेशी बहुराष्ट्रीय कंपनियों के विज्ञापन हिन्दी में जारी होते हैं। जापानी सुजुकी को भी भारत में 'मारुति' ही प्रीतिकर लगती है।

पर्यटन आजकल एक महत्त्वपूर्ण उद्योग बन गया है। इस उद्योग के उद्यमियों को पर्यटकों के लिए यात्रा, आवास, भोजन, मनोरंजन आदि के प्रबंध के साथ मार्गदर्शन, पर्यटन स्थलों की जानकारी, प्रचार, पर्यटकों की भाषा इत्यादि का खयाल रखना पड़ता है और उन्हीं की भाषा में पर्यटन स्थलों की जानकारी देनी पड़ती है। पर्यटन स्थलों से

संबंधित पुस्तिकाओं, प्रचार सामग्रियों आदि को पर्यटकों की सुविधा के लिए कई भाषाओं में तैयार करने पड़ते हैं। भारतीय पर्यटन के परिप्रेक्ष्य में हिन्दी भाषा सदियों से उत्तर तथा दक्षिण और पूरब तथा पश्चिम के बीच सेतु बनती आई है। इससे न सिर्फ देश की एकता और अखंडता को ताकत मिलती है, बल्कि आम भारतीयों को अपनी सामाजिक एवं सांस्कृतिक भावधारा से भी परिचित होने का अवसर प्राप्त होता है। दुर्गम और सुदूर इलाकों में रोजगार के अवसर पैदा होते हैं। साथ ही स्थानीय शिल्प एवं कला को प्रोत्साहन तथा बाजार मिलता है। और इन सारी गतिविधियों में हिन्दी की क्या भूमिका है, इसे समझने के लिए सिर्फ यह जानना पर्याप्त होगा कि तमिलनाडु के सभी पर्यटन स्थलों की संपर्क भाषा हिन्दी और तमिलनाडु पर्यटन विभाग की ओर से छपने वाले प्रचार साहित्य की प्रमुख भाषा भी हिन्दी ही है।

बैंकिंग आधुनिक विश्व का सशक्त व्यवसाय है। अर्थव्यवस्था की गारंटी और मजबूती में बैंक की भूमिका सर्वोपरि होती है। भूमंडलीकरण के बाद से भारतीय अर्थव्यवस्था को गतिशील बनाने तथा लोगों के जीवन स्तर को उन्नत करने में भारत के बैंकों की भूमिका अग्रणी है। इसके अंतर्गत बैंक निम्न ब्याज दर और आसान किश्तों में ऋण अदायगी की शर्त पर धन उपलब्ध कराते हैं। इस प्रक्रिया में जन संपर्क और कागजी कार्रवाई में भाषा महत्त्वपूर्ण होती है। भारत में सार्वजनिक क्षेत्र के बैंकों और वित्तीय संस्थाओं की व्यावसायिक गतिविधियों में हिन्दी निस्संदेह व्यापक तथा प्रगामी भूमिका अदा करती है। अब तो आई सी आई सी आई तथा एच डी एफ सी और आई डी बी आई जैसे निजी क्षेत्र के बैंक भी अपनी गतिविधियों में हिन्दी का प्रयोग बढ़ाने लगे हैं।

अतः यह कहने में कोई अतिशयोक्ति नहीं कि भारत में वाणिज्यिक प्रसार में हिन्दी का अवदान सतह से जुड़ा हुआ और बुनियादी महत्त्व का है। आनेवाले दिनों में देश के आधारभूत ढाँचे में विकास के चलते विभिन्न प्रदेशों के बीच आपसदारी जैसे-जैसे बढ़ेगी, वाणिज्य और व्यापार में हिन्दी का चलन भी बढ़ता जाएगा।

कार्यालयी हिन्दी

कार्यालयों के कामकाज में प्रयोग होनेवाली हिन्दी कार्यालयी हिन्दी कहलाती है। इसके अंतर्गत हिन्दी में पत्राचार, आदेश, परिपत्र, अधिसूचना, टिप्पण-लेखन, आवेदन, अभ्यावेदन, कार्यवृत्त, रिपोर्ट आदि लिखने के कार्य मुख्य रूप से किए जाते हैं।

कार्यालय सरकारी और गैर सरकारी दोनों प्रकार के होते हैं। सरकारी कार्यालयों में कामकाज संविधान के अतंर्गत सरकार के द्वारा बनाए गए नियमों के अनुपालन में तथा उन्हें कार्यान्वित करने के उद्देश्य से किए जाते हैं। गैर सरकारी यानी वैयक्तिक या निजी संस्था अथवा प्रतिष्ठान के कार्यालय में कार्यकलाप व्यक्ति की इच्छा अथवा प्रतिष्ठान के लक्ष्य और उद्देश्य के निमित्त संपन्न होते हैं। किंतु दोनों ही प्रकार के कार्यालयों में जो कामकाज होते हैं, वे मुख्यतया लिखित रूप में होते हैं और उनकी एक भाषा होती है।

निजी संस्थाओं के कामकाज की भाषा निश्चित नहीं होती। जिस भाषा में संस्था का हित सधता है, वही उसकी भाषा होती है। उदाहरण के लिए कर्नाटक के किसी निजी प्रतिष्ठान को यदि लखनऊ की किसी संस्था से काम पड़े तो प्रतिष्ठान की संपर्क भाषा हिन्दी होगी। किंतु उसी प्रतिष्ठान को जब केरल के किसी व्यक्ति से व्यावसायिक संपर्क करने होंगे तो मलयालम में ऐसा करना पड़ेगा। मतलब साफ है कि निजी क्षेत्र के कामकाज की भाषा वही होती है, जिसमें उसका हित-साधन होता है।

परंतु सरकार में ऐसा नहीं होता। हर सरकार की एक स्पष्ट भाषा नीति होती है और उसी भाषा में सरकारी कार्यालयों के कामकाज किए जाते हैं। भारत सरकार की भाषा नीति द्विभाषिक है। यानी केंद्रीय

सरकारी कार्यालयों में कामकाज हिन्दी या अंग्रेजी में अथवा दोनों भाषाओं में होते हैं।

भारत में ब्रिटिश हुकूमत के समय शासन के कामकाज की भाषा अंग्रेजी थी। आजादी के बाद जब हिन्दी को भारत की राजभाषा बनाया गया तो प्रशासन के कामकाज में हिन्दी का प्रवेश हुआ। चूँकि उस समय कार्यालयी काम केवल अंग्रेजी में होते थे और हिन्दी में कामकाज करने का कोई स्वरूप उपलब्ध नहीं था, अस्तु कार्यालयों में हिन्दी का प्रवेश अनुवाद के माध्यम से हुआ। सरकार द्वारा प्रशासनिक कार्यविधि और प्रक्रिया साहित्य के अनुवाद की व्यापक स्तर पर व्यवस्था की गई। हिन्दी में शब्दावली निर्माण, अनुवादकर्ताओं की भर्ती तथा अनुवाद कार्य के प्रशिक्षण आदि की व्यवस्था की गई।

हिन्दी को संघ की राजभाषा घोषित किए जाने के बावजूद प्रावधान यह है कि अंग्रेजी को सह राजभाषा के रूप में तब तक उपयोग में लाया जा सकता है, जब तक कि सभी कार्यालयों के अधिकारी एवं कर्मचारी हिन्दी सीख नहीं लेते। ऐसी स्थिति में प्रशासनिक स्तर पर द्विभाषिक स्थिति चल रही है। द्विभाषिकता के कारण नए बनने वाले नियम, कानून तथा आदेश, परिपत्र, संधि, करार, रिपोर्ट आदि द्विभाषिक प्रस्तुत किए जाते हैं। उन्हें अंग्रेजी में पहले तैयार किया जाता है। फिर उनका हिन्दी अनुवाद किया जाता है। इस तरह अनुवाद प्रशासनिक क्षेत्र की अनवरत प्रक्रिया बन गया है।

प्रशासनिक कार्य में हिन्दी का प्रयोग मुख्यतः अनुवाद के माध्यम से संपन्न होता है। सरकारी कार्यालयों के अलावा सार्वजनिक क्षेत्र के प्रतिष्ठानों, निगमों, कंपनियों, बैंकों आदि को भी अपने प्रशासनिक कार्यों में सरकार की भाषा नीति का पालन करना आवश्यक है। अतः वहाँ भी अनुवाद की प्रक्रिया चलती है। केंद्र और राज्य सरकार के बीच प्रशासनिक कार्यों के लिए भी अनुवाद की जरूरत पड़ती है।

यद्यपि कार्यालयों में व्यवहार हो रही हिन्दी का स्वरूप अनुवादी है और हिन्दी अनुभागों के लेखन कार्य को अगर बाद कर दिया जाए तो हिन्दी में मौलिक लेखन का कार्य प्रायः न के बराबर होता है। तथापि कार्यालयों में हिन्दी में कार्यकलाप की चाह और अपेक्षा सदैव बनी

रहती है। विदेशी भाषा होने के कारण अंग्रेजी के लेखन कार्मिकों के साथ-साथ पाठकों के लिए आत्मीय नहीं होते। अंग्रेजी भाषा की अपरिचित शब्दावली, जटिल वाक्य संरचना और दुरूहता लेखक और पाठक के मन में कभी राग जगा नहीं पाती।

वैसे कार्यालयी हिन्दी का स्वरूप प्रयोजनमूलक होता है और वह बँधे-बँधाए शिल्प में लिखी जाती है। अस्तु कार्यालयी हिन्दी सामान्य हिन्दी से भिन्न और औपचारिक होती है। चूँकि कार्यालयी लेखन किसी विशेष प्रयोजन के निमित्त होता है, इसलिए कार्यालयी हिन्दी की भाषा स्पष्ट, एकार्थी, व्याकरण की दृष्टि से शुद्ध और कर्मवाच्य प्रधान होती है।

कार्यालयी हिन्दी व्यवस्था से बँधी हुई समाज-सापेक्ष होती है। वह मूलतः रोजगार से जुड़ी हुई भाषा होती है और उसी के निमित्त यानी रोजगार के सेवा उपकरण (सर्विस टूल) के रूप में व्यवहृत होती है। इस रूप में कार्यालयी हिन्दी साहित्यिक हिन्दी से भिन्न एक प्रकार से व्यावसायिक हिन्दी होती है, जो कार्यालयों के कार्य-व्यवहार की उद्देश्यमूलक भाषा होती है। इस भाषा (कार्यालयी हिन्दी) का एक बड़ा उद्देश्य सरकारी तथा निजी आदि सभी प्रकार के कार्य-व्यवहारों में अंग्रेजी के बदले हिन्दी का प्रयोग करना और इस प्रयोग में उत्तरोत्तर वृद्धि करना है।

प्रयोजनमूलक हिन्दी

मन के भावों को प्रकट करने की बेचैनी भाषा के उद्‌भव का कारण रही है। आदिम समाज की संकेत-व्यवस्था जब उसकी अनुभूतियों को व्यक्त करने में चूकने लगी होगी, जब मनुष्य की भावनाएँ, उसके विचार और उद्‌गार इतने विकसित और प्रबल हो गए होंगे कि उन्हें संकेतों के माध्यम से व्यक्त करना मुश्किल हो गया होगा तो भाषा का विकास हुआ होगा। इस प्रकार भाषा का उद्‌भव ही प्रयोजन के क्रोड़ से हुआ है। अतः भाषा स्वभाव से प्रयोजनमूलक होती है और दुनिया की सभी भाषाएँ प्रयोजनमूलक हैं।

प्रयोजन का मतलब काम या उद्देश्य होता है। भाषा के संदर्भ में प्रयोजनमूलक का तात्पर्य कामकाजी भाषा, उद्देश्यमूलक भाषा अथवा कार्यव्यवहार में आनेवाली भाषा से है। इसका अर्थ है कि भाषा का एक रूप और होता है, जिसका कामकाज में व्यवहार नहीं किया जाता। भाषा का वह रूप अलंकृत और अभिव्यंजक होता है। उसके शाब्दिक रूप बहुअर्थी और बहुआयामी होते हैं। उसमें सृजन सुकर होता है, साहित्य रचा जाता है। अतः वह साहित्यिक रूप होता है। आमतौर पर साहित्यिक भाषा का संबंध लक्षणा तथा व्यंजना शक्तियों से होता है, जबकि प्रयोजनमूलक भाषा के शब्द एकार्थी और अभिधात्मक होते हैं।

प्रयोजनमूलक भाषा को कामकाजी भाषा, उद्देश्यमूलक भाषा अथवा व्यावहारिक भाषा भी कहा जाता है। प्रयोजनमूलक भाषा का विकास प्रशासन, जन-संपर्क, वाणिज्य, व्यापार, विधि, उद्योग, प्रबंधन आदि सेवा क्षेत्रों के सदर्भ में हुआ। इसलिए इस भाषा का स्वरूप विषय विशेष की शब्दावली और संरचना से बना है और इसीलिए इसमें

शब्दावली तथा संरचना का विषयवार तथा अलग-अलग अस्तित्व मिलता है।

अतएव प्रयोजनमूलक हिन्दी कार्य-व्यवहार की हिन्दी है। शाब्दिक तौर पर प्रयोजनमूलक हिन्दी का मतलब है ऐसी हिन्दी जिसका प्रयोग किसी विशेष उद्देश्य या प्रयोजन के लिए किया जाए। मोटूरि सत्यनारायण के शब्दों में– "जीवन की आवश्यकताओं की पूर्ति के लिए उपयोग में लाई जानेवाली हिन्दी ही 'प्रयोजनमूलक हिन्दी' है।" (मोटूरी सत्यनारायण, प्रयोजनमूलक हिन्दी, संपादक डॉ रवींद्रनाथ श्रीवास्तव, आलेख प्रकाशन, दिल्ली, पृष्ठ 21)

प्रयोजनमूलक हिन्दी के भी विविध आयाम हैं और प्रत्येक आयाम की अपनी अलग शब्दावलियाँ हैं। इसके शब्दों के अर्थपरक अभिलक्षण सामान्य से भिन्न होते हैं तथा वाक्य-संरचना की शैली भी सामान्य हिन्दी अथवा साहित्यिक हिन्दी से भिन्न होती है। उदाहरण के लिए क्रिया, प्रतिक्रिया, अभिक्रिया, अनुक्रिया आदि। सामान्यतः क्रिया शब्द का अर्थ किसी काम का होना या किया जाना है। इसमें प्रयत्न या चेष्टा का गतिसूचक बोध निहित है। 'क्रिया' में उपसर्ग जोड़कर प्रतिक्रिया, अभिक्रिया, अनुक्रिया आदि शब्द बनते हैं। किंतु ये शब्द एक खास अर्थ प्रसंग और खास क्षेत्र में व्यवहार किए जाने के कारण प्रयोजनमूलक बन गए हैं। जैसे प्रतिक्रिया शब्द सामान्य समाज-व्यवहार में प्रतिकार, बदला या किसी क्रिया के परिणामस्वरूप होनेवाली क्रिया का अर्थबोध कराता है तो अभिक्रिया शब्द विज्ञान के प्रयोगों, विशेषकर रासायनिक प्रयोगों में किसी क्रिया के परिणामवाली क्रिया के अर्थ में प्रयुक्त होता है। अस्तु अभिक्रिया प्रयोजनमूलक शब्द है। इसी तरह अनुक्रिया शब्द किसी क्रम या सिलसिले के अनुसरण अथवा आवृत्ति का बोध कराता है। यह शब्द भी शारीरिक अवयवों के कर्म और संचालन तथा निष्पादन से संबंधित योग तथा प्राणायाम के क्षेत्र में प्रयुक्त होने के कारण खास अर्थ का बोध कराता है। अतः अनुक्रिया भी प्रयोजनमूलक शब्द है।

भाषा-व्यवहार के दो कार्य क्षेत्र होते हैं। एक कार्यक्षेत्र में भाषा मनुष्य की स्वानुभूति और सौंदर्याभिरुचि से जुड़ी होती है। ऐसी भाषा

स्वांतः सुखाय और आत्म आनंद का माध्यम बनती है। दूसरे प्रकार की भाषा रोजमर्रा के जीवन से संबद्ध होती है। यह व्यक्तिपरक भाषा मूलतः समाज-सापेक्ष होती है। यह भाषा सीधे-सीधे हमारी जीविका से जुड़ी होती है और सेवा माध्यम के रूप में प्रयुक्त होती है। भाषा व्यवहार का यह दूसरा प्रकार प्रयोजनमूलक कहलाता है। अतएव प्रयोजनमूलक हिन्दी का मतलब हिन्दी भाषा का कामकाजी रूप या उद्देश्य साधक रूप अथवा जरूरतमंद व्यावहारिक रूप होता है।

स्वतंत्र भारत में हिन्दी को संघ सरकार के कामकाज की भाषा यानी राजभाषा बनाए जाने के फलस्वरूप कार्यपालिका, विधायिका और उद्योग तथा वाणिज्य सहित तमाम सेवा क्षेत्रों में हिन्दी भाषा का प्रयोग करने और उसमें कामकाज करने के अवसर पैदा हुए। इससे हिन्दी में विभिन्न सेवा क्षेत्रों से जुड़ी नई शब्दावलियों की व्यापक जरूरत महसूस हुई। इस जरूरत को अनुवाद के सहारे पूरा किया गया। इसमें संस्कृत आधार बनी और व्याकरण के नियमों के अंतर्गत नए शब्द निर्मित किए गए। चूँकि जरूरत के सारे शब्द अंग्रेजी में पहले से उपलब्ध थे, अतः अपेक्षित हिन्दी शब्दों का निर्माण या उपलब्ध शब्दों का खास-प्रसंग में स्थिरीकरण अनुवाद के माध्यम से किया गया। और यह पूरी कवायद प्रयोजनमूलक हिन्दी की माँग और पूर्ति के निमित्त हुई।

प्रयोजनमूलक हिन्दी की वाक्य संरचना प्रायः कर्मवाच्य में 'किया जाता है, की जाती है' क्रिया रूपों में होती है। इसमें कथन की स्पष्टता और सपाट अभिव्यक्ति की प्रधानता रहती है। यह हिन्दी एक ओर सरकारी पत्राचार, विधान मंडल की कार्यवाही और संसदीय विधियों में प्रयुक्त होती है। कार्यालयों की अधिसूचना, मसौदे, निविदा, वैज्ञानिक तथा तकनीकी साहित्य लेखन, बैंकिंग तथा डाक-तार आदि में प्रयोजनमूलक हिन्दी का ही उपयोग होता है। व्यावसायिक पत्रों, वाणिज्य-व्यापार की कार्यवाहियों, विज्ञापनों, दृश्य-श्रव्य माध्यमों आदि में भी व्यवहार होनेवाली हिन्दी प्रयोजनमूलक होती है। जीविकोपार्जन में सेवा-माध्यम के रूप में प्रयुक्त भाषा की विविध छवियाँ प्रयोजनमूलक हिन्दी के व्यापक व्यवहार क्षेत्र का ही आभास कराती हैं।

तथापि प्रयोजनमूलक हिन्दी की तुलना में सामान्य हिन्दी का व्यवहार क्षेत्र विशाल है। इस विशालता में साहित्यिक हिन्दी का अवदान भी काफी ज्यादा तथा महत्त्वपूर्ण है। वैसे साहित्यिक भाषा में कभी-कभी कला के प्रति विशेष आग्रह होता है। तब भाषा साधन से साध्य बन जाती है। यथा-

साड़ी बीच नारी है कि नारी बीच साड़ी है।
किनारी की साड़ी है कि साड़ी की किनारी है।

परंतु प्रयोजनमूलक भाषा कभी साधन से साध्य नहीं बनती। इसमें भावोच्छ्वास के लिए कोई जगह नहीं होती। प्रयोजनमूलक हिन्दी का पहला और अंतिम लक्ष्य जीविकोपार्जन का साधन बनना होता है। अस्तु व्यवहार में यह हिन्दी सेवा का माध्यम यानी उपकरण (Service Tool) होती है। इसलिए प्रयोजनमूलक हिन्दी सामान्य हिन्दी की तुलना में औपचारिक होती है।

अनुवाद की आवश्यकता

अनुवाद भाषिक संवाद है। किसी विचार या कथन के माध्यम से एक भाषा का दूसरी भाषा के साथ संवाद है। इसमें एक भाषा के वाद (कथन) को दूसरी भाषा में फिर से प्रस्तुत किया जाता है।

अनुवाद में किसी भाषिक प्रतिपाद्य की दूसरी भाषा में पुनर्प्रस्तुति होती है। किसी भाषिक विचार, भाव या संकल्पना को जानने के बहाने इसमें दो भाषाओं के बीच संवाद स्थापित होता है। दो भाषाओं यानी स्रोत भाषा और लक्ष्य भाषा के बीच अंतरभाषिक सेतु निर्मित होता है।

अनुवाद करने के क्रम में अनुवादकर्ता को दो भाषाओं के अक्षर, शब्द, उसके अर्थ, वाक्य और संरचना की एकता एवं विच्छिन्नता का मिलान करने तथा उसे उद्घाटित करने का अवसर मिलता है। यह अवसर कभी-कभी दो भिन्न समुदायों, राष्ट्रीयताओं, देशों आदि को समझने में भी काम आता है। इस प्रकार अनुवाद मत-मतांतरों को जानने और आपसी विवाद को त्यागने का मानस तैयार करता है। यह अपनी अंतरभाषिक संवाद-शक्ति से विवाद की परतों में जाने तथा उसे समझने का मौका मुहैया कराता है और इस तरह विवाद के समाधान की राह तलाशने में हमारी मदद करता है। अतः व्यापक संदर्भ में अनुवाद किसी वाद का भाषा-संवाद ही नहीं, बल्कि विवाद का समाधान भी है। वाद के विवाद का संवाद।

यह सच है कि एक सशक्त और सार्थक परंपरा के रूप में अनुवाद को कभी भी, किसी भी देश और काल में व्यापक लोक समुदाय का समर्थन नहीं मिला। इसे अपेक्षित व्यावसायिक प्रोत्साहन भी कहीं से कभी नहीं मिला। किंतु आधुनिक काल में ज्ञान का जैसे-जैसे प्रसार हुआ, सामूहिक चेतना का वैसे-वैसे विकास होता गया। सामुदायिकता

की भावना प्रबल होने लगी और विश्व दृष्टि का निर्माण होने लगा। स्वतंत्रता, समानता और विश्वबंधुत्व की दृष्टि ने दुनिया को देखने का नजरिया बदल दिया। देश और परदेश के खाने में बाँटकर चीजों को देखने और समझने की रूढ़ धारणा बेमानी हो गई। मनुष्यता की अवधारणा वैश्विक हुई। तब दुनिया के विभिन्न हिस्सों, समूहों और व्यवसायों के लोगों के मन में एक-दूसरे को जानने-समझने की इच्छा का जगना स्वाभाविक था। औद्योगिक क्रांति के नतीजों और संचार के साधनों के विकास ने दुनिया के लोगों में संवाद और संप्रेषण का ऐसा सिलसिला चलाया कि पूरा भूमंडल आदमी की पहुँच में आ गया। लोगों में सांस्कृतिक और साहित्यिक तथा व्यापारिक आदान-प्रदान का सिलसिला तो बहुत पहले से चला आ रहा था। आधुनिक काल में यह औद्योगिक, तकनीकी, चिकित्सा, वाणिज्य, शिक्षा आदि क्षेत्रों में भी शुरू हुआ। इतने व्यापक और प्रभावकारी आदान-प्रदान ने मानव समाज के जीवन मूल्यों को सिरे से बदल डाला।

दुनिया के कोने-कोने में बसे लोगों को शायद यह पहली बार लगा कि मनुष्य मात्र के भाव, दुख-दर्द, हर्ष-उल्लास, उत्थान-पतन आदि विचार और अनुभव एक समान होते हैं। संचार के साधनों के विकास ने इन भावों को तब और मजबूत किया, जब सिनेमा, दूरदर्शन और अन्य दृश्य-श्रव्य माध्यमों ने दुनिया के कोने-कोने में बसे लोगों द्वारा किसी विषय या घटना विशेष पर एक ही तरह की प्रतिक्रिया व्यक्त करते दिखाना शुरू किया। संचार साधनों के अधुनातन माध्यमों ने विश्व मानव की कल्पना को तब और सशक्त किया, जब आदमी देशांतर की दूरियाँ पाटकर पेशेवर रिश्ते बनाने लगा। ज्ञान, अनुभव, बाजार और प्रौद्योगिकी के विकास से देशों के बीच भी व्यापारिक और पेशेवर रिश्ते बनने लगे। इससे कतिपय समस्याएँ भी पैदा हुईं। व्यक्ति और राष्ट्र की समस्याएँ अंतरराष्ट्रीय हो गईं। इनका समाधान भी अंतरराष्ट्रीय स्तर पर ढूँढ़ा जाना स्वाभाविक था।

इन समूचे प्रसंगों में अनुवाद की आवश्यकता जबरदस्त रूप से महसूस की गई। संप्रेषण चाहे विभिन्न ज्ञानानुशासनों के बीच जरूरी रहा हो या विभिन्न समूहों, क्षेत्रों, देशों अथवा भाषाओं के बीच; अनुवाद

ने इसे बखूबी पूरा किया है। डॉ. विनोद गोदरे ने ठीक ही लिखा है; "व्यावसायिक और पेशेवर संबंधों और इसके परे नितांत मानवीय रिश्ते दोनों को विश्व के विभिन्न राष्ट्रों, देशों के बीच संप्रेषित करने का अनुवाद ने भगीरथ कार्य किया। अनुवाद विश्व के विभिन्न देशों के बीच संवाद-विवाद की स्थितियों का माध्यम भी बना। अनुवाद के सेतु पर से ही चलकर मूल भाषा अपनी साहित्यिक तथा तकनीकी उपलब्धियों को लक्ष्य भाषा तक पहुँचाती है।" (डॉ. विनोद गोदरे, प्रयोजनमूलक हिन्दी, वाणी प्रकाशन, नई दिल्ली, संस्करण; 2007, पृष्ठ 137)

अपने देश के संदर्भ में अनुवाद की आवश्यकता स्वतंत्रता के साथ जुड़ी हुई आत्मनिर्भर विकास की अनिवार्यता रही है। स्वतंत्रता के पश्चात् जब चतुर्दिक विकास की योजनाएँ बनने लगीं तो प्रशासन, शिक्षा, विधि, वाणिज्य, भारी उद्योग आदि विभिन्न क्षेत्रों में भारतीय भाषाओं, विशेषकर हिन्दी भाषा के प्रचलन की जरूरत महसूस हुई; जबकि पूरा प्रशासनिक ढाँचा अंग्रेजीमय था। ऐसे में हिन्दी में विशिष्ट शब्दावली की बड़े पैमाने पर आवश्यकता थी, जो अनुवाद के सहारे ही निर्मित हो सकती थी। अतः अनुवाद का कार्य व्यापक स्तर पर आरम्भ हुआ। सरकारी और गैर सरकारी, स्वायत्त संगठनों, शैक्षिक निकायों आदि सभी स्तरों पर अनुवाद का कार्य राष्ट्र के निर्माण का अभियान बना। साहित्य अकादमी, भारतीय इतिहास अनुसंधान परिषद, वैज्ञानिक एवं औद्योगिक अनुसंधान परिषद, वैज्ञानिक एवं तकनीकी शब्दावली आयोग आदि नामचीन संस्थाओं का गठन हुआ। इनके माध्यम से अनुवाद का जो सिलसिला शुरू हुआ, वह केंद्रीय अनुवाद ब्यूरो की स्थापना के साथ पूर्णकाम को प्राप्त हुआ।

तथापि विकास और अनुवाद एक दूसरे के पर्याय बने रहे। इस बीच देश में बढ़ती अनुवाद जरूरतों और गुणवत्ता आधारित अंतर अनुशासनिक अनुवाद आवश्यकताओं को पूरा करने के उद्देश्य से सरकार ने ग्यारहवीं पंचवर्षीय योजना में एक राष्ट्रीय अनुवाद मिशन बनाया है। सरकारी कार्यालयों, उपक्रमों, स्वायत निकायों, बैंकों, वित्तीय संस्थानों आदि में पहले से राजभाषा अनुभाग गठित है, जिसका मुख्य कार्य अंग्रेजी दस्तावेजों, आदेशों, परिपत्रों आदि का हिन्दी अनुवाद प्रस्तुत करना है।

वैज्ञानिक एवं तकनीकी शब्दावली आयोग ने भी इस दौरान विभिन्न अनुशासनों के लगभग 09 लाख पारिभाषिक शब्दों का हिन्दी रूपांतरण तैयार किया है। जाहिर है कि ऐसे अनुवाद कार्यों का लक्ष्य भारत में शासन और प्रशासन के ढाँचे को देश की भाषा में सुलभ कराना है। और यह सब संभव हो रहा है अनुवाद से।

वास्तव में किसी भी देश की सांस्कृतिक परंपराओं, साहित्यिक मान्यताओं, वैज्ञानिक अनुसंधानों और औद्योगिक विकास से अवगत होने का एकमात्र माध्यम अनुवाद है। प्रतिभा के सही विकास में भी अनुवाद का योगदान विशिष्ट और अतुलनीय होता है। यह नई पीढ़ी में जिज्ञासा की प्यास, अनुसंधान की लालसा तथा ज्ञानानुशासनों के प्रति दिलचस्पी जगाकर और समय तथा श्रम का बचाव कर मात्र किसी समूह विशेष का उपकार नहीं करता, वरन संपूर्ण समाज तथा राष्ट्र के उत्थान का कारण बनता है। पुनरपि अनुवाद दो अपरिचित समाजों, संस्कृतियों और परंपराओं के बीच परिचय का पुल बनाता है। साथ ही वैज्ञानिक एवं तकनीकी विषयों का ज्ञान कराकर समाज के भौतिक जीवन को समृद्ध करता है।

अनुवाद को प्रायः अनुसृजन कहा जाता है। सृजन का अनुसृजन। वैसे भी अनुवाद अनुसृजन बनकर ही सार्थक हो पाता है। किंतु किसी सृजन का अनुसृजन होना सहज नहीं होता। मूल लेखक के सामने किसी रचना के सृजन के लिए किसी प्रकार की बंदिश नहीं होती। उसके आगे भावों का अनंत आकाश तथा कल्पना का विस्तृत वितान होता है। अभिव्यक्ति के प्रयोग की पूरी छूट होती है। परंतु अनुवादक को किसी प्रकार की छूट नहीं मिलती। उसे मूल रचना की लक्ष्मण रेखा के भीतर ही अपने सृजन का कमाल दिखाना पड़ता है। यह कमाल उसे किसी भाषा-सृजन को दूसरी भाषा में पुनर्सृजित करके दिखाना होता है।

जाहिर है, सृजन के पुनर्सृजन में केवल पाठ ही कारक नहीं होता, पाठ की शैली एवं भाषा का प्रवाह भी अहम होता है। अनुवाद में इन सभी कारकों का निर्वाह करते हुए अनुवादक को लक्ष्य भाषा के पाठक समाज की समझ तथा संप्रेषण क्षमता का भी ध्यान रखना होता है। अनुवादक को किसी मूल कृति की लक्ष्य भाषा में अनुकृति करते समय

रचनाकार की निजता एवं संवेदना तथा भाषा, शैली और अनुवाद के पाठक समाज तथा उसके बोध के बीच संतुलन कायम करना पड़ता है, जो कि बेहद कठिन किंतु जरूरी होता है। इससे अनुवाद में संप्रेषणीयता आती है और मूल पाठ की संवेदना तथा लोक की जरूरत के बीच सामंजस्य स्थापित हो पाता है।

अनुवाद की सबसे बड़ी आवश्यकता आज के आधुनिक सूचना समाज में संस्कृति, जाति या समाज अथवा व्यक्ति की उपलब्धियों और उसके ज्ञात सत्य से दूसरे समाज को अवगत और लाभान्वित कराना है। इस रूप में अनुवाद आज खुद में विभिन्न ज्ञानानुशासनों के मूल्यों और स्थापनाओं को अन्य भाषाभाषी समाजों में ले जाने का एक महत्त्वपूर्ण साधन बन गया है। यह साधन कभी कला-रूप में हमारे सामने आता है तो कभी विज्ञान के प्रारूप में। किसी भाषा के ललित और सृजनात्मक साहित्य की किसी अन्य भाषा में यथावत् प्रस्तुति अनुवाद को कलात्मक बनाती है। किंतु विज्ञान, विधि, वाणिज्य, चिकित्सा आदि विषयों के अनुवाद में एक निश्चित अर्थ और प्रयोजन को पर्यायमुक्त शब्दावली में रूपांतरित करने का सुविचारित प्रयत्न किया जाता है। ऐसा प्रयत्न अनुवाद को विज्ञान के निकट ले जाता है। मशीन ट्रांसलेशन की दिशा में प्रारंभिक सफलता ने अनुवाद विज्ञान की अवधारणा को पर्याप्त रूप से परिपुष्ट किया भी है।

इस प्रकार सृजनात्मक साहित्य की कलात्मकता से सक्रिय साक्षात्कार और ज्ञान साहित्य के प्रति अनासक्त तटस्थता आधुनिक समय में अनुवाद के मौलिक सरोकार बन गए हैं। और इसी मौलिकता के कारण अनुवाद अब सांगोपांग अध्ययन का एक स्वतंत्र अनुशासन बन गया है। तथापि अभी भी अनुवाद को कुछ लोग कला कहते हैं तो कुछ अन्य लोग विज्ञान। किंतु यह निर्विवाद है कि किसी भाषा में संचित ज्ञान को दूसरी भाषा में अंतरित करने का एकमात्र और मुकम्मिल माध्यम अनुवाद है। अनुवाद की यही अद्वितीयता उसे अपरिहार्य बनाती है। संचार क्रांति के युग में सूचना का विस्फोट आदमी को स्थिर रहने नहीं देगा। विज्ञान की प्रगति के साथ ज्ञान का जैसे-जैसे विकास होगा, अनुवाद की आवश्यकता बढ़ती जाएगी।

अनुवाद और भारतीय परिदृश्य

अनुवाद भाषिक अगम को सुगम बनाने का क्रांतिकारी कर्म है। ठीक वैसे ही जैसे भाषा का उद्‌भव और विकास मानव सभ्यता की क्रांतिकारी परिघटनाओं में से एक है।

हमारा जीवन और जगत अपने शैशवकाल से विकसित होता हुआ आज जिस मुकाम पर पहुँचा है, उसमें आग की खोज से अगर ऊर्जा, सुरक्षा और आलोक मिले तो भाषा से संप्रेषण, संपर्क के सूत्र तथा विवेक। अभिव्यक्ति की घोर छटपटाहट के क्षणों में आदिम मानव के कंठ-स्वर फूटे होंगे। फिर गूँज और अनुगूँज-स्वरों का आवर्तन, अनुवर्तन और प्रत्यावर्तन-यानी वाणी का अविराम निनाद। भाषा का उद्‌भव और विकास कुछ इसी तरह से हुआ होगा।

अनुमान है कि भाषा के उद्‌भव काल में मनुष्य कंदराओं से निकलकर कबीलों में रहने लगा होगा। कबीलों और गण समाजों की निजता तथा सामूहिकता इतनी क्रियाशील रही होगी कि उसका भाषा पर प्रभाव पड़ना स्वाभाविक था। कदाचित इसीलिए समाज-विकास के आदिम काल में बहुत सारी भाषाएँ थीं।

भाषिक विविधता इस बात के प्रमाण हैं कि मानव सभ्यता अपने आरंभिक चरण में बेहद विरल और विच्छिन्न थी। तब अछोर प्रकृति की विराटता और दुर्गम एवं अनगढ़ भौगोलिक परिवेश में आदिम मानव समूह की गतिविधियाँ निश्चय ही बेहद सीमित रही होंगी। उसके समस्त क्रिया-व्यापार एक तरह से अस्तित्व रक्षा के निमित्त रहे होंगे। तब संचार, संपर्क, संसाधन और संप्रेषण की कोई संकल्पना भी नहीं रही होगी। ऐसे में भूख का मारा और अहेर को निकला मानव-समूह जब सहसा अपने ही समान दूसरे समूह से टकराया होगा तो उनकी

अलग-अलग भाषाएँ एक दूसरे के भावों और विचारों और अनुभवों के आदान-प्रदान में बड़ी मुसीबत बनी होंगी।

मुसीबत का यह दौर निश्चय ही कुछ लंबा रहा होगा। तब एक-दूसरे के मनोभावों को एक-दूसरे तक पहुँचाने में कुछ खास संकेत और कुछ दूसरे आंगिक हाव-भाव ही संप्रेषण के माध्यम बने होंगे। अनुमान लगाया जा सकता है कि भाषाओं के होते हुए भी तब मनोभावों-अनुभूतियों का आपसी आदान-प्रदान कितना विकट रहा होगा। ऐसे ही अबूझ, अगम और विकट समय में दो परस्पर भिन्न भाषा-भाषियों के बीच अनुवाद की शुरूआत हुई होगी। इसीलिए मैं अनुवाद को एक भाषा के अगम, अबूझ को दूसरी भाषा में सुगम करने का क्रांतिकारी कर्म मानता हूँ।

अनुवाद बुनियादी तौर पर हमारी सभ्यता के आदिम पेशों में से एक है और अनुवादक आदिम पेशेवर।

आदिम अनुवाद का स्वरूप निश्चित रूप से आज जैसा परिष्कृत नहीं, बल्कि बेहद प्राथमिक, खुरदुरा और प्रयत्न एवं भूल से भरा रहा होगा। तथापि भाषाओं के आपसी अगम और उलझन को सुगम या बोधगम्य बनानेवाला वह आदिम अनुवाद भी बेहद उपयोगी रहा होगा। उससे आदिम मानव समाजों के बीच मनोभावों एवं अनुभवों की साझेदारी का सिलसिला शुरू हुआ होगा। फलस्वरूप जीवन यापन के जोखिम कम हुए होंगे और आगे बढ़ने की राहें आसान हुई होंगी।

अनुवाद के आदिम, अनगढ़ रूप से आधुनिक स्वरूप तक की विकास यात्रा असल में अनुवाद के स्वभाव में निहित सृजनशीलता और उन्मेष (Creativity and innovation) का द्योतक है। सृजन और उन्मेष स्वयं में क्रांतिकारी होते हैं। अनुवाद के इन्हीं गुणों ने उसे अपने सरोकार में आधुनिक एवं संरचना में व्यावहारिक ज्ञानानुशासन बनाया है।

अनुवाद में एक भाषा-संरचना के अभिप्राय को दूसरी भाषा-संरचना में फिर से रचा जाता है। यह काम दो भाषाओं के बीच संवाद और संतुलन स्थापित कर किया जाता है। इसमें किसी भाषिक

विचार या कथन को दूसरी भाषा में फिर से दुहराया जाता है। इस क्रम में एक भाषा का दूसरी भाषा के साथ संवाद कायम होता है। दो भाषाओं यानी स्रोतभाषा और लक्ष्यभाषा के बीच अंतरभाषिक पुल निर्मित होता है। भाषिक पुल का निर्माण असल में भाषाओं के आपसी मेलजोल पर निर्भर करता है। किंतु भाषाओं में मेलजोल का मामला उनकी अलग-अलग प्रकृति और संरचना-नियम के कारण सहज नहीं होता। भाषाओं के वाक्य-विन्यास और व्याकरणिक नियम एक-दूसरे के विरोधाभासी होते हैं। अनुवाद करते हुए अनुवादकर्ता दो भाषाओं के अक्षर, शब्द और संरचना की एकता एवं विच्छिन्नता का उद्घाटन तथा मिलान कराता है। यह उद्घाटन तथा मिलान कभी-कभी दो भिन्न समुदायों, राष्ट्रीयताओं, देशों आदि को समझने के काम आता है। मत-मतांतरों को जानने की जमीन तैयार करता है। इस प्रक्रिया में अनुवाद अपनी अंतरभाषिक संवाद-शक्ति से विवाद की परतों में जाने तथा उसे समझने का अवसर सुलभ कराता है। इस तरह से अनुवाद विवाद के समाधान की राह तलाशने में सभ्य समाज की मदद करता है।

अनुवाद अपनी महत्तर भूमिका में देशों और दूरियों में फैले भाषाई विविधता को पाटकर संवाद का सिलसिला शुरू करता है। आज के सूचना-विस्फोट के दौर में भी यह सभ्यताओं के बीच आपसदारी कायम करने का जरूरी जरिया बना है। इन्हीं गुणों के कारण अनुवाद सबके लिए सभी भाषा-भाषियों के लिए और ज्ञान-विज्ञान के सभी अनुशासनों के लिए अपरिहार्य बन जाता है।

ज्ञानानुशासन में अनुवाद की अपरिहार्यता उसकी प्रक्रिया और प्रयोग के रास्ते से जुड़ती है। अनुवाद की प्रक्रिया का मतलब अनुवाद की विधि यानी तौर-तरीका अर्थात् अनुवाद कैसे संभव होता है, के विश्लेषण से है। यह विश्लेषण भाषा के अनुप्रयुक्त क्षेत्र से जुड़ा है। इसमें भाषा विज्ञान की भूमिका विशिष्ट होती है। इस भूमिका ने यंत्र अनुवाद, दूसरे शब्दों में मशीन ट्रांसलेशन की संकल्पना को साकार करते हुए अनुवाद को आज एक विकसित और वैज्ञानिक ज्ञानानुशासन बना दिया है।

हमारे यहाँ पिछले दिनों में मशीन ट्रांसलेशन के क्षेत्र में अनुसंधान और विकास के काफी काम हुए हैं। भारतीय परिदृश्य में भी सी-डैक, आईआईटी कानपुर, आईआईआईटी हैदराबाद तथा कुछ विश्वविद्यालयों ने अलग-अलग रूप, विषय, आधार मानक, संरचना बुनियाद या कहें कि पैराडिगम से मशीन ट्रांसलेशन के क्षेत्र में उपलब्धियों के उल्लेखनीय मुकाम हासिल किए हैं। इससे अनुवादकों तथा हम जैसे अनुवाद-उपभोक्ताओं में आशा और उत्साह का संचार हुआ है। हममें उम्मीद जगी है कि हमारे वैज्ञानिकों और भाषा वैज्ञानिकों के सद्प्रयास से जल्दी ही हमें मशीन ट्रांसलेशन की ऐसी टूल मिल जाएगी, जिससे हम अपने दिनों, सप्ताहों और महीनों के काम यथासंभव जल्दी से पूरा कर लेंगे। यह कोई हवाई कल्पना भी नहीं है।

सी-डैक के कर्मठ, स्वप्नदर्शी और उन्मेषी वैज्ञानिकों की टीम, जिसमें श्री वी.एन. शुक्ला, श्री हेमन्त दरबारी, डॉ. शशि कुमार और आईआईटी, कानपुर के प्रो. आर.एम.के. सिन्हा जैसे अनेक वैज्ञानिक और भाषा वैज्ञानिक तथा उच्च अध्ययन केंद्रों के सुधी विद्वान भारत में मशीन ट्रांसलेशन को साकार करने में निरंतर लगे हुए हैं। उसी का परिणाम है कि अंग्रेजी से हिन्दी में और कुछ अन्य भारतीय भाषाओं में मशीन ट्रांसलेशन के क्षेत्र में एक हद तक सफलता हासिल हुई है। अलबत्ता इस सफलता को अभी काफी लंबा रास्ता तय करना है।

अनुवाद अपनी प्रकृति और अंतर्वस्तु में सृजनात्मक होता है और किसी भी सृजन में ज्ञान और नवाचार की बड़ी महत्तर भूमिका होती है। हम मानते हैं कि मशीन ट्रांसलेशन के जरिए अंग्रेजी टैक्स्ट का फिलहाल जो हिन्दी अनुवाद सुलभ हो रहा है, वह मुकम्मिल नहीं है। पर्याप्त तो खैर बिलकुल ही नहीं है। किंतु हिन्दी में मशीन ट्रांसलेशन की अभी तक की उपलब्धि भी कम महत्त्वपूर्ण नहीं है। मशीन ट्रांसलेशन के क्षेत्र में देश के वैज्ञानिक और अकादमिक संस्थानों में लगातार हो रहे विमर्श आखिरकार हिन्दी में और भारतीय भाषाओं में मशीन ट्रांसलेशन को संभव और सफल बनाने की बेचैनी के ही परिणाम हैं।

भारतीय परिदृश्य में अनुवाद की बड़ी गंभीर, सार्थक और सृजनात्मक भूमिका है। इस भूमिका को समझने के लिए भारत की बहुभाषिकता को समझना होगा। भाषाओं में अंतर्निहित उप भाषाओं और क्षेत्रीय बोलियों की शक्ति और सामर्थ्य को समझना होगा। संस्कृति की संवाहिका के रूप में भाषाओं की आधारभूत ताकत को समझना होगा। भाषाओं में संरक्षित सभ्यता के संघर्ष और उपलब्धियों को समझना होगा। और सबसे बढ़कर भारतीय मानस में घर कर गई अंग्रेजियत की मानसिकता को समझना होगा, जो हर देसी चीज और उपलब्धि को हीन और विदेशी तथा अंग्रेजी को श्रेष्ठ मानती है।

अंग्रेजियत ने भारतीय समाज को अहंकार और झूठी शान में इस कदर जकड़ लिया है कि हम सहज नहीं हैं। इससे हमारी आपसदारी भी बाधित है। भाईचारे का भाव भी कमजोर है। और व्यापक तौर पर भारतीय एकता और अखंडता भी प्रभावित है। शासन और प्रशासन में अंग्रेजी के चलन से लोकतंत्र की मूल प्रतिज्ञा भी प्रभावित है। कहने की जरूरत नहीं कि अंग्रेजी शासन और न्याय में जनता की सहभागिता के आड़े आती है। ऐसे में हिन्दी, जो कि निर्द्वंद्व रूप से हमारी प्रमुख राष्ट्रीय भाषा है और राजकाज की भाषा है, का प्रयोग और प्रचलन बढ़ाना समय की माँग है।

किंतु भारत के मौजूदा परिदृश्य में यह अचानक संभव नहीं होगा। यह संभव होगा तो अनुवाद के माध्यम से। हमारे अनुवादक अपनी साधना से इसे बहुत हद तक पूरा करने का यत्न भी कर रहे हैं। परंतु संचार क्रांति और सूचना विस्फोट के मौजूदा दौर में यह काम अब केवल मनुष्य के बलबूते नहीं छोड़ा जा सकता। मशीन ट्रांसलेशन की जरूरत आज जितनी है, उतनी पहले कभी नहीं थी। हिन्दी में और समूचे भारतीय परिदृश्य की बहु-भाषिकता में मशीन ट्रांसलेशन की संकल्पना जितनी जल्दी सफल होगी, भारत एक मुकम्मिल सूचना समाज और ज्ञान समाज बन पाएगा। भारत विकसित बन सकेगा। हम मशीन ट्रांसलेशन के क्षेत्र में काम कर रहे भारतीय वैज्ञानिकों को इसी आशा और उम्मीद से देख रहे हैं।

हम अपने अनुभव की बात करें तो हमारा कार्यालय केंद्रीय

अनुवाद ब्यूरो अनुवाद के क्षेत्र में भारत सरकार की शीर्ष संस्था है। कार्यालयीन अनुवाद-प्रशिक्षण के मामले में केंद्रीय अनुवाद ब्यूरो भारत सरकार की एकमात्र संस्था है। हमारे यहाँ सरकारी कार्यालयों, प्रतिष्ठानों, वित्तीय संस्थानों आदि के कोड, मैनुअल, कार्यविधि साहित्य आदि का अनुवाद होता है। केंद्रीय अनुवाद ब्यूरो की स्थापना 01 अप्रैल, 1971 को हुई थी। और तब से अब तक हमारे यहाँ कुल 22 लाख 08 हजार 526 मानक पृष्ठों के अनुवाद किए जा चुके हैं। हमारे यहाँ से अब तक भारत सरकार के विभिन्न संगठनों, मंत्रालयों, विभागों, निकायों आदि में कार्यरत 24 हजार 211 कार्मिकों को अनुवाद का प्रशिक्षण दिया गया है। फिर भी हम अपने निष्पादन से संतुष्ट नहीं हैं। हमारे यहाँ एक अनुवादकर्ता प्रतिदिन लगभग 1500 शब्दों का अनुवाद करता है। इस तरह से सैकड़ों पृष्ठों के अनुवाद प्रतिदिन होते हैं। पुनरीक्षण (Vetting) और पुनर्विलोकन (Super vetting) के काम वरिष्ठ अधिकारियों द्वारा किए जाते हैं। तथापि हम माँग और पूर्ति में संतुलन नहीं बना पाते हैं। और लगभग यही हाल देशभर में फैले सरकारी प्रतिष्ठानों और दूसरे संस्थानों के हैं। अनुवाद की जितनी माँग है, उसकी पूर्ति नहीं हो रही है। मानव श्रम से यह लगभग असंभव जैसा है। इसे मशीन ट्रांसलेशन के द्वारा ही संभव किया जा सकता है।

हम मानते हैं कि मशीन ट्रांसलेशन की संकल्पना के सफल होने पर भी, मशीन से आउटपुट के रूप में प्राप्त होनेवाला अनुवाद कभी भी वैसा नहीं हो पाएगा, जैसा आदमी करता है। मशीन का अनुवाद वैसा ही होगा, जैसा मशीन का शब्दकोश और विश्लेषण-व्याकरण होगा। सर्वांग संपूर्ण होने पर भी मशीन किसी रचना की पुनर्रचना नहीं कर सकती। जबकि अनुवाद में पाठ या कथन के विश्लेषण के साथ-साथ अनुवादकर्ता के चिंतन और मनन तथा कल्पनाशीलता की बड़ी भूमिका होती है। आदमी सृजन के समानांतर सृजन कर लेता है। आदमी It was not to be happened के लिए 'विधाता को यह मंजूर नहीं था', What? A great man? I always see the actor of his own ideal के लिए "तुम कहते हो–'महापुरूष', मगर मुझे दिखता है एक अभिनेता।

अपने ही आदर्श का अभिनय करता हुआ'' जैसा सृजन संभव करता है। मशीन ऐसा नहीं कर सकती।

बावजूद इसके भारत में सृजनात्मक साहित्य के क्षेत्र में अनुवाद के प्रचुर काम हुए हैं। और ये काम स्वतः स्फूर्त हुए हैं। विदेशी साहित्य के श्रेष्ठ को हिन्दी, बांग्ला, उड़िया, तमिल, मलयालम, कन्नड़, मराठी, पंजाबी आदि भाषाओं में अनूदित करने के काम प्रायः साहित्यकारों ने किए हैं। इसके पीछे अन्य भाषाओं के श्रेष्ठ सृजन से अपनी भाषा को संपूरित करने का साधु भाव रहा है। परंतु हाल के वर्षों में उपभोक्तावाद ने इस काम को गहरे रूप में बाधित किया है।

वैसे अनुवाद केवल सृजनात्मक साहित्य का ही नहीं होता। हमें तो ढेर सारे उपयोगी और कार्यविधि-साहित्य का त्वरित और तत्काल अनुवाद लगातार चाहिए होगा। वैसे भी हमारा समकालीन अनुवाद परिदृश्य कोई बहुत सुखद और संतोषप्रद नहीं है। अनुवाद का परिदृश्य व्यापक और बहुआयामी जरूर है, परंतु वस्तुगत और समयानुकूल हर्गिज नहीं है। हम या तो अनुवाद का मतलब पाठ का भाषांतरण समझते हैं अथवा समानांतर सृजन। भारत जैसे विकासशील समाज के लिए इसे व्यावहारिक नहीं माना जा सकता। अनुवाद उपयोगी साहित्य का भी होता है और ललित साहित्य का भी। दोनों के सरोकार अलग-अलग होते हैं। इसे समझना होगा।

याद रखना होगा कि भारत की एकता में भारतीयों की भाषाई विविधता शक्ति का संबल बनती है न कि विखंडन का कारण। हमारी भाषाओं की सृजनात्मक उपलब्धि दुनिया के किसी भी भाषा के सृजन से किसी भी मामले में कम नहीं है। तथापि दूसरे भाषा-भाषी समाजों के बीच अपरिचय के कारण हम भारतीय भाषाओं, क्षेत्रों और प्रांतीयताओं की बहुत सारी अच्छाइयों से अपरिचित और अनभिज्ञ रह जाते हैं। इस अपरिचय को मिटाने और क्षेत्रों की हदबंदी में जकड़े समाजों में आपसदारी, एकता और एक-दूसरे की सांस्कृतिक उच्चता से परिचित होने में अनुवाद की सार्थक और रचनात्मक भूमिका से इनकार नहीं किया जा सकता।

इसी प्रकार से विकासशील समाज और देश की सर्वतोन्मुखी

जरूरतों और सभी दिशाओं से मिलनेवाले ज्ञान-प्रकाश से आँखें चुराई नहीं जा सकतीं। विकसित समाज बनने के लिए ज्ञान से आँखें चार करना अत्यंत आवश्यक होता है। इस काम में अनुवाद से गति मिलती है और सुघड़ता भी, क्योंकि अनुवाद नैसर्गिक रूप से चार आँखों का कर्म होता है।

[सी-डैक, नोएडा में 20 और 21 जुलाई, 2011 को आयोजित राष्ट्रीय कार्यशाला में दिए गए भाषण का संपादित अंश]

मेरी मुश्किलों का जो हल कोई लाए

मित्रो! आज के इस महती समारोह की सदारत कर्नाटक के महामहिम राज्यपाल को करनी थी। किंतु अपरिहार्य कारणों से वे नहीं आ सके हैं। उनकी अनुपस्थिति से जो शून्य बना है, उसे भरने को मुझसे कहा गया है। मैं अदना-सा आदमी महामहिम के शून्य को भर सकता हूँ–इसमें मुझे कोई मुगालता नहीं है। परंतु ऐसा करके श्री श्याम सुंदरजी गोइन्का, मुख्य ट्रस्टी, गोइन्का फाउंडेशन ने मेरे प्रति जो उदारता दिखाई है और भरोसा जताया है–उसके लिए मैं श्री गोइन्का जी का आभारी हूँ।

तथापि इस अवसर पर आगे कुछ बोलने से पहले मुझे आधुनिक हिन्दी कविता के एक बड़े स्तंभ स्वर्गीय शमशेर बहादुर सिंह की गजल का एक शेर बड़ा मौजूँ लगता है। शेर है–

'हकीकत को लाए तखय्युल के बाहर
मेरी मुश्किलों का जो हल कोई लाए।'

इस समारोह में 'पिताश्री गोपीराम गोइन्का अनुवाद सम्मान' से सम्मानित प्रो. तिप्पेस्वामी जी और 'गोइन्का सारस्वत सम्मान' से नवाजे गए डॉ. वी. वेंकटेश को मेरी हार्दिक शुभकामनाएँ और बहुत-बहुत बधाइयाँ हैं।

प्रो. तिप्पेस्वामी की अनूदित कृति 'अमृत मतु विष' मूलतः हिन्दी भाषा का एक प्रसिद्ध उपन्यास है–'अमृत और विष'। यह हिन्दी के मूर्द्धन्य कथाकार स्वर्गीय अमृतलाल नागर की एक महत्त्वपूर्ण कृति है। मध्यवर्ग की जीवन-स्थितियों, वादों–प्रतिवादों के आलोड़न में डूबते-उतराते जीवन को समग्रता में चित्रित करनेवाला यह उपन्यास आधुनिक गद्य-साहित्य की एक विरल रचना है। इसे मुझे अपने

छात्र जीवन में पढ़ने और विश्वविद्यालय सेवा के दिनों में स्नातक के छात्रों को पढ़ाने का अवसर मिला था। लगभग दो दशकों बाद आज 'अमृत और विष' की चर्चा मेरे लिए इस अर्थ में भी रोमांचकारी है कि उसके कन्नड़ अनुवाद को यहाँ सम्मान मिला है और इसलिए भी कि आजकल मैं केंद्रीय अनुवाद ब्यूरो की सेवा में रहते हुए अनुवाद की संवादधर्मी महत्ता, अनुवाद की रचनाधर्मी विशिष्टता तथा अनुवाद की समतुल्य सृजनात्मकता से निरंतर दो-चार होता रहता हूँ।

मित्रो! अपने देश में 1961 की जनगणना के निष्कर्ष कई मामलों में बड़े महत्त्व के रहे हैं। उसके भाषाई निष्कर्ष से हम सभी भली-भाँति परिचित हैं कि भारत में उस वक्त 1652 भाषाएँ और बोलियाँ प्रचलित थीं। यह और बात है कि कई भाषाविद् और भारतीय भाषा संस्थान, मैसूर उस भाषाई संख्या 1652 को अतिरंजित मानते हैं। जनगणना की उस रिपोर्ट के अनुसार दक्षिण भारत में द्रविड़ भाषा परिवार की 148 भाषाएँ और बोलियाँ प्रचलन में रहीं। यह दीगर बात है कि पूरे दक्षिण भारत में कोई भी भाषाविद् दो दर्जन से अधिक भाषाओं और बोलियों के नाम अब याद नहीं कर पाता।

07 मई, 2007 को भारत की मानव संसाधन राज्यमंत्री पुरंदेश्वरी देवी ने संसद में बताया था कि देश में फिलहाल 3000 भाषाएँ हैं। इस बीच 2001 की जनगणना के भाषाई निष्कर्ष भी अब सामने आ गए हैं और पिछली 17 अप्रैल (सन् 2008) को Times of India (बेंगलूर संस्करण) ने अपने प्रथम पृष्ठ पर 'More Telgu speakers than Tamilian in state' शीर्षक रिपोर्ट के अंतर्गत एक 'स्टोरी' छापी है, जिसमें लिखा है कि भारत में कुल 6,661 मातृभाषाएँ प्रचलित हैं–Total Number of mothertounge's in india is 6,661. जबकि नवंबर, 1999 में यूनेस्को ने अपने महाधिवेशन में पारित प्रस्ताव के जरिए दुनियाभर को खबरदार किया था कि "मातृभाषाएँ हमारी दुनिया में बड़ी तेजी के साथ लुप्त होती जा रही हैं और हर पखवाड़े एक भाषा मर जाती है। यह सिलसिला यदि चलता रहा तो

वह दिन दूर नहीं जब हमारी यह बहुरंगी, बहुभाषी और बहुधर्मी दुनिया एकरस और एकरंगी हो जाएगी। इसलिए हे दुनिया भर के लोगो! अपनी संस्कृति, अपनी सभ्यता और अपनी पहचान की प्रतीक अपनी भाषा को बचाओ, उसका बेहिचक प्रयोग करो और इसलिए हर वर्ष 21 फरवरी के दिन को विश्व मातृभाषा दिवस के रूप में मनाओ।"

नाटककार ब्रेख्त का The life of Galilio बड़ा प्रसिद्ध नाटक है। इस नाटक के अंत में गैलिलियो और उसके शिष्य का एक संक्षिप्त संवाद है। शिष्य कहता है—अभागा होता है वह देश, जहाँ नायक नहीं होता। इस पर गैलिलियो कहता है—और उससे भी अभागा होता है वह देश, जिसे नायक की तलाश होती है।

मित्रो! 'इंडिया टुडे' का अभी-अभी जो अंक आया है, वह एक सर्वेक्षण आधारित विशेषांक है। उसमें आधुनिक भारत के 60 निर्माता मानव रत्नों को चुना गया है और उन पर लेख छापे गए हैं। यह जानना हमारे लिए सुखद है कि आधुनिक भारत के 60 निर्माताओं में केवल वे लोग ही नहीं हैं, जिन्होंने राजनीति अथवा विज्ञान द्वारा भारतीय समाज की लड़ाइयाँ लड़ीं, बल्कि टैगोर, निराला, प्रेमचंद और आर.के. नारायण जैसे कलम के सिपाही भी हैं, जिन्होंने साहित्य के जरिए समाज की लड़ाइयाँ लड़ीं।

मित्रो! महाकवि निराला ने कविता को छंद के बंधन से मुक्त किया और उसे मनुष्य की मुक्ति से जोड़ा।

"वह तोड़ती पत्थर
देखा उसे मैंने इलाहाबाद के पथ पर
गुरु हथौड़ा हाथ
करती बार-बार प्रहार
सामने तरुमालिका, अट्टालिका प्राकार।"

निराला की ही तरह महान कथाकार प्रेमचंद ने साहित्य को राजनीति के आगे-आगे चलने वाली मशाल बनाया। पर बाजारवाद, टेक्नोलॉजी की प्रभुता और सूचना क्रांति वाला आज का समय और समाज अब पहले जैसा नहीं रह गया है। वर्चुअल रियलिटी,

मायावी यथार्थ वाला यह दौर वास्तव में बहुत बदल गया है। अँगुली और माउस के खेल से अब दुनिया की सूरत और सीरत बनने और बिगड़ने लगी है। पर इन सबके बावजूद आज भी जो नहीं बदला है–वह है आम आदमी और उसकी जीवन दशा। उसे आज भी रोटी की ही लड़ाइयाँ लड़नी पड़ रही हैं। इक्कीसवीं सदी और विकास उसके लिए आज भी छलावा ही साबित हुए हैं। उसे आज भी रोटी, शिक्षा, स्वास्थ्य और सम्मान के लिए पहले की तरह ही जद्दोजहद करनी पड़ती है। इस बीच देश में एक से बढ़कर एक लोक लुभावन नारे उछाले गए हैं और अमीरी का ग्राफ काफी ऊपर चढ़ा है। भारतीय कंपनियाँ बहुराष्ट्रीय हो गई हैं और एशिया के सबसे बड़े और सबसे अधिक धनकुबेर भारत में पैदा हो गए हैं।

इस समारोह में उपस्थित आदरणीय कवियो, कलाकारो और समाज तथा साहित्य से सरोकार रखनेवाले बुद्धिजीवी मित्रो! कभी बाबू श्याम सुंदर दास ने कहा था कि साहित्य समाज का दर्पण होता है–आज की वस्तुस्थिति को देखते हुए श्याम सुंदर जी के उस कथन में संशोधन लाने की जरूरत है कि साहित्य समाज का दर्पण ही नहीं होता, समाज का नियामक और नियंता भी होता है। पुनः कवि और रचनाकार समाज के चारण ही नहीं, समाज के उन्नायक भी होते हैं।

निस्संदेह समाज में सबसे शक्तिशाली कारक राजनीति होती है। किंतु इतिहास गवाह है कि जब-जब राजनीति अपनी भूमिका से भटकी है, साहित्य आगे आया है। मध्यकाल का हमारा सारा भक्ति साहित्य इसका प्रमाण है। आज एक बार वही परिदृश्य हमारे सामने उपस्थित है। जनता के स्वप्न और आकांक्षा की तान कविता में छेड़ने का यह सबसे मौजू समय है। इसके लिए कवि-रचनाकारों को कबीर, तुलसी, मीरा और जनकवि जगनिक की परंपरा से अपने को जोड़ना होगा। आज की मंचीय कविता को भी लोकप्रियता की परवाह किए बिना गुदगुदी और हास-विलास की कविता से आगे बढ़ना होगा। कविता के शब्द को कर्म से विलग कर उसे

क्षणिक सुख-विलास का मोहरा बनाने वाले कवियों को रीति कविता के अंजाम को भूलना नहीं चाहिए और सच्ची कविता की ताकत और त्वरा के प्रति संदिग्ध भी नहीं होना चाहिए। आज लोकप्रिय और जरूरी कविता के बीच जो अंतर बढ़ गया है, उसे यहाँ पधारे हमारे सम्माननीय कवि मित्र भी जरूर महसूस करते होंगे–ऐसा हमारा विश्वास है।

भूलना न होगा कि कविता की दुनिया में माँग और पूर्ति का अर्थशास्त्र काम नहीं आता। कवि को अपनी रचनाओं से जनरुचि का संस्कार भी करना पड़ता है। कविता का जन्म भी इसी उद्देश्य से हुआ है और सच्ची कविता हर युग में यही भूमिका अदा करती आई है। मिथक के सहारे कहूँ तो स्वर्ग में देवताओं के बीच अनुरंजित होनेवाली कविता को बाल्मीकि द्वारा धरती का गान बनाने का उद्देश्य भी लोक कल्याण ही था। टी आर पी की चिंता करनेवाले कवियों को तुलसी की यह वाणी याद रखनी चाहिए–"जे पर भनित सुनत हरषाही, सो वर पुरुष बहुत जग नाही।"

मित्रो! भूलना नहीं चाहिए कि "पूँजीवाद के आते ही सारी पवित्र चीजें अपवित्र हो गईं।" पूँजी के साम्राज्यवादी विस्तार के आज के दौर में तो प्रेम, सहकार, सौहार्द और शिक्षा जैसे भाव और गुण तक बेचे और खरीदे जाने लगे हैं। All that is solid melts into air. विज्ञापन के उस अबोध बच्चे को जरा याद कीजिए जो बूढ़ी महिला के सामान से भरे थैले को देखकर कहता है Aunty can I help u. और महिला के घर से लौटते समय महिला उसकी हथेली में एक रुपए का सिक्का थमा देती है। बच्चा बेचारा श्रम और उसके मूल्य को क्या समझे। पर आज पूँजी का मायाजाल बच्चे को असमय ये चीजें समझाने लगा है। तभी तो बच्चा सीधे अपने पिता के पास जाता है और अपनी हथेली के सिक्के को दिखाते हुए कहता है– Papa my first salary.

पूँजी के इस खेल और मायाजाल में भोले लोग तो भटकेंगे ही। कवि, कलाकार भी यदि भटक गए तो समाज का क्या होगा? इस मुकाम पर मुझे कबीर बहुत याद आते हैं–

सुखिया सब संसार है, खाए अरु सोए,
दुखिया दास कबीर है, जागे अरु रोए।

मित्रो! कहने को बहुत कुछ है। पर समय बेरहम का क्या करूँ। ज्यादा ले लिया हो तो क्षमा। फिर भी–

"हकीकत को लाए तखय्युल के बाहर
मेरी मुश्किलों का जो हल कोई लाए।"

(गोइन्का फाउंडेशन के सम्मान समारोह में 20 अप्रैल, 2008 को मुख्य अतिथि पद से दिए गए भाषण का अविकल लिप्यंकन।)

राजभाषा की दशा दिशा : कुछ सुझाव

मनुष्य एक चेतनशील प्राणी है। भाषा मानवीय चेतना की अन्यतम उपलब्धि है। जिस चिंतन और बोध की एकरूपता के बल पर मनुष्य सामाजिक प्राणी बना है, उस चिंतन और बोध के संप्रेषण का सबसे समर्थ माध्यम भाषा है। यही कारण है कि सामाजिकता भाषा का सहजात गुण और धर्म होती है। इसी सहजात गुण और धर्म के बल पर भाषा विकसित होकर संस्कृति की वाहिका बनती है। इसलिए भाषा में उसके बोलनेवाले लोक के आचार, व्यवहार, रीति-रिवाज, भौगोलिक पहचान और व्यापक जीवन-व्यापार उद्भाषित होते हैं। अकारण नहीं पराधीनता की पहली चोट भाषा को झेलनी पड़ती है तो स्वाधीनता की पहली अँगड़ाई भाषा की अँगड़ाई होती है।

भारत एक विशाल देश है। हमारा समाज इस भूमंडल का सबसे वैविध्यमय समाज है। एंथ्रोपॉलोजिकल सर्वे ऑफ इंडिया के आँकड़े प्रमाण हैं कि हमारे देश में 4635 समुदाय हैं। 6 बड़े धर्म हैं और 28 बड़ी जनजातियाँ हैं। इन सभी की अपनी-अपनी विशेषताएँ हैं। वेश-भूषा, आराधना की विधियाँ, खान-पान, रिश्तेदारियाँ और शादी-ब्याह की रीतियाँ सर्वथा भिन्न हैं। इन्हीं भिन्न समुदायों और जातियों की मौलिक जीवनशैली से हमारे राष्ट्रीय लोकजीवन की मुख्यधारा बनी है। इसीलिए अनेकता में एकता हमारी मुख्यधारा की अनुपम विशेषता है और यही हमारी राष्ट्रीय पहचान है।

कहना न होगा कि हमारी अनेकता और एकता का एक बड़ा माध्यम हमारी भाषा है। हमारे यहाँ लगभग 325 जीवंत भाषाएँ हैं और 25 लिपियाँ प्रचलन में हैं। हमारे यहाँ के लगभग 65 प्रतिशत

समुदाय द्विभाषी हैं और लगभग सभी जनजातीय समुदायों के लोग त्रिभाषी हैं। इस प्रकार व्यापक तौर पर दो भाषाओं के प्रयोग के कारण लोगों के बीच अच्छा संपर्क है और यह सामाजिक और सांस्कृतिक मेलजोल को बढ़ाता भी है।

भाषा की इस ताकत को स्वाधीनता संग्राम के जननायकों ने गहराई से समझा था। इसीलिए उन सबों ने भारत के विराट स्वरूप के व्यापक बोध और निर्द्वंद्व अभिव्यक्ति के लिए एक संपर्क भाषा की आवश्यकता महसूस की और आचार्य केशवचंद्र सेन, दयानंद सरस्वती, रवींद्रनाथ ठाकुर, तिलक, गोखले, लाजपत राय, महात्मा गांधी, अंबेडकर, सुब्रह्मणयम भारती, राजगोपालाचारी आदि सभी जननायकों और सांस्कृतिक सपूतों ने हिन्दी के पक्ष में अपना अभिमत दिया। इस प्रसंग में शहीद गणेश शंकर विद्यार्थी के विचार तो इतने प्रेरक और क्रांतिकारी थे कि उसका यहाँ पर स्मरण करना अप्रासंगिक न होगा। उनका कहना था, "मुझे देश की आजादी और भाषा की आजादी में से किसी एक को चुनना पड़े तो मैं निःसंकोच भाषा की आजादी चुनूँगा, क्योंकि मैं फायदे में रहूँगा। देश की आजादी के बावजूद भाषा की गुलामी रह सकती है, लेकिन अगर भाषा आजाद हुई तो देश गुलाम नहीं रह सकता।"

स्पष्ट है कि भाषा मानव समुदाय के विचार विनिमय का माध्यम होकर भी निरा माध्यम नहीं होती। यह वक्ता की अभिव्यक्ति, अभिव्यक्ति के स्पंदन, राग-विराग एवं चिंतन-अनुचिंतन को व्यक्त करनेवाली पूरी संस्कृति होती है। और संस्कृति पूरी जीवन पद्धति होती है। इसीलिए वह मनुष्य समाज का आंतरिक प्रकाश होती है। भाषा का यह गुण विलक्षण होता है। इसके सहारे मुल्क में लोकशाही, एकता और सुरक्षा को मजबूत किया जाता है तो भाषा की ताकत से वंचित समाज कुंठित, अंतर्मुखी और विच्छिन्न होकर अंततः गुलाम हो जाता है। भारत की संविधान सभा भाषा की इस विलक्षणता से पूरी तरह परिचित थी। इसीलिए संविधान निर्माताओं के बीच सबसे लंबी और संवेदनशील बहस अनिवार्य राजभाषा के सवाल पर ही हुई। स्मरणीय है कि उस बहस की अंतः प्रेरणा विभिन्नता में एकतावाली

विशिष्ट भारतीय जीवनधारा थी, जिसके बल पर हिन्दी सर्वानुमति से देश की राजभाषा बनी।

तत्पश्चात् संविधान के अनुच्छेद 343 की व्यवस्था के अनुरूप 1968 में भारतीय संसद ने राजभाषा संकल्प पारित कर संघ सरकार को यह निर्देश दिया कि वह राजभाषा के प्रसार तथा विकास को गतिशील बनाए। राजकीय कामकाज में हिन्दी का उत्तरोत्तर प्रयोग सुनिश्चित करे तथा इसके लिए एक गहन तथा व्यापक कार्यक्रम बनाकर उसे कार्यान्वित करे। इसी निर्देश का अनुपालन करते हुए राजभाषा विभाग प्रत्येक वर्ष वार्षिक कार्यलक्ष्य निर्धारित करता है और उसे वार्षिक कार्यक्रम के नाम से जारी करता है। इस वार्षिक कार्यक्रम के अब तक 42 संकलन जारी किए जा चुके हैं।

वार्षिक कार्यक्रमों के तुलनात्मक अध्ययन से यह तथ्य उजागर होता है कि सरकार के कामकाज प्रायः अंग्रेजी में होते हैं, जबकि संविधान के प्रावधानों के अनुरूप कामकाज हिन्दी में होने चाहिए। सरकार अपने कामकाज में हिन्दी का उत्तरोत्तर विकास चाहती है। इसीलिए वह वार्षिक कार्यक्रम का लक्ष्य साल-दर-साल बढ़ाती जाती है अथवा पुनर्निधारित करती है। परंतु प्रायः देखा जाता है कि कार्यालयों में राजभाषा नीति के अनुपालन तथा वार्षिक कार्य लक्ष्यों को पूरा करने की जिम्मेदारी हिन्दी अनुभाग के कार्मिकों पर छोड़ दी जाती है। फलस्वरूप बहुतेरे आदेशों का अभी तक अनुपालन सुनिश्चित नहीं हो पाया है। वार्षिक कार्यक्रम के लक्ष्य भी फर्जी आँकड़ों के जाल में उलझाकर रख दिए गए हैं। उदाहरण के लिए-

1. कार्यालयी कामकाज में मूल पत्राचार और टिप्पण की प्रमुख भूमिका होती है। वार्षिक कार्यक्रम के अनुसार हिन्दी में मूल पत्राचार तथा टिप्पण लेखन का काम 'क' क्षेत्र में क्रमशः 100% तथा 50% होने चाहिए, 'ख' क्षेत्र में क्रमशः 90% तथा 35% होने चाहिए और 'ग' क्षेत्र में क्रमशः 55% तथा 20% होने चाहिए। परंतु वास्तविकता क्या है, इसे सभी जानते हैं।

2. विभागीय बैठकों/सम्मेलनों आदि के 'क' क्षेत्र में परिचालित होनेवाले कागजात सिर्फ हिन्दी में तैयार किए जा सकते हैं। परंतु ऐसा नहीं किया जाता।
3. 'क' तथा 'ख' क्षेत्रों में स्थित प्रशिक्षण संस्थानों में एक निर्धारित समय सीमा के बाद प्रशिक्षण कार्यक्रम हिन्दी माध्यम में ही संपन्न होने चाहिए। परंतु अधिकांश प्रशिक्षण संस्थानों में इसका अनुपालन नहीं किया जा रहा है।
4. कंप्यूटरों को अंग्रेजी के साथ-साथ हिन्दी में भी कामकाज करने की सुविधा से संपन्न करने में प्रायः आलस्य बरता जाता है।
5. मंत्रालयों/विभागों/अधीनस्थ कार्यालयों/सार्वजनिक प्रतिष्ठानों आदि में यद्यपि अधिकांश अधिकारियों को हिन्दी का कार्यसाधक ज्ञान है, तथापि उपसचिव एवं समकक्ष स्तर के तथा उससे ऊपर के वरिष्ठ अधिकारियों द्वारा हिन्दी में न के बराबर कार्य किया जाता है। अगर ये वरिष्ठ अधिकारी राजभाषा में कार्य आरम्भ कर दें तो राजभाषा कार्यान्वयन के क्षेत्र में आमूल परिवर्तन आ सकता है।

राजभाषा संबंधी संविधान के प्रावधानों, सरकार की नीतियों तथा वार्षिक कार्यक्रम के लक्ष्यों की उपेक्षा और अवहेलना के ये ठोस और आम तौर पर दिखाई पड़ने वाले क्षेत्र हैं।

इनके अलावा लिफाफों पर पते हिन्दी में लिखने, कार्यालय में व्यवहार किए जानेवाले फार्मों, प्रपत्रों, छुट्टी के आवेदन पत्रों, लॉग बुकों, उपस्थिति पंजियों आदि में हिन्दी में इंदराज करने तथा अंतरराष्ट्रीय करारों और संधियों को हिन्दी में भी तैयार कराने की अनिवार्यता नहीं मानी जाती। ये सारे काम सरकार ने निर्धारित किए हैं और सरकारी लोग ही इन्हें नहीं करते हैं। इससे बड़ी विडंबना क्या हो सकती है?

इस प्रसंग में संसदीय राजभाषा समिति की सिफारिशों पर राष्ट्रपति के आदेशों का अनुपालन भी एक महत्त्वपूर्ण पहलू है। पुनश्चर्या के लिए तथा विवेच्य विषय पर साफ धारणा

बनाने के लिए आवश्यक है कि इस पहलू पर भी थोड़ी रोशनी डाली जाए।

संविधान के अनुच्छेद 343(3) के तहत 1963 में राजभाषा अधिनियम बना। इस अधिनियम की धारा 4 के अंतर्गत 1976 में संसदीय राजभाषा समिति का गठन हुआ। इस समिति में 30 सदस्य होते हैं। 20 लोकसभा के तथा 10 राज्यसभा के। यह समिति संघ सरकार के कामकाज में हिन्दी के प्रयोग की स्थिति का अवलोकन करती है और उस पर अपनी सिफारिशों के साथ राष्ट्रपति को प्रतिवेदन देती है। यह प्रतिवेदन संसद के दोनों सदनों में प्रस्तुत किया जाता है। इस प्रतिवेदन पर सभी राज्य सरकारें भी विचार करती हैं। तत्पश्चात् राष्ट्रपति इस पर आदेश जारी करते हैं।

संसदीय राजभाषा समिति की सिफारिशों के अब तक 9 प्रतिवेदन राष्ट्रपति को सौंपे जा चुके हैं, जिनमें से 8 प्रतिवेदनों पर राष्ट्रपति के आदेश जारी हो चुके हैं। यहाँ यह उल्लेख करना अप्रासंगिक न होगा कि समिति की सिफारिशों का पहला खंड जनवरी, 1987 में राष्ट्रपति को प्रस्तुत किया गया, जिस पर 30 दिसंबर, 1988 को आदेश जारी हुए। दूसरा खंड जुलाई, 1987 में राष्ट्रपति के समक्ष प्रस्तुत किया गया, जिस पर 29 मार्च, 1990 को आदेश जारी हुए। तीसरा खंड फरवरी, 1989 में राष्ट्रपति को सौंपा गया, जिस पर 4 नवंबर, 1991 को आदेश जारी हुए। चौथा खंड नवंबर, 1989 में राष्ट्रपति को प्रस्तुत किया गया, जिस पर आदेश 28 जनवरी, 1992 को जारी हुए। इसी तरह से पाँचवा खंड राष्ट्रपति के समक्ष मार्च, 1992 में प्रस्तुत किया गया और इस पर आदेश 24 नवंबर, 1998 को जारी हुए। समिति ने नवंबर, 1997 में प्रतिवेदन का छठा खंड राष्ट्रपति को प्रस्तुत किया, जिस पर विचार विमर्श के उपरांत सितंबर, 2004 में आदेश जारी किए गए। प्रतिवेदन के सातवें खंड से संबंधित आदेश 13 जुलाई, 2005 को जारी हुए और आठवें खंड के आलोक में राष्ट्रपति के आदेश 02 जुलाई, 2008 को जारी हुए।

समिति की सिफारिशों और उन पर राष्ट्रपति के आदेशों का पहला खंड केंद्रीय सरकार के कार्यालयों में अनुवाद व्यवस्था, हिन्दी में पारिभाषिक शब्दावली का निर्माण तथा उपयोग, कोडों, मैनुअलों, फार्मों और प्रक्रिया साहित्य तथा प्रशिक्षण साहित्य का हिन्दी में अनुवाद आदि से संबंधित है। दूसरा खंड कार्यालयों में उपयोग होनेवाले यांत्रिक उपकरणों में हिन्दी में कार्य करने की सुविधा, टंककों तथा आशुलिपिकों का हिन्दी में प्रशिक्षण, कंप्यूटरों का द्विभाषीकरण आदि से संबद्ध है। तीसरा खंड कर्मचारियों के हिन्दी शिक्षण तथा हिन्दी माध्यम से प्रशिक्षण, देशभर के शिक्षा संस्थानों में हिन्दी पढ़ाने की सुविधा, त्रिभाषा सूत्र का कार्यान्वयन, भर्ती के लिए साक्षात्कारों में हिन्दी में जवाब देने की सुविधा, कृषि, इंजीनियरिंग तथा आयुर्विज्ञान की भर्ती व प्रवेश परीक्षाओं में हिन्दी माध्यम का विकल्प आदि से संबंधित है।

इसी तरह से चौथा खंड सरकारी कार्यालयों और उपक्रमों में राजभाषा हिन्दी के प्रयोग की स्थिति, धारा 3(3) के शत-प्रतिशत अनुपालन, वार्षिक कार्यक्रम के अनुपालन, विभागीय बैठकों/सम्मेलनों में हिन्दी के प्रयोग, द्विभाषी प्रकाशन, द्विभाषी मुहर, पत्रशीर्ष आदि से संबद्ध है। पाँचवाँ खंड वरिष्ठ अधिकारियों को हिन्दी में कार्य करने हेतु प्रोत्साहित करने, विधेयकों को मूल रूप से हिन्दी में तैयार करने, लोकसभा व राज्यसभा सचिवालयों द्वारा हिन्दी में कार्य करने, सर्वोच्च न्यायालय के प्रशासनिक कामकाज और निर्णय में राजभाषा नीति का अनुपालन करने, विधि की पढ़ाई हिन्दी में करने जैसे मुद्दों से जुड़ा है।

छठवें खंड में संघ राज्य क्षेत्रों में राजभाषा हिन्दी के प्रगामी प्रयोग में प्रगति के लिए कार्मिक शक्ति एवं अन्य यांत्रिक सुविधाएँ मुहैया कराने तथा विदेशों में स्थित भारत के राजदूतावासों/उच्चायोगों में भी नगर राजभाषा कार्यान्वयन समिति की तर्ज पर राजभाषा कार्यान्वयन समिति गठित करने पर बल दिया गया है। मॉरिशस, दक्षिण अफ्रीका आदि देशों में हिन्दी को बढ़ावा देने के लिए एक कार्ययोजना बनाकर उसे पूरा करने तथा चुनिंदा राजदूतावासों/

उच्चायोगों में हिन्दी कक्ष की व्यवस्था करने तथा वहाँ के स्टाफ के लिए एक सप्ताह का अनुवाद प्रशिक्षण कार्यक्रम आयोजित करने का आदेश है। केंद्रीय सरकार के कार्मिकों की गोपनीय रिपोर्टों में राजभाषा हिन्दी में काम करने से संबंधित विवरण दर्ज करने तथा राजभाषा कैडर बनाने की भी बात कही गई है। सातवें खंड में भारत सरकार के मंत्रालयों, विभागों, उपक्रमों और सभी कार्यालयों में हिन्दी में उत्तरोत्तर कामकाज सुनिश्चित करने के लिए सभी स्तर की राजभाषा कार्यान्वयन समितियों को चुस्त-दुरुस्त करने पर जोर दिया गया है। साथ ही सेवाकालीन प्रशिक्षणों को प्रमुख रूप से हिन्दी भाषा के माध्यम से चलाने का आदेश है। हिन्दीतर भाषी राज्यों के विश्वविद्यालयों में उच्च शिक्षा एवं शोध हेतु हिन्दी विभाग खोलने तथा विदेशों में निर्यातित होनेवाले भारतीय उत्पादों के रैपर और साहित्य आदि में विदेशी भाषा के साथ हिन्दी का भी अनिवार्य रूप से प्रयोग करने की बात कही गई है। इसी तरह से आठवें खंड में अन्य बातों के साथ-साथ सरकार के सभी मंत्रालयों, विभागों और संगठनों के अंग्रेजी कोड/मैनुअलों का हिन्दी अनुवाद प्राथमिकता के आधार पर और निश्चित समयावधि में पूरा करने का आदेश है।

ध्यातव्य है कि कार्यालयों के कामकाज लिखित रूप में होते हैं। इस लिखित कामकाज में हिन्दी के प्रयोग के लिए इतने सारे कार्यक्रम और ढेर सारे आदेश जारी हुए हैं। फिर भी कामकाज हिन्दी में नहीं होते हैं। नकारात्मक मनोवृत्ति अथवा सही मनोवृत्ति का अभाव इसका जबरदस्त कारण है। लोगों की मनोवृत्ति जब तक नहीं बदलेगी, तब तक लक्ष्य की प्राप्ति में कोई जादुई छड़ी भी काम नहीं कर पाएगी। इस प्रसंग में स्वर्गीय मोहन कुमार मंगलम ने अपनी पुस्तक 'इंडियाज लैंग्वेज क्राइसिस' में बड़ी मार्के की बात लिखी है। इस पुस्तक में देश की भाषा की समस्या पर विचार करते हुए उन्होंने तत्कालीन मद्रास प्रांत के मुख्यमंत्री भक्तवत्सलम का एक भाषण उद्धृत किया है। मुख्यमंत्री भक्तवत्सलम ने 1963 ई. में मद्रास (अब चेन्नै) के मेरीना समुद्रतट पर एक जनसभा को

संबोधित करते हुए अत्यंत मार्मिक बातें कही थीं। उनका कहना था कि राज्य सरकार ने 1957 में ही आवश्यक आदेश जारी कर तमिल को प्रांत की राजभाषा बना दिया। परंतु कार्यालयों में काम करनेवाले लोग तमिल का प्रयोग नहीं करते हैं। सारे काम अंग्रेजी में ही करते हैं। शायद इस भय से कि अगर तमिल का प्रयोग बढ़ा तो अंग्रेजी पिछड़ जाएगी। इससे भावी पीढ़ी में अंग्रेजी के प्रति लगाव घटेगा, जिसके फलस्वरूप वह पीढ़ी प्रशासनिक नौकरियों में सफल नहीं हो पाएगी। और यदि ऐसा हुआ तो नौकरीपेशा लोगों अर्थात् मध्यवर्ग का 'पावर' और पैसे पर जो प्रभुत्व बना हुआ है, वह मिट जाएगा।

कहना न होगा कि देश में आज भी हिन्दी के साथ-साथ तमिल, तेलुगु, मलयालम, कन्नड़, उड़िया, बांग्ला, गुजराती, मराठी आदि राष्ट्रीय भाषाओं की जो उपेक्षापूर्ण स्थिति है, उसके मूल में वर्चस्व कायम रखनेवाली मानसिकता है। अन्यथा कोई कारण समझ में नहीं आता कि अनुकरण और स्मरणवाली पराई भाषा अंग्रेजी राजकाज की भाषा रहे, जबकि मौलिक सोच और स्वाभाविकता को व्यक्त करनेवाली हिन्दी और हमारी अन्य भाषाएँ उपेक्षित रहें।

जहाँ तक वार्षिक कार्यक्रम तथा संसदीय राजभाषा समिति के प्रतिवेदनों पर राष्ट्रपति के आदेशों के संदर्भ में लक्ष्य को पाने का प्रश्न है, यह नितांत आवश्यक है कि–

1. सरकारी कार्यालयों, संगठनों, प्रतिष्ठानों तथा वित्तीय संस्थानों के प्रशासनिक प्रधानों को यह साफ-साफ समझा दिया जाए कि राजभाषा नीति के अनुपालन की जिम्मेदारी उनकी है। हिन्दी अधिकारी इस जिम्मेदारी को निभाने में उनकी सहायता करने के लिए हैं। राजभाषा नियम 1976 में भी यही व्यवस्था है।
2. हिन्दी अधिकारियों को केवल अनुवाद के कार्यों में ही नहीं लगाए रखा जाए। अन्य विभागीय कार्यकलापों में भी उन्हें शामिल किया जाए। वे विभागीय कार्यकलापों से पूर्णरूपेण परिचित होंगे, तो अपना दायित्व बेहतर रूप से निभा सकेंगे।

3. कार्यालयों में जब तक हिन्दी टंकक एवं हिन्दी आशुलिपिक संबंधी निर्धारित लक्ष्य प्राप्त नहीं हो पाते, तब तक केवल हिन्दी टंकक और हिन्दी आशुलिपिक ही नियुक्त किए जाएँ। इस नीति के सख्त अनुपालन से कार्मिकों की मनोवृति में निश्चय ही बदलाव आएगा और इससे कार्यालयों की कार्यसंस्कृति भी बदलेगी। हालाँकि कंप्यूटर के जमाने में और यूनीकोड एवं वर्चुअल फोनेटिक की बोर्ड के मौजूदा दौर में उक्त शर्त बेमानी हो गई है।
4. मंत्रालयों और विभागों के वरिष्ठ अधिकारी राजभाषा में काम करने का अपना न्यूनतम लक्ष्य स्वयं निर्धारित करें और उसे अपरिहार्य मानकर पूरा करने की चेष्टा करें। इसका पूरे शासन तंत्र पर व्यापक प्रभाव पड़ेगा और जड़ता टूटेगी।
5. राजभाषा अधिनियम की धारा 3(3) के अंतर्गत जारी होनेवाले कागजातों के सिलसिले में किसी प्रकार के उल्लंघन के लिए हस्ताक्षर करनेवाले अधिकारी को जिम्मेदार ठहराया जाए और इसे सार्वजनिक किया जाए। इसके लिए एक स्वतंत्र और निष्पक्ष जाँच निकाय बनाया जा सकता है। चूँकि अपनी कमजोरी अथवा विफलता को सार्वजनिक होने देना कोई नहीं चाहता, इसलिए इस दिशा में यह उपाय रामबाण साबित हो सकता है।
6. इस प्रसंग में एक अन्यतम उपाय व्यापक पैमाने पर शिक्षण, प्रशिक्षण और निरीक्षण भी हो सकता है। राजभाषा नीति के कार्यान्वयन के संदर्भ में शिक्षण, प्रशिक्षण और निरीक्षण का अभिप्राय बदलना होगा। शिक्षण सिर्फ हिन्दी भाषा का शिक्षण अथवा प्रबोध, प्रवीण, प्राज्ञ कक्षाओं में उत्तीर्ण होना या अनुवाद, टिप्पण, आलेखन आदि में पारंगत होना मात्र नहीं है। शिक्षण के अंतर्गत स्मृति, परंपरा, इतिहास, संस्कृति और राष्ट्र का अभिमान संबंधी पाठ भी समाहित होने चाहिए ताकि अपनी भाषा और पहचान के प्रति गर्व का भाव जागृत हो।

वैसे भी शिक्षा का मुख्य ध्येय आदमी को सरल और सर्वसुलभ बनाना है। शिक्षा भाषा के माध्यम से संप्रेषित होती है। इसलिए भाषा के प्रति प्रेम का भाव जगाना शिक्षा का स्वभाव होता है। और इस लिहाज से कहा जा सकता है कि आजादी मिलने के बाद जिनका शिक्षण होना चाहिए था, वे इससे सर्वथा वंचित रहकर भी सर्वेसर्वा बन गए। जिन्हें नीतियों और नियमों के कार्यान्वयन के लिए तथा अनुकूल माहौल बनाने के लिए प्रशिक्षण दिया जाना चाहिए था, वे भाषा की शक्ति से अनभिज्ञ, अनजान लोग अपने कर्म और आचरण से ऐसा उदाहरण प्रस्तुत करते रहे कि जन साधारण और सामान्य कार्मिकों में राजभाषा को लेकर कोई लगाव, रुचि या प्रेम जागृत नहीं हुआ। जबकि भाषा का संबंध लगाव, रुचि और प्रेम के माध्यम से सीधे हृदय से होता है।

जहाँ तक निरीक्षण की बात है, सच्चाई यह है कि हिन्दी कामकाज का वास्तविक निरीक्षण अभी शुरू ही नहीं हुआ है। अलबत्ता हिन्दी अधिकारी/प्रबंधक आदि अपने संगठन के विभागों का आंतरिक निरीक्षण करते रहते हैं। संसदीय समितियाँ भी संगठनों के हिन्दी कामकाज का निरीक्षण करती हैं। परंतु इस निरीक्षण को आँकड़ों के जाल से कभी मुक्त होने नहीं दिया जाता। फलतः तमाम संभावनाओं के बावजूद इस निरीक्षण से भयरहित प्रीति का प्रकाश फैलना आकाश कुसुम बन जाता है।

दरअसल किसी भी कार्यालय अथवा संस्थान के कामकाज का वास्तविक निरीक्षण उस कार्यालय अथवा संस्थान के प्रधान द्वारा होता है। यह निरीक्षण प्रभावी और दूरगामी होता है। इसीलिए राजभाषा हिन्दी संबंधी कार्यक्रमों में यह उल्लेख है कि मंत्रालय या विभाग अथवा कार्यालय के वरिष्ठ कार्यपालक अथवा प्रमुख जब संबद्ध/ अधीनस्थ/शाखा/कार्यालयों के दौरे पर जाएँ तो अन्य बातों के साथ-साथ हिन्दी कामकाज की प्रगति की भी समीक्षा करें। पर कार्यालयों के प्रमुख हिन्दी कामकाज की समीक्षा कभी नहीं करते। इसीलिए ऊपर मैंने कहा कि हिन्दी कामकाज का वास्तविक निरीक्षण अभी शुरू ही नहीं हुआ है।

वैसे राजभाषा कार्यान्वयन संबंधी निरीक्षण प्रायः अतिवाद का शिकार हो जाता है। इस क्रम में या तो निरीक्षण की मर्यादा भुला दी जाती है और इसे सैर-सपाटे, ठकुरसुहाती एवं उपहार के कर्मकांड में सीमित कर दिया जाता है अथवा कूटनीतिक चतुराई के अभाव में निरीक्षण कर्ता अपना रुख इतना सख्त कर लेता है कि वैमनस्य व प्रतिकार का माहौल बन जाता है। ऐसे में हिन्दी के प्रगामी प्रयोग की राह आसान होने के बदले कठिन हो जाती है।

भारत में राजभाषा की दशा और दिशा पर विचार करते हुए कुछ लोग अंग्रेजी की अतिसंपन्नता की वकालत करते हैं। विश्व बाजार और व्यापार की भाषा के रूप में अंग्रेजी के निर्विकल्प होने की चर्चा करते हैं। सूचना क्रांति के वर्तमान समय में कंप्यूटर, इंटरनेट और ई-मेल की भाषा के रूप में अंग्रेजी के निर्द्वंद्व होने की बात भी करते हैं। ऐसे लोगों के लिए इतना कहना पर्याप्त होगा कि बहुराष्ट्रीय कंपनियाँ अपने व्यापार को बढ़ाने के लिए और अधिक से अधिक मुनाफा कमाने के लिए अपने उत्पादों का विपणन और प्रचार-प्रसार विदेशी तथा क्षेत्रीय भाषाओं में पूरी निर्विघ्नता से करती है। एशिया के देशों में तथा फ्रांस, जर्मनी, रूस आदि यूरोपीय देशों में बाजारवाद की भाषा अंग्रेजी नहीं, बल्कि हिन्दी, जापानी, चीनी, फ्रेंच, जर्मन, रूसी भाषाएँ हैं। अंग्रेजी नहीं जाननेवाले लाखों भारतीय लोगों के लिए न्यूयार्क की बहुराष्ट्रीय कंपनी 'ओरिएंटल कॉम' ने ही सबसे पहले अंग्रेजी के साथ-साथ हिन्दी में द्विभाषी इंटरनेट सुविधा का विकास किया है। वेबस्टर डिक्शनरी को अपने 1746 पृष्ठोंवाले शब्दकोश में भारत के रोटी, पूड़ी, नान, साधु, समाधि, स्वामी, आश्रम और मंत्र जैसे शब्दों को अपनाने में कोई संकोच नहीं हुआ।

परंतु भारतीय मानसिकता अपनी भाषा के विकास के बारे में जब सोचना शुरू करती है तब शुद्धतावादी बन जाती है। फलस्वरूप राजभाषा हिन्दी में कामकाज करने का मतलब केवल हिन्दी में और हिन्दी के शब्दों में ही लिखना-पढ़ना समझ लिया जाता है। यह मानसिकता बदलनी होगी। अमेरिका की माइक्रोसॉफ्ट कंपनी को

हिन्दी में और तमिल, संस्कृत, मराठी जैसी अन्य भाषाओं में ऑपरेटिंग सिस्टम विंडोज 2000 विकसित करने में कोई दिक्कत नहीं आती। 'स्टार प्लस' को हिन्दी चैनल में मुनाफा ही मुनाफा होता है। 'वेब दुनिया' और 'नेट जाल' जैसी वेबसाइटों को हिन्दी 'पोर्टल' और 'सर्च इंजन' विकसित करने में कोई शर्म, संकोच नहीं होता। किंतु हमारी पिछड़ी मानसिकता है कि अंग्रेजी की जगह अपनी भाषा में कामकाज करने में शर्मसार होने लगती है। राष्ट्र, राष्ट्र की अस्मिता, राष्ट्रीय जीवन और मुनष्य की बुनियादी पहचान यदि महत्त्वपूर्ण होते हैं, तो अब समय आ गया है कि हमें सभी प्रकार के संकोच, शर्म, झिझक आदि से मुक्त हो जाना चाहिए और सम्मान तथा साहस के साथ अपनी अभिव्यक्ति और अपने कामकाज की भाषा के रूप में हिन्दी को अपना लेना चाहिए। राष्ट्रपिता ने सही कहा है "राष्ट्रभाषा के बिना राष्ट्र गूँगा होता है।" राष्ट्रकवि दिनकर के शब्दों में हमारा भी संकल्प होना चाहिए–

"हम न सोएँगे, हमारा काम है अशेष
प्रगति का अधूरा लेख है,
जागरण, चिरजागरण है शेष।"

परिशिष्ट

1. हिन्दी भाषा और साहित्य का उद्‌भव
2. संविधान में हिन्दी
3. राजभाषा अधिनियम
4. राजभाषा नियम, राजभाषा नियम, 1976 (यथा संशोधित, 1987)
5. राजभाषा संकल्प, 1968
6. राजभाषा आयोग, 1955
7. संसदीय राजभाषा समिति, 1957
8. हिन्दी के प्रयोग संबंधी राष्ट्रपति के आदेश-1952 तथा 1955
9. संघ की राजभाषा के संबंध में राष्ट्रपति के आदेश-1960

हिन्दी भाषा और साहित्य का उद्‌भव

हिन्दी भारत की राष्ट्रभाषा है। भारतीय संविधान में इसे भारत सरकार के कामकाज की भाषा, राजभाषा घोषित किया गया है।

'हिन्दी' शब्द संस्कृत के 'सिंधु' शब्द से जुड़ा हुआ माना जाता है। 'सिंधु' सिंध नदी को कहा जाता है, जो भारतीय उप महाद्वीप की प्रमुख नदी है। वर्तमान में यह भारत और पाकिस्तान के बीच सीमा रेखा के रूप में प्रवाहित होनेवाली नदी है।

पहले के लोग सिंध नदी के आसपास के क्षेत्र को सिंधु कहते थे। यह क्षेत्र अरब और ईरान के लोगों के लिए भारत आने का प्रवेश द्वार था। इसलिए अरब जगत में सिंधु शब्द बहुत प्रचलित था। किंतु अरबी भाषा में 'स' ध्वनि नहीं होती है। अरब-ईरान के लोग 'स' ध्वनि के बदले 'ह' ध्वनि का प्रयोग करते हैं। फलतः 'सिंधु' शब्द ईरानियों के लिए हिन्दु हो गया। यही 'हिन्दु' प्रयत्न लाघव के आधार पर 'हिन्द' कहलाने लगा।

प्रारम्भ में 'हिन्द' का अर्थ सिंध क्षेत्र अथवा सिंध प्रदेश से लगाया जाता था। रंग और मशाले का विनिमय व्यापार करनेवाले ईरानी धीरे-धीरे भारत के अनेक हिस्सों से परिचित होते गए। फलतः उनके लिए 'हिन्द' शब्द व्यापक अर्थ और भाव का द्योतक होता गया और अंततः पूरे भारत का वाचक हो गया।

'हिन्द' में ईरानी का 'ईक' प्रत्यय लगने से 'हिन्दीक' बना, जिसका मतलब है–'हिन्द का'। यूनानी शब्द 'इंदिका' या अंग्रेजी शब्द 'इंडिया' इस 'हिन्दीक' के ही पर्याय या विकसित रूप हैं। इसी प्रकार से 'हिन्दी' भी 'हिन्दीक' का ही परिवर्तित लघु रूप है, जिसका मूल अर्थ है 'हिन्द का'।

इस प्रकार से देखा जाए तो 'हिन्दी' 'हिन्द' संज्ञा का विशेषण है। परंतु भाषा के अर्थ में यह संज्ञा हो गया है।

भाषा के लिए हिन्दी शब्द का सबसे पहला प्रयोग शरफुद्दीन यज्दी के 'जफरनामा' (सन् 1424 ई.) में मिलता है।

शब्दों के मामले में संस्कृत एवं अरबी-फारसी की अधिकता की बात यदि छोड़ दी जाए तो हिन्दी उर्दू में कोई विशेष अंतर नहीं है। दोनों एक ही भाषा की दो शैलियाँ हैं। प्रसिद्ध शायर निदा फाजली भी हिन्दी और उर्दू को एक ही जुबान की अलहदा शैलियाँ मानते हैं।

अकारण नहीं शुरू-शुरू में 'हिन्दी' शब्द का प्रयोग हिन्दी और उर्दू दोनों के लिए होता था। 'तजकिरा-मखजन-उल-गरायब' में मिलता है : 'दर जबाने हिन्दी कि मुराद उर्दू अस्त'। यहाँ 'हिन्दी' और उर्दू के एक ही अर्थ में प्रयोग हुए हैं।

हिन्दी के सूफी कवि नूर मुहम्मद ने कहा है–'हिन्दू मग पर पांव न राख्यौ, का बहुतै जो हिन्दी भाख्यौ।' यहाँ स्पष्ट रूप से 'हिन्दी' का भाषा के अर्थ में प्रयोग किया गया है। मुल्ला वजही, सौदा और मीर ने भी अपने शेरों को हिन्दी शेर कहा है।

गालिब ने भी अपने पत्रों में कई बार हिन्दी-उर्दू का समानार्थी रूप में जिक्र किया है। गालिब ने तो अपनी आत्मकथा का नाम ही 'ऊद-ए-हिन्दी' रखा था। यदि अंग्रेज बीच में न पड़े होते और उनकी 'फूट डालो और राज करो' नीति नहीं चली होती तो आज ये दोनों भाषाएँ एक होतीं। तथापि प्रेमचंद हिन्दी और उर्दू की एकता की मिसाल तो हैं ही। वे हिन्दी के जितने बड़े कथाकार हैं, उर्दू के भी उतने ही बड़े अफसानानिगार।

'हिन्दी' शब्द का प्रयोग आजकल मुख्य रूप से तीन अर्थों में होता है। पहला-विस्तृत अर्थ (अर्थ विस्तार), दूसरा-भाषा वैज्ञानिक अर्थ और तीसरा संकुचित अर्थ (अर्थ संकोच)।

'हिन्दी' अपने विस्तृत अर्थ अर्थात् अर्थ विस्तार की दृष्टि से हिन्दी-प्रदेश में बोली जानेवाली सत्रह बोलियों का द्योतन करती है। हिन्दी

साहित्य के इतिहास में इसका प्रयोग इसी अर्थ में होता है। हिन्दी साहित्य के इतिहास में इसकी पाँच उप भाषाओं तथा सत्रह बोलियों के लिखित एवं उपलब्ध साहित्य को सम्मिलित करने तथा उनका विवेचन करने का कारण यही है। हिन्दी की पाँच उप भाषाएँ हैं–पश्चिमी हिन्दी, पूर्वी हिन्दी, राजस्थानी, पहाड़ी तथा बिहारी। इन पाँच उप भाषाओं के अंतर्गत आनेवाली सत्रह बोलियों के नाम इस प्रकार हैं–खड़ी बोली या कौरवी, ब्रजभाषा, हरियाणी, बुंदेली एवं कन्नौजी। ये 'पश्चिमी हिन्दी' की पाँच बोलियाँ हैं।

अवधी, बघेली और छत्तीसगढ़ी–ये तीनों 'पूर्वी हिन्दी' की बोलियाँ हैं। मारवाड़ी, जयपुरी, मेवाती और मालवी–'राजस्थानी' की चार बोलियाँ हैं। पहाड़ी की दो बोलियाँ हैं–पश्चिमी पहाड़ी और कुमायूँनी-गढ़वाली।

इसी तरह से भोजपुरी, मगही तथा मैथिली, बिहारी बोलियाँ हैं।

भाषा विज्ञान में हिन्दी का मतलब आमतौर पर 'पश्चिमी हिन्दी' और 'पूर्वी हिन्दी' समझा जाता है। जॉर्ज ग्रियर्सन ने इसी कारण से हिन्दी प्रदेश की अन्य उप भाषाओं को राजस्थानी, पहाड़ी और बिहारी कहा है; जबकि 'हिन्दी' शब्द की उपस्थिति को देखते हुए 'पश्चिमी हिन्दी' तथा 'पूर्वी हिन्दी' को हिन्दी माना है। इस लिहाज से 'हिन्दी' आठ बोलियों अर्थात् ब्रज, खड़ी बोली, बुंदेली, हरियाणी, कन्नौजी, अवधी, बघेली और छत्तीसगढ़ी का द्योतक है।

संकुचित अर्थ में 'हिन्दी' खड़ी बोली साहित्यिक हिन्दी का बोध कराती है। यही हिन्दी आज उत्तर भारत की कामकाजी भाषा है। इसी कारण से उत्तर भारत के प्रदेशों को हिन्दी-प्रदेश कहा जाता है। हिन्दी-प्रदेशों में शिक्षा का माध्यम भी यही हिन्दी है। इसी हिन्दी को भारत के संविधान में देश की राजभाषा कहा गया है। आकाशवाणी, दूरदर्शन, समाचार पत्रों और फिल्मों में इसी हिन्दी का प्रयोग होता है। इसे 'परिनिष्ठित हिन्दी' तथा 'मानक हिन्दी' के नाम से भी जाना जाता है।

हिन्दी को खड़ी बोली भी कहा जाता है। खड़ी बोली शब्द का प्रयोग दो अर्थों में किया जाता है। एक साहित्यिक हिन्दी के अर्थ में और दूसरे दिल्ली-मेरठ की लोकबोली के अर्थ में। दूसरे अर्थ में कुछ लोग इसे कौरवी भी कहते हैं।

खड़ी बोली में 'खड़ी' शब्द का अर्थ कई तरह से लिया जाता है। कुछ लोग 'खड़ी' का अर्थ 'खरी' (Pure) अर्थात् शुद्ध मानते हैं, जबकि कुछ लोग 'खड़ी' से इसके अक्षरों में खड़ी पाई (।) अर्थात् खड़ी रेखा की अधिकता होने का मतलब निकालते हैं। जैसे–काम, नाम, धाम आदि। कुछ लोग इसका तात्पर्य इसके खड़खड़ाने वाले कर्कश ध्वन्यात्मक प्रभाव से भी जोड़ते हैं।

यों पिछले कुछ दशकों में हिन्दी को खड़ी बोली कहने का प्रचलन घटा है। कामकाजी भाषा, लेखन की भाषा, अध्ययन-अध्यापन की भाषा और खबर, सिनेमा तथा व्यापक जन-सम्पर्क की भाषा के रूप में हिन्दी अब भारत की बहुश्रुत, बहुस्वीकार्य और बहुप्रयुक्त भाषा है। लोक व्यवहार की दृष्टि से यह संसार की सबसे बड़ी भाषा बनती जा रही है।

ब्रिटिश लैंग्वेज कंसल्टेंसी कंपनी मिल्टन केनेस के निदेशक डेविड ग्रैडॉल के अनुसार सन् 2050 तक हिन्दी संसार की सर्वाधिक बोली जानेवाली भाषा बन जाएगी।

हिन्दी साहित्य के उद्भव और विकास का प्रश्न हिन्दी भाषा के उद्भव और विकास से संबद्ध है। हिन्दी भाषा स्वभाव से जनभाषा है। यद्यपि कोई जनभाषा अपने विकास और प्रवाह की निरंतरता में एक समान नहीं रहती। तथापि जब तक उसके रूपों में तात्विक समानता बनी रहती है, तब तक वे एक ही भाषा का बोध कराते हैं। हिन्दी भाषा के भी देश और काल के भेद से अनेक रूप मिलते हैं, जैसे मगही, मैथिली, भोजपुरी, मारवाड़ी, मालवी, पहाड़ी, बुंदेलखंडी, ब्रज, खड़ी बोली, अवधी, कन्नौजी, मालवी आदि। इन सब में तात्विक समानता मिलती है। इसीलिए ये सब हिन्दी के ही विविध भाषा रूप मानी जाती हैं। हिन्दी के व्यापक और बृहत् क्षेत्र की भाषा होने का यही कारण है।

साहित्य के आरम्भ का प्राथमिक आधार भाषा होती है। इसका दूसरा महत्त्वपूर्ण आधार स्वयं उसकी (साहित्य की) चेतना होती है। आठवीं सदी में नालंदा और विक्रमशीला के सिद्ध विद्वान बौद्ध धर्म के वज्रयान तत्त्वों के प्रचार के लिए जो कुछ रच रहे थे, वह निर्विवाद रूप

से हिन्दी साहित्य का आदि सृजन था। क्योंकि उस सृजन की भाषा पुरानी हिन्दी थी तथा उसकी चेतना हिन्दी साहित्य की ही वह व्यापक धार्मिक चेतना थी जो सिद्ध-नाथ-साहित्य से लेकर भक्तिकाल के साहित्य तक में निरंतर प्रवाहमान रही।

अतः हिन्दी भाषा के विकास के आरंभिक स्वरूप तथा उत्तरवर्ती धार्मिक चेतना के उद्‌गम स्वरूप को ध्यान में रखते हुए सिद्ध-साहित्य से हिन्दी-साहित्य का आरम्भ मानना पूरी तरह से युक्तिसंगत है।

प्रथम कवि : सरहपाद को हिन्दी का पहला कवि माना जाता है। इनका समय राहुल सांकृत्यायन ने सन् 769 ई. माना है। वे बौद्ध धर्म के वज्रयान पंथ के अनुयायी थे। इनके बत्तीस ग्रंथ बताए जाते हैं, जिनमें दोहाकोश प्रसिद्ध है।

सरहपाद की रचनाओं में अपभ्रंश के सुगम बोलचाल रूप का निदर्शन होता है। वर्ण्य विषय और चेतना की दृष्टि से भी सरहपाद का काव्य हिन्दी-साहित्य के भक्ति काव्य का बीज है। इनकी काव्य शैली दोहा और पदों की शैली है, जो आगे चलकर हिन्दी कविता की प्रमुख और परंपरागत शैली बनी। सरहपाद का एक पद यहाँ उदाहरण के रूप में प्रस्तुत है–

पण्डिअ सअल सन्त बक्खाणई। देहहि रुद्ध बसन्त न जणई।।
अमणागमण ण तेन विखण्डिअ। तोनि णिलज्ज भणई हाउँ पण्डिअ।।

संविधान में हिन्दी

मानवीय अभिव्यक्ति का माध्यम होने के कारण भाषा के साथ समुदाय और राष्ट्र की अस्मिता का सवाल गहरे रूप से जुड़ा होता है। इसीलिए किसी राष्ट्र की पहचान के सुनिश्चित प्रतीकों में भाषा भी शामिल होती है। राष्ट्र के प्रतीक समूचे समुदाय अथवा देश की सुदीर्घ परंपरा तथा उसके सामाजिक एवं सांस्कृतिक गुणों और अवधारणाओं के वाहक होते हैं। अतः वे संपूर्ण राष्ट्र के स्वाभाविक गौरव होते हैं। अतएव राष्ट्रीय प्रतीक, जैसे राष्ट्रध्वज, राष्ट्रगान, राष्ट्रभाषा, राष्ट्रचिह्न आदि वाद-विवाद से परे तथा सर्वानुमति के मान होते हैं। परंतु अगर किसी कारण से इस विषय में कोई विवाद पैदा हो जाए तो औपचारिक तरीके से समाधान का रास्ता अपनाया जाता है और संवैधानिक घोषणा के उपरांत विवाद सर्वदा के लिए समाप्त मान लिया जाता है। भारत में राष्ट्रभाषा का सवाल एक ऐसा मसला रहा है, जिसे लेकर स्वाधीनता आंदोलन के दिनों में तो सर्वानुमति रही, किंतु स्वाधीनता प्राप्ति के बाद विवाद शुरू हो गया। स्थिति आज भी, आजादी के 64 वर्षों बाद भी, विवादास्पद ही है।

भाषा के संबंध में विवाद की स्थिति का कारण अंग्रेजी को शासन की भाषा होने की वैधानिक छूट है। यह छूट संविधान की व्यवस्था तथा उसके अंतर्गत बने राजभाषा अधिनियम, 1963 के अधीन मिली हुई है। इसके चलते देश में भाषा को लेकर तदर्थवाद का एक ऐसा सिलसिला चल पड़ा है, जिसके अंत का कोई आसार दिखलाई नहीं पड़ता। इसे भारतीय संविधान के शिल्पी डॉ. बी. आर. अंबेडकर ने आरम्भ में ही भांप लिया था। संविधान में देश की भाषा नीति का प्रारूप तैयार करने का समय जब निकट आया तो उन्होंने संविधान

निर्माताओं और देश के कर्णधारों को आगाह करते हुए बहुत पहले ही (19 अप्रैल, 1949 को) अपना सुझाव रखा था कि हिन्दुस्तानी को न केवल संघ की वरन् सभी प्रदेशों की भाषा बना दिया जाना चाहिए। उनका विचार था–

"यथास्थिति धारा 9 हिन्दुस्तानी को संघ की राजभाषा घोषित करती है। समिति (संविधान सभा की भाषा-प्रारूप उपसमिति) द्वारा गृहीत शब्दावली के विचार से यह स्पष्ट है कि हिन्दुस्तानी राज्य की अर्थात् संघ की भाषा होगी और साथ ही इकाइयों की भी। यदि प्रत्येक इकाई को स्वतंत्रता दी जाती है कि वह किसी भी भाषा को राजभाषा बनाए तो इससे न केवल भारत के लिए एक राष्ट्रभाषा का उद्देश्य पराभूत हो जाएगा वरन् भाषाई विभेदता के कारण भारत का प्रशासन भी असंभव हो जाएगा। अतः मेरा मत है कि इकाइयाँ हिन्दुस्तानी को अपनी राजभाषा बनाने के लिए समय माँगे। इसके लिए उन्हें समय देने में कोई हानि नहीं है। किंतु इस विषय पर कोई संदेह नहीं हो सकता है कि प्रारम्भ से ही इकाइयों पर हिन्दुस्तानी को अभिग्रहण करने की वैधानिक अनिवार्यता या बाध्यता होगी।"(डॉ. शंकर दयाल सिंह का लेख, 'हिन्दी को आज किसी टी. एन. शेषन की जरूरत है', कार्यालय दर्पण, मार्च, 1995, पृष्ठ 3)

परंतु जब संविधान का स्वीकृत रूप सामने आया तो स्थिति कुछ दूसरी ही थी।

बहरहाल 14 सितंबर, 1949 को संविधान सभा ने हिन्दी को भारत संघ की राजभाषा के रूप में स्वीकार किया। 26 नवंबर, 1949 को संविधान सभा ने भारतीय संविधान को अंतिम रूप दिया। 26 जनवरी, 1950 से संविधान देश में लागू हुआ और इतिहास में पहली बार हिन्दी को राष्ट्रीय धरातल पर राजभाषा के रूप में संवैधानिक मान्यता प्राप्त हुई। भारतीय संविधान के भाग 5, 6 तथा 17 में राजभाषा संबंधी प्रावधान हैं। इनमें भाग 5 के अनुच्छेद 120 में 'संसद की भाषा' तथा भाग 6 के अनुच्छेद 210 में राज्य की विधान सभाओं के संबंध में निर्देश हैं।

17 वें भाग के चार अध्यायों में राजभाषा संबंधी उपबंध उल्लिखित हैं। इनमें प्रथम अध्याय में संघ की भाषा के संबंध में 343 तथा 344 अनुच्छेद हैं। द्वितीय अध्याय में 345, 346 तथा 347 अनुच्छेदों में राजभाषा के रूप में प्रांतीय भाषाओं के प्रयोग के संबंध में निर्देश दिए गए हैं। तृतीय अध्याय के अनुच्छेद 348 और 349 में उच्च न्यायालयों और सर्वोच्च न्यायालय की भाषा के संबंध में निर्देश हैं तथा चौथे अध्याय के अनुच्छेद 350 और 351 में क्रमशः व्यथा के निवारण के लिए अभिवेदन में प्रयुक्त भाषा और हिन्दी भाषा के विकास के संबंध में विशेष निर्देश दिए गए हैं। वैसे संविधान में हिन्दी के संबंध में जो प्रावधान किए गए हैं, वे अविकल रूप में इस प्रकार हैं–

भारत का संविधान-भाग 5(120), भाग 6(210) और भाग 17

भाग 5

संसद में प्रयुक्त होनेवाली भाषा

120 (1) भाग 17 में किसी बात के होते हुए भी, किंतु अनुच्छेद 348 के उपबंधों के अधीन रहते हुए, संसद में कार्य हिन्दी में या अंग्रेजी में किया जाएगा।

परन्तु, यथास्थिति, राज्यसभा का सभापति या लोकसभा का अध्यक्ष अथवा उस रूप में कार्य करनेवाला व्यक्ति किसी सदस्य को, जो हिन्दी या अंग्रेजी में पर्याप्त अभिव्यक्ति नहीं कर सकता है, अपनी मातृभाषा में सदन को संबोधित करने की अनुज्ञा दे सकेगा।

(2) जब तक संसद विधि द्वारा अन्यथा उपबंध न करे तब तक इस संविधान के प्रारम्भ से 15 वर्ष की अवधि की समाप्ति के पश्चात यह अनुच्छेद ऐसे प्रभावी होगा मानो **या अंग्रेजी में** शब्दों का उसमें से लोप कर दिया गया हो।

भाग-6

विधान-मंडल में प्रयुक्त होनेवाली भाषा

210(1) भाग 17 में किसी बात के होते हुए भी, किंतु अनुच्छेद 348 के उपबंधों के अधीन रहते हुए, राज्य के विधान-मंडल में कार्य राज्य की राजभाषा में या राजभाषाओं में या हिन्दी या अंग्रेजी में किया जाएगा। परंतु, यथास्थिति, विधानसभा का अध्यक्ष या विधान परिषद् का सभापति अथवा उस रूप में कार्य करनेवाला व्यक्ति किसी सदस्य को, जो पूर्वोक्त भाषाओं में से किसी भाषा में अपनी पर्याप्त अभिव्यक्ति नहीं कर सकता है, अपनी मातृभाषा में सदन को संबोधित करने की अनुज्ञा दे सकेगा।

(यह अनुच्छेद जम्मू-कश्मीर पर लागू नहीं है।)

(2) जब तक राज्य का विधान-मंडल विधि द्वारा अन्यथा उपबंध न करे तब तक इस संविधान के प्रारम्भ से पंद्रह वर्ष की अवधि की समाप्ति के पश्चात् यह अनुच्छेद ऐसे प्रभावी होगा मानो **या अंग्रेजी में** शब्दों को उसमें से लोप कर दिया गया हो।

"परंतु हिमाचल प्रदेश, मणिपुर, मेघालय और त्रिपुरा राज्यों के विधान मंडलों के संबंध में यह खंड इस प्रकार प्रभावी होगा मानो इसमें आनेवाले 'पंद्रह वर्ष' शब्दों के स्थान पर 'पच्चीस वर्ष' शब्द रख दिए गए हों।"

भाग 17*

संघ की राजभाषा

343 (1) संघ की राजभाषा हिन्दी और लिपि देवनागरी होगी।

संघ के शासकीय प्रयोजनों के लिए प्रयोग होनेवाले अंकों का रूप भारतीय अंकों का अंतर्राष्ट्रीय रूप होगा।

(2) खंड (1) में किसी बात के होते हुए भी, इस संविधान के प्रारम्भ से पंद्रह वर्ष की अवधि तक संघ के उन शासकीय प्रयोजनों के लिए अंग्रेजी भाषा का प्रयोग किया जाता रहेगा जिनके लिए उसका ऐसे प्रारम्भ से ठीक पहले प्रयोग किया जा रहा था।

परंतु राष्ट्रपति उक्त अवधि के दौरान, आदेश द्वारा, संघ के शासकीय प्रयोजनों में से किसी के लिए अंग्रेजी भाषा के अतिरिक्त हिन्दी भाषा का और भारतीय अंकों के अंतर्राष्ट्रीय रूप के अतिरिक्त देवनागरी रूप का प्रयोग प्राधिकृत कर सकेंगे।

(3) इस अनुच्छेद में किसी बात के होते हुए भी, संसद उक्त पंद्रह वर्ष की अवधि के पश्चात्, विधि द्वारा–

क) अंग्रेजी भाषा का, या

ख) अंकों के देवनागरी रूप का,

ऐसे प्रयोजनों के लिए प्रयोग उपबंधित कर सकेगी, जो ऐसी विधि में विनिर्दिष्ट किए जाएँ।

राजभाषा के संबंध में आयोग और संसद की समिति

344(1) राष्ट्रपति, इस संविधान के प्रारम्भ से पाँच वर्ष की समाप्ति पर और तत्पश्चात् ऐसे प्रारम्भ से दस वर्ष की समाप्ति पर, आदेश द्वारा एक आयोग गठित करेंगे जो एक अध्यक्ष और आठवीं अनुसूची में विनिर्दिष्ट विभिन्न भाषाओं का प्रतिनिधित्व करनेवाले ऐसे अन्य सदस्यों से मिलकर बनेगा, जिनको राष्ट्रपति नियुक्त करे और आदेश में आयोग द्वारा अनुसरण की जानेवाली प्रक्रिया परिनिश्चित की जाएगी।

(2) आयोग का यह कर्तव्य होगा कि वह राष्ट्रपति को–

क) संघ के शासकीय प्रयोजनों के लिए हिन्दी भाषा के अधिकाधिक प्रयोग,

ख) संघ के सभी या किन्हीं शासकीय प्रयोजनों के लिए अंग्रेजी भाषा के प्रयोग पर निर्बंधनों,

ग) अनुच्छेद 348 में उल्लिखित सभी या किन्हीं प्रयोजनों के लिए प्रयोग की जानेवाली भाषा,

घ) संघ के किसी एक या अधिक विनिर्दिष्ट प्रयोजनों के लिए प्रयोग किए जानेवाले अंकों के रूप,

ङ) संघ की राजभाषा तथा संघ और किसी राज्य के बीच या एक राज्य और दूसरे राज्य के बीच पत्रादि की भाषा और उनके प्रयोग के संबंध में राष्ट्रपति द्वारा आयोग को निदेशित किए गए किसी अन्य विषय, के बारे में सिफारिश करे।

(3) खंड (2) के अधीन अपनी सिफारिशें करने में, आयोग भारत की औद्योगिकी, सांस्कृतिक और वैज्ञानिक उन्नति का और लोक सेवाओं के संबंध में अहिन्दी भाषी क्षेत्रों के व्यक्तियों के न्यायसंगत दावों और हितों का सम्यक ध्यान रखेगा।

(4) एक समिति गठित की जाएगी, जो तीस सदस्यों से मिलकर बनेगी, जिनमें से बीस लोकसभा के सदस्य होंगे और दस राज्यसभा के सदस्य होंगे, जो क्रमशः लोकसभा के सदस्यों और राज्यसभा के सदस्यों द्वारा आनुपातिक प्रतिनिधित्व पद्धति के अनुसार एकल संक्रमणीय मत द्वारा निर्वाचित होंगे।

(5) समिति का यह कर्तव्य होगा कि वह खंड (1) के अधीन गठित आयोग की सिफारिशों की परीक्षा करे और राष्ट्रपति को उन पर अपनी राय के बारे में प्रतिवेदन दे।

(6) अनुच्छेद 343 में किसी बात के होते हुए भी, राष्ट्रपति खंड (5) में निर्दिष्ट प्रतिवेदन पर विचार करने के पश्चात् उस सम्पूर्ण प्रतिवेदन के या उसके किसी भाग के अनुसार निदेश दे सकेंगे।

प्रादेशिक भाषा

राज्य की राजभाषा या राजभाषाएँ

345 अनुच्छेद 346 और अनुच्छेद 347 के उपबंधों के अधीन रहते हुए, किसी राज्य का विधान मंडल, विधि द्वारा, उस राज्य में प्रयोग होनेवाली भाषाओं में से किसी एक या अधिक भाषाओं को या हिन्दी को उस राज्य के सभी या किन्हीं शासकीय प्रयोजनों के लिए प्रयोग की जानेवाली भाषा या भाषाओं के रूप में अंगीकार कर सकेगा :

परंतु जब तक राज्य का विधान-मंडल, विधि द्वारा, अन्यथा उपबंध न करें तब तक राज्य के भीतर उन शासकीय प्रयोजनों के लिए अंग्रेजी भाषा का प्रयोग किया जाता रहेगा जिनके लिए उसका इस संविधान के प्रारम्भ से ठीक पहले प्रयोग किया जा रहा था।

एक राज्य और दूसरे राज्य के बीच या किसी राज्य और संघ के बीच पत्रादि की राजभाषा

346 संघ में शासकीय प्रयोजनों के लिए प्रयोग किए जाने के लिए तत्समय प्राधिकृत भाषा, राज्य और दूसरे राज्य के बीच तथा किसी राज्य और संघ के बीच पत्रादि की राजभाषा होगी :

परंतु यदि दो या अधिक राज्य यह करार करते हैं कि उन राज्यों के बीच पत्रादि की राजभाषा हिन्दी भाषा होगी तो ऐसे पत्रादि के लिए उस भाषा का प्रयोग किया जा सकेगा।

किसी राज्य की जनसंख्या के किसी भाग द्वारा बोली जानेवाली भाषा के संबंध में विशेष उपबंध

347, यदि इस निमित्त माँग किए जाने पर राष्ट्रपति का यह समाधान हो जाता है कि किसी राज्य की जनसंख्या का पर्याप्त भाग यह चाहता है कि उसके द्वारा बोली जानेवाली भाषा को राज्य द्वारा मान्यता दी जाए तो वह निदेश दे सकेगा कि ऐसी भाषा को भी उस राज्य में सर्वत्र या उसके किसी भाग में ऐसे प्रयोजन के लिए, जो वह विनिर्दिष्ट करे, शासकीय मान्यता दी जाए।

उच्चतम न्यायालय, उच्च न्यायलयों आदि की भाषा

उच्चतम न्यायालय और उच्च न्यायालयों में और अधिनियमों, विधेयकों आदि के लिए प्रयोग की जानेवाली भाषा

348(1) इस भाग के पूर्वगामी उपबंधों में किसी बात के होते हुए भी, जब तक संसद विधि द्वारा अन्यथा उपबंध न करे तब तक–

क) उच्चतम न्यायालय और प्रत्येक उच्च न्यायालय में सभी कार्यवाहियाँ अंग्रेजी भाषा में होंगी।

ख) (i) संसद के प्रत्येक सदन या किसी राज्य के विधान-मंडल के सदन या प्रत्येक सदन में पुरःस्थापित किए जानेवाले सभी विधेयकों या प्रस्तावित किए जानेवाले उनके संशोधनों के,

(ii) संसद या किसी राज्य के विधान मंडल द्वारा पारित सभी अधिनियमों के और राष्ट्रपति या किसी राज्य के राज्यपाल द्वारा प्रख्यापित सभी अध्यादेशों के, और

(iii) इस संविधान के अधीन अथवा संसद या किसी राज्य के विधान मंडल द्वारा बनाई गई किसी विधि के अधीन निकाले गए या बनाए गए सभी आदेशों, नियमों, विनियमों और उपविधियों के प्राधिकृत पाठ अंग्रेजी भाषा में होंगे।

(2) खंड (1) के उपखंड (क) में किसी बात के होते हुए भी, किसी राज्य का राज्यपाल *** राष्ट्रपति की पूर्व सहमति से उस उच्च न्यायालय की कार्यवाहियों में, जिसका मुख्य स्थान उस राज्य में है, हिन्दी भाषा का या उस राज्य के शासकीय प्रयोजनों के लिए प्रयोग होनेबाली किसी अन्य भाषा का प्रयोग प्राधिकृत कर सकेगा :

परंतु इस खंड की कोई बात ऐसे उच्च न्यायालय द्वारा दिए गए निर्णय, डिक्री या आदेश को (पर) लागू नहीं होगी।

(3) खंड (1) के उपखंड (ख) में किसी बात के होते हुए भी जहाँ किसी राज्य के विधान-मंडल में पुरःस्थापित विधेयकों या उसके द्वारा पारित अधिनियमों में अथवा उस राज्य के राज्यपाल***द्वारा प्रख्यापित अध्यादेशों में अथवा उस उपखंड के पैरा (iii) में निर्दिष्ट किसी आदेश, नियम, विनियम या उप-विधि में प्रयोग के लिए अंग्रेजी भाषा से भिन्न कोई भाषा विहित की है, वहाँ उस राज्य के राजपत्र में उस राज्य के राज्यपाल***के प्राधिकार से प्रकाशित अंग्रेजी भाषा में उसका अनुवाद इस अनुच्छेद के अधीन उसका अंग्रेजी भाषा में प्राधिकृत पाठ समझा जाएगा।

भाषा से संबंधित कुछ विधियाँ अधिनियमित करने के लिए विशेष प्रक्रिया

349. इस संविधान के प्रारम्भ से पंद्रह वर्ष की अवधि के दौरान, अनुच्छेद 348 के खंड (1) में उल्लिखित किसी प्रयोजन के लिए प्रयोग की जानेवाली भाषा के लिए उपबंध करनेवाला कोई विधेयक या संशोधन संसद के किसी सदन में राष्ट्रपति की पूर्व मंजूरी के बिना पुरःस्थापित या प्रस्तावित नहीं किया जाएगा और राष्ट्रपति किसी ऐसे विधेयक को पुरःस्थापित या किसी ऐसे संशोधन को प्रस्तावित किए जाने की मंजूरी अनुच्छेद 344 के खंड (1) के अधीन गठित आयोग की सिफारिशों पर और अनुच्छेद के खंड (4) के अधीन गठित समिति के प्रतिवेदन पर विचार करने के पश्चात ही देंगे, अन्यथा नहीं।

विशेष निर्देश

350. व्यथा के निवारण के लिए अभ्यावेदन में प्रयोग की जानेवाली भाषा–

प्रत्येक व्यक्ति किसी व्यथा के निवारण के लिए संघ या राज्य के किसी अधिकारी या प्राधिकारी को, यथास्थिति संघ में या राज्य में प्रयोग होनेवाली किसी भाषा में अभ्यावेदन देने का हकदार होगा।

350(क) प्राथमिक स्तर पर मातृभाषा में शिक्षा की सुविधाएँ– प्रत्येक राज्य और राज्य के भीतर प्रत्येक स्थानीय प्राधिकारी भाषाई अल्पसंख्यक वर्गों के बालकों को शिक्षा के प्राथमिक स्तर पर मातृभाषा में शिक्षा की पर्याप्त सुविधाओं की व्यवस्था करने का प्रयास करेगा और राष्ट्रपति किसी राज्य को ऐसे निदेश दे सकेंगे जो वह ऐसी सुविधाओं का उपबंध सुनिश्चित कराने के लिए आवश्यक या उचित समझते हैं।

350 (ख) भाषाई अल्पसंख्यक–वर्गों के लिए विशेष अधिकारी–

1) भाषाई अल्पसंख्यक-वर्गों के लिए एक विशेष अधिकारी होगा जिसे राष्ट्रपति नियुक्त करेंगे।

2) विशेष अधिकारी का यह कर्तव्य होगा कि वह इस संविधान के अधीन भाषाई अल्पसंख्यक वर्गों के लिए उपबंधित रक्षोपायों से संबंधित सभी विषयों का अन्वेषण करे और उन विषयों के संबंध में ऐसे अंतरालों पर जो राष्ट्रपति निर्दिष्ट करें, राष्ट्रपति को प्रतिवेदन दें और राष्ट्रपति ऐसे सभी प्रतिवेदनों को संसद के प्रत्येक सदन के समक्ष रखवाएँगे और संबंधित राज्यों की सरकारों को भिजवाएँगे।–

हिन्दी भाषा के विकास के लिए निदेश

351. संघ का यह कर्तव्य होगा कि वह हिन्दी भाषा का प्रसार बढ़ाए, उसका विकास करे जिससे वह भारत की सामासिक संस्कृति के सभी तत्त्वों की अभिव्यक्ति का माध्यम बन सके और उसकी प्रकृति में हस्तक्षेप किए बिना हिन्दुस्तानी में और आठवीं अनुसूची में विनिर्दिष्ट भारत की अन्य भाषाओं में प्रयुक्त रूप, शैली और पदों को आत्मसात

करते हुए और जहाँ आवश्यक या वाँछनीय हो वहाँ उसके शब्द-भंडार के लिए मुख्यतः संस्कृत से और गौणतः अन्य भाषाओं से शब्द ग्रहण करते हुए उसकी समृद्धि सुनिश्चित करे।

अष्टम अनुसूची
(अनुच्छेद 344(1) और 351)

1. असमिया	2. उड़िया
3. उर्दू	4. कन्नड़
5. कश्मीरी	6. गुजराती
7. तमिल	8. तेलुगु
9. पंजाबी	10. बंगला
11. मराठी	12. मलयालम
13. संस्कृत	14. सिंधी
15. हिन्दी	16. मणिपुरी
17. नेपाली	18. कोंकणी
19. मैथिली	20. संथाली
21. बोडो	22. डोगरी

* इस भाग के उपबंध जम्मू और कश्मीर राज्य को केवल वहीं तक लागू होंगे जहाँ तक कि वे-

1) संघ की राजभाषा
2) एक राज्य और दूसरे राज्य के बीच अथवा किसी राज्य और संघ के बीच संचार की राजभाषा और
3) उच्चतम न्यायालय में कार्यवाहियों की भाषा से संबंधित है।

***या राजप्रमुख शब्द संविधान (सप्तम संशोधन) अधिनियम, 1956 धारा 29 और अनुसूची द्वारा विलुप्त कर दिए गए।

राजभाषा अधिनियम, 1963

(1963 का अधिनियम संख्यांक 19)

{10 मई, 1963}

उन भाषाओं का, जो संघ के राजकीय प्रयोजनों, संसद में कार्य के संव्यवहार, केंद्रीय और राज्य अधिनियमों और उच्च न्यायालयों में कतिपय प्रयोजनों के लिए प्रयोग में लाई जा सकेगी, उपबंध करने के लिए अधिनियम

भारत गणराज्य के चौदहवें वर्ष में संसद द्वारा निम्नलिखित रूप में यह अधिनियमित हो :

1. संक्षिप्त नाम और प्रारम्भ-(1) यह अधिनियम राजभाषा अधिनियम, 1963 कहा जा सकेगा।

(2) धारा 3, जनवरी, 1965 के 26 वें दिन को प्रवृत्त होगी और इस अधिनियम के शेष उपबंध उस तारीख को* प्रवृत्त होंगे जिसे केंद्रीय सरकार, शासकीय राजपत्र में अधिसूचना द्वारा, नियत करे और इस अधिनियम के विभिन्न उपबंधों के लिए विभिन्न तारीखें नियत की जा सकेंगी।

2. परिभाषाएँ—इस अधिनियम में जब तक कि संदर्भ से अन्यथा अपेक्षित न हो—

(क) 'नियत दिन' से, धारा 3 के संबंध में, जनवरी, 1965 का 26 वाँ दिन अभिप्रेत है और इस अधिनियम के किसी अन्य उपबंध के संबंध में वह दिन अभिप्रेत है जिस दिन को वह उपबंध प्रवृत्त होता है;

(ख) 'हिन्दी' से वह हिन्दी अभिप्रेत है जिसकी लिपि देवनागरी है।

****3. संघ के राजकीय प्रयोजनों के लिए और संसद में प्रयोग के लिए अंग्रेजी भाषा का रहना**

(1) संविधान में प्रारम्भ से पंद्रह वर्ष की कालावधि की समाप्ति हो जाने पर भी, हिन्दी के अतिरिक्त अंग्रेजी भाषा, नियत दिन से ही–

(क) संघ के उन सब राजकीय प्रयोजनों के लिए जिनके लिए वह उस दिन से ठीक पहले प्रयोग में लाई जाती थी; तथा

(ख) संसद में कार्य के संव्यवहार के लिए,

प्रयोग में लाई जाती रह सकेगी;

परंतु संघ और किसी ऐसे राज्य के बीच जिसने हिन्दी को अपनी राजभाषा के रूप में नहीं अपनाया है, पत्रादि के प्रयोजनों के लिए अंग्रेजी भाषा प्रयोग में लाई जाएगी :

परंतु यह और कि जहाँ किसी ऐसे राज्य के, जिसने हिन्दी को अपनी राजभाषा के रूप में अपनाया है और किसी अन्य राज्य के जिसने हिन्दी को अपनी राजभाषा के रूप में नहीं अपनाया है, बीच पत्रादि के प्रयोजनों के लिए हिन्दी को प्रयोग में लाया जाता है, वहाँ हिन्दी में ऐसे पत्रादि के साथ-साथ उसका अनुवाद अंग्रेजी भाषा में भेजा जाएगा :

परंतु यह और भी कि इस उपधारा की किसी भी बात का यह अर्थ नहीं लगाया जाएगा कि वह किसी ऐसे राज्य को, जिसने हिन्दी को अपनी राजभाषा के रूप में नहीं अपनाया है, संघ के साथ या किसी ऐसे राज्य के साथ जिसने हिन्दी को अपनी राजभाषा के रूप में अपनाया है, या किसी अन्य राज्य के साथ, उसकी सहमति से, पत्रादि के प्रयोजनों के लिए हिन्दी को प्रयोग में लाने से निवारित करती है, और ऐसे किसी मामले में उस राज्य के साथ, पत्रादि के प्रयोजनों के लिए अंग्रेजी भाषा का प्रयोग बाध्यकर न होगा।

(2) उपधारा (1) में अंतर्विष्ट किसी बात के होते हुए भी, जहाँ पत्रादि के प्रयोजनों के लिए हिन्दी या अंग्रेजी भाषा–

(i) केंद्रीय सरकार के एक मंत्रालय या विभाग या कार्यालय के और दूसरे मंत्रालय या विभाग या कार्यालय के बीच,

(ii) केंद्रीय सरकार के एक मंत्रालय या विभाग या कार्यालय के और केंद्रीय सरकार के स्वामित्व के या नियंत्रण के किसी निगम या कम्पनी या उनके किसी कार्यालय के बीच;

(iii) केंद्रीय सरकार के स्वामित्व के या नियंत्रण के किसी निगम या कंपनी या उसके किसी कार्यालय के किसी अन्य ऐसे निगम या कंपनी या कार्यालय के बीच;

प्रयोग में लाई जाती है, वहाँ उस तारीख तक, जब तक पूर्वोक्त संबंधित मंत्रालय, विभाग, कार्यालय या निगम या कंपनी का कर्मचारीवृन्द हिन्दी का कार्यसाधक ज्ञान प्राप्त नहीं कर लेता ऐसे पत्रादि का अनुवाद, यथास्थिति, अंग्रेजी भाषा या हिन्दी में भी दिया जाएगा।

(3) उपधारा (1) में अन्तर्विष्ट किसी बात के होते हुए भी, हिन्दी और अंग्रेजी भाषा दोनों ही–

(i) संकल्पों, साधारण आदेशों, नियमों, अधिसूचनाओं, प्रशासनिक या अन्य प्रतिवेदनों या प्रेस विज्ञप्तियों के लिए जो केंद्रीय सरकार द्वारा या उसके किसी मंत्रालय, विभाग या कार्यालय द्वारा या केंद्रीय सरकार के स्वामित्व के या नियंत्रण के किसी निगम या कंपनी द्वारा या ऐसे निगम या कंपनी के किसी कार्यालय द्वारा निकाले जाते हैं या किए जाते हैं,

(ii) संसद के किसी सदन के समक्ष रखे गए प्रशासनिक तथा अन्य प्रतिवेदनों और राजकीय कागज-पत्रों के लिए,

(iii) केंद्रीय सरकार या उसके किसी मंत्रालय, विभाग या कार्यालय द्वारा या उसकी ओर से या केंद्रीय सरकार के स्वामित्व के या नियंत्रण के किसी निगम या कंपनी द्वारा या ऐसे निगम या कंपनी के किसी कार्यालय द्वारा निष्पादित संविदाओं और करारों के लिए तथा निकाली गई अनुज्ञप्तियों, अनुज्ञापत्रों, सूचनाओं और निविदा प्रारूपों के लिए,

प्रयोग में लाई जाएगी।

(4) उपधारा (1) या उपधारा (2) या उपधारा (3) के उपबंधों पर प्रतिकूल प्रभाव डाले बिना यह भी कि केंद्रीय सरकार धारा 8 के अधीन बनाए गए नियमों द्वारा उस भाषा या उन भाषाओं का उपबंध कर

सकेगी, जिसे या जिन्हें संघ के राजकीय प्रयोजन के लिए, जिसके अंतर्गत किसी मंत्रालय, विभाग, अनुभाग या कार्यालय का कार्यकरण है, प्रयोग में लाया जाना है और ऐसे नियम बनाने में राजकीय कार्य के शीघ्रता और दक्षता के साथ निपटारे का तथा जन साधारण के हितों का सम्यक् ध्यान रखा जाएगा और इस प्रकार बनाए गए नियम विशिष्टतया यह सुनिश्चित करेंगे कि जो व्यक्ति संघ के कार्यकलाप के संबंध में सेवा कर रहे हैं और जो, या तो हिन्दी में या अंग्रेजी भाषा में प्रवीण हैं, वे प्रभावी रूप से अपना काम कर सकें और यह भी कि केवल इस आधार पर कि वे दोनों ही भाषाओं में प्रवीण नहीं हैं, उनका कोई अहित नहीं होता है।

(5) उपधारा (1) के खंड (क) के उपबंध और उपधारा (2), उपधारा (3)और उपधारा (4) के उपबंध तब तक प्रवृत्त बने रहेंगे, जब तक उनमें वर्णित प्रयोजनों के लिए अंग्रेजी भाषा का प्रयोग समाप्त कर देने के लिए ऐसे सभी राज्यों के विधानमंडलों द्वारा, जिन्होंने हिन्दी को अपनी राजभाषा के रूप में नहीं अपनाया है; संकल्प पारित नहीं कर दिए जाते और जब तक पूर्वोक्त संकल्पों पर विचार कर लेने के पश्चात् ऐसी समाप्ति के लिए संसद के हर एक सदन द्वारा संकल्प पारित नहीं कर दिया जाता।

4. राजभाषा के संबंध में समिति–(1) जिस तारीख को धारा 3 प्रवृत्त होती है, उससे दस वर्ष की समाप्ति के पश्चात्, राजभाषा के संबंध में एक समिति, इस विषय का संकल्प संसद के किसी भी, सदन में राष्ट्रपति की पूर्व मंजूरी से प्रस्तावित और दोनों सदनों द्वारा पारित किए जाने पर, गठित की जाएगी।

(2) इस समिति में तीस सदस्य होंगे, जिनमें से बीस लोकसभा के सदस्य होंगे तथा दस राज्य सभा के सदस्य होंगे, जो क्रमशः लोकसभा के सदस्यों तथा राज्य सभा के सदस्यों द्वारा आनुपातिक प्रतिनिधित्त्व पद्धति के अनुसार एकल संक्रमणीय मत द्वारा निर्वाचित होंगे।

(3) इस समिति का कर्तव्य होगा कि वह संघ के राजकीय प्रयोजनों के लिए हिन्दी के प्रयोग में की गई प्रगति का पुनर्विलोकन करे और उस पर सिफारिश करते हुए राष्ट्रपति को प्रतिवेदन करे

और राष्ट्रपति उस प्रतिवेदन को संसद के हर एक सदन के समक्ष रखवाएगा और सभी राज्य सरकारों को भिजवाएगा।

(4) **राष्ट्रपति उपधारा (3)** में निर्दिष्ट प्रतिवेदन पर और उस पर राज्य सरकारों ने यदि कोई मत अभिव्यक्त किए हों तो उन पर विचार करने के पश्चात् उस समस्त प्रतिवेदन के या उसके किसी भाग के अनुसार निदेश निकाल सकेगा :

(परंतु इस प्रकार निकाले गए निदेश धारा 3 के उपबंधों से असंगत नहीं होंगे।)

5. केंद्रीय अधिनियम आदि का प्राधिकृत हिन्दी अनुवाद–(1) नियत दिन को और उसके पश्चात् शासकीय राजपत्र में राष्ट्रपति के प्राधिकार से प्रकाशित–

(क) किसी केंद्रीय अधिनियम का या राष्ट्रपति द्वारा प्रख्यापित किसी अध्यादेश का, अथवा

(ख) संविधान के अधीन या किसी केंद्रीय अधिनियम के अधीन निकाले गए किसी आदेश, नियम, विनियम या उपविधि का,

हिन्दी में अनुवाद उसका हिन्दी में प्राधिकृत पाठ समझा जाएगा।

(2) नियत दिन से ही उन सब विधेयकों के, जो संसद के किसी भी सदन में पुरःस्थापित किए जाने हों और उन सब संशोधनों के, जो उनके संबंध में संसद के किसी भी सदन में प्रस्तावित किए जाने हों, अंग्रेजी भाषा के प्राधिकृत पाठ के साथ-साथ उनका हिन्दी में अनुवाद भी होगा, जो ऐसी रीति से प्राधिकृत किया जाएगा, जो इस अधिनियम के अधीन बनाए गए नियमों द्वारा विहित किया जाए।

6. कतिपय दशाओं में अधिनियमों का प्राधिकृत हिन्दी अनुवाद– जहाँ किसी राज्य के विधानमंडल ने उस राज्य के विधानमंडल द्वारा पारित अधिनियमों में अथवा उस राज्य के राज्यपाल द्वारा प्रख्यापित अध्यादेशों में प्रयोग के लिए हिन्दी से भिन्न कोई भाषा विहित की है वहाँ, संविधान के अनुच्छेद 348 के खंड (3) द्वारा अपेक्षित अंग्रेजी भाषा में उसके अनुवाद के अतिरिक्त, उसका हिन्दी में

अनुवाद उस राज्य के शासकीय राजपत्र में, उस राज्य के राज्यपाल के प्राधिकार से, नियत दिन को या उसके पश्चात् प्रकाशित किया जा सकेगा और ऐसी दशा में किसी अधिनियम या अध्यादेश का हिन्दी में अनुवाद हिन्दी भाषा में उसका प्राधिकृत पाठ समझा जाएगा।

7. उच्च न्यायालयों के निर्णयों आदि में हिन्दी या अन्य राजभाषा का वैकल्पिक प्रयोग–नियत दिन से ही या तत्पश्चात् किसी भी दिन से किसी राज्य का राज्यपाल, राष्ट्रपति की पूर्व सम्मति से, अंग्रेजी भाषा के अतिरिक्त हिन्दी या उस राज्य की राज़भाषा का प्रयोग, उस राज्य के उच्च न्यायालय द्वारा पारित या दिए गए किसी निर्णय, डिक्री या आदेश के प्रयोजनों के लिए प्राधिकृत कर सकेगा और जहाँ कोई निर्णय, डिक्री या आदेश (अंग्रेजी भाषा से भिन्न) ऐसी किसी भाषा में पारित किया जाता है वहाँ उसके साथ-साथ उच्च न्यायालय के प्राधिकार से निकाला गया अंग्रेजी भाषा में उसका अनुवाद भी होगा।

8. नियम बनाने की शक्ति–(1) केंद्रीय सरकार इस अधिनियम के प्रयोजनों को कार्यान्वित करने के लिए नियम शासकीय राजपत्र में अधिसूचना द्वारा बना सकेगी।

(2) इस धारा के अधीन बनाया गया हर नियम, बनाए जाने के पश्चात् यथाशक्य शीघ्र, संसद के हर एक सदन के समक्ष, उस समय जब वह सत्र में हो, कुल मिलाकर तीन दिन की कालावधि के लिए, जो एक सत्र में या दो समवर्ती सत्रों में समाविष्ट हो सकेगी, रखा जाएगा और यदि उस सत्र के, जिसमें वह ऐसे रखा हो, या ठीक पश्चात्‌वर्ती सत्र के अवसान के पूर्व दोनों सदन उस नियम में कोई उपान्तर करने के लिए सहमत हो जाए या दोनों सदन सहमत हो जाएँ कि वह नियम नहीं बनाया जाना चाहिए तो तत्पश्चात यथास्थिति, वह नियम ऐसे उपान्तरित रूप में ही प्रभावशाली होगा या उसका कोई प्रभाव न होगा, किंतु इस प्रकार कि ऐसा कोई उपान्तर या बातिलकरण उस नियम के अधीन पहले की गई किसी बात की विधिमान्यता पर प्रतिकूल प्रभाव डाले बिना होगा।

9. कतिपय उपबन्धों का जम्मू-कश्मीर को लागू न होना—धारा 6 और धारा 7 के उपबन्ध जम्मू-कश्मीर राज्य को लागू न होंगे।

संदर्भ संकेत

* तारीख 10 जनवरी, 1965 को धारा 5(1) प्रवृत्त हुई, देखिए भारत का राजपत्र, अंग्रेजी भाग 2, अनुभाग 3(ii), पृष्ठ 128 पर प्रकाशित अधिसूचना संख्या का.आ. 94, तारीख 4 जनवरी, 1965। तारीख 19 मई, 1969 को धारा 6 प्रवृत्त हुई, देखिए भारत का राजपत्र, अंग्रेजी भाग 2, अनुभाग 3(ii), पृष्ठ 2024 पर प्रकाशित अधिसूचना संख्या का.आ. 1945, तारीख 14 मई, 1969। तारीख 7 मार्च, 1970 को धारा 7 प्रवृत्त हुई, देखिए भारत का राजपत्र, अंग्रेजी भाग 2, अनुभाग 3(ii), में प्रकाशित अधिसूचना संख्या का.आ. 841 तारीख 26 फरवरी, 1970.

धारा 5(2) तारीख 1 अक्तूबर, 1976 को प्रवृत्त हुई, देखिए भारत का राजपत्र, अंग्रेजी भाग 2, अनुभाग 3 (ii), पृष्ठ 1901 पर प्रकाशित अधिसूचना संख्या का.आ. 655 (ई) तारीख 5 अक्तूबर, 1976.

** 1968 के अधिनियम संख्यांक 1 की धारा 2 द्वारा धारा 3 के स्थान पर प्रतिस्थापित।

राजभाषा नियम, 1976 (यथा संशोधित, 1987)

सा.का.नि. 1052 राजभाषा अधिनियम, 1963 (1963 का 19) की धारा 3 की उपधारा (4) के साथ पठित धारा 8 द्वारा प्रदत्त शक्तियों का प्रयोग करते हुए, केंद्रीय सरकार निम्नलिखित नियम बनाती है, अर्थात् :

1. संक्षिप्त नाम, विस्तार और प्रारम्भ–(1) इन नियमों का संक्षिप्त नाम राजभाषा (संघ के शासकीय प्रयोजनों के लिए प्रयोग) नियम, 1976 है।

(2) इनका विस्तार, तमिलनाडु राज्य के सिवाय संपूर्ण भारत पर है।

(3) ये राजपत्र में प्रकाशित होने की तारीख से लागू होंगे।

2. परिभाषाएँ–इन नियमों में जब तक कि संदर्भ से अन्यथा अपेक्षित न हो–

(क) 'अधिनियम' से राजभाषा अधिनियम 1963 (1963 का 19) अभिप्रेत है;

(ख) 'केंद्रीय सरकार के कार्यालय' के अन्तर्गत निम्नलिखित भी हैं, अर्थात्–

(I) केंद्रीय सरकार का कोई मंत्रालय, विभाग या कार्यालय;

(II) केंद्रीय सरकार द्वारा नियुक्त किसी आयोग, समिति या अधिकरण का कोई कार्यालय; और

(III) केंद्रीय सरकार के स्वामित्व में या नियंत्रण के अधीन किसी निगम या कंपनी का कोई कार्यालय;

(ग) 'कर्मचारी' से केंद्रीय सरकार के कार्यालय में नियोजित कोई व्यक्ति अभिप्रेत है,

(घ) 'अधिसूचित कार्यालय' से नियम 10 के उपनियम (4) के अधीन अधिसूचित कार्यालय अभिप्रेत है,

(ड.) 'हिन्दी में प्रवीणता' से केंद्रीय सरकार के कार्यालय में नियोजित कोई व्यक्ति अभिप्रेत है,

(च) 'क्षेत्र क' से बिहार, हरियाणा, हिमाचल प्रदेश, राजस्थान, उत्तर प्रदेश, उत्तराखंड, झारखंड, छत्तीसगढ़ एवं मध्य प्रदेश राज्य और अंडमान और निकोबार द्वीप समूह तथा दिल्ली संघ राज्य क्षेत्र अभिप्रेत है;

(छ) 'क्षेत्र ख' से गुजरात, महाराष्ट्र और पंजाब राज्य और चंडीगढ़ तथा दमन एवं दीव संघ राज्य क्षेत्र अभिप्रेरित है,

(ज) 'क्षेत्र ग' से खंड (च) और (छ) में निर्दिष्ट राज्यों और संघ राज्य क्षेत्रों से भिन्न राज्य तथा संघ राज्य क्षेत्र अभिप्रेरित है;

(झ) 'हिन्दी का कार्यसाधक ज्ञान' से नियम 10 में वर्णित कार्यसाधक ज्ञान अभिप्रेत है।

3. राज्यों आदि और केंद्रीय सरकार के कार्यालयों से भिन्न कार्यालयों के साथ पत्रादि-

(1) केंद्रीय सरकार के कार्यालय से क्षेत्र 'क' में किसी राज्य या संघ राज्य क्षेत्र को या ऐसे राज्य या संघ राज्य क्षेत्र में किसी कार्यालय (जो केंद्रीय सरकार का कार्यालय न हो) या व्यक्ति को पत्रादि असाधारण दशाओं को छोड़कर हिन्दी में होंगे और यदि उनमें से किसी को कोई पत्रादि अंग्रेजी में भेजे जाते हैं तो उनके साथ उनका हिन्दी अनुवाद भी भेजा जाएगा :

(2) केंद्रीय सरकार के कार्यालय से–

(क) क्षेत्र 'ख' में किसी राज्य या संघ राज्य क्षेत्र को या ऐसे राज्य या संघ राज्य क्षेत्र में किसी कार्यालय (जो केंद्रीय सरकार का कार्यालय न हो) को पत्रादि आमतौर पर हिन्दी में भेजे जाएँगे और यदि इनमें किसी को पत्रादि अंग्रेजी में भेजे जाते हैं तो उनके साथ उनका हिन्दी अनुवाद भी भेजा जाएगा :

परंतु यदि कोई ऐसा राज्य या संघ राज्य क्षेत्र यह चाहता है कि किसी विशिष्ट वर्ग या प्रवर्ग के पत्रादि या उसके किसी कार्यालय के

लिए पत्रादि संबद्ध राज्य या संघ राज्य क्षेत्र की सरकार द्वारा विनिर्दिष्ट अवधि तक अंग्रेजी या हिन्दी में भेजे जाएँ और उसके साथ दूसरी भाषा में उसका अनुवाद भी भेजा जाए तो ऐसे पत्रादि उसी रीति से भेजे जाएँगे।

(ख) क्षेत्र 'ख' के किसी राज्य या संघ राज्य क्षेत्र में किसी व्यक्ति को पत्रादि हिन्दी या अंग्रेजी में भेजे जा सकते हैं।

(3) केंद्रीय सरकार के कार्यालय से क्षेत्र 'ग' में किसी राज्य या संघ राज्य क्षेत्र को या ऐसे राज्य में किसी कार्यालय (जो केंद्रीय सरकार का कार्यालय न हो) या व्यक्ति को पत्रादि अंग्रेजी में होंगे।

(4) उपनियम (1) और (2) में किसी बात के होते हुए भी, क्षेत्र 'ग' में केंद्रीय सरकार के कार्यालय से क्षेत्र 'क' या 'ख' में किसी राज्य या संघ राज्य क्षेत्र को या ऐसे राज्य में किसी कार्यालय (जो केंद्रीय सरकार का कार्यालय न हो) या व्यक्ति को पत्रादि हिन्दी या अंग्रेजी में हो सकते हैं :

परंतु हिन्दी में पत्रादि ऐसे अनुपात में होंगे जिसे केंद्रीय सरकार ऐसे कार्यालयों में हिन्दी का कार्यसाधक ज्ञान रखनेवाले व्यक्तियों की संख्या, हिन्दी में पत्रादि भेजने की सुविधाओं और उससे आनुषंगिक बातों को ध्यान में रखते हुए समय-समय पर अवधारित करे।

4. केंद्रीय सरकार के कार्यालयों के बीच पत्रादि–

(क) केंद्रीय सरकार के किसी एक मंत्रालय या विभाग और किसी दूसरे मंत्रालय या विभाग के बीच पत्रादि हिन्दी या अंग्रेजी में हो सकते हैं;

(ख) केंद्रीय सरकार के एक मंत्रालय या विभाग और क्षेत्र 'क' में स्थित संबद्ध और अधीनस्थ कार्यालयों के बीच पत्रादि हिन्दी में होंगे और ऐसे अनुपात में होंगे जो केंद्रीय सरकार, ऐसे कार्यालयों में हिन्दी का कार्यसाधक ज्ञान रखनेवाले व्यक्तियों की संख्या, हिन्दी में पत्रादि भेजने की सुविधाओं और उससे संबंधित आनुषंगिक बातों को ध्यान में रखते हुए, समय-समय पर अवधारित करे;

(ग) क्षेत्र 'क' में स्थित केंद्रीय सरकार के ऐसे कार्यालयों के बीच, जो खंड (क) या खंड (ख) में विनिर्दिष्ट कार्यालयों से भिन्न है, पत्रादि हिन्दी में होंगे।

(घ) क्षेत्र 'क' में स्थित केंद्रीय सरकार के कार्यालयों और क्षेत्र 'ख' या 'ग' में स्थित केंद्रीय सरकार के कार्यालयों के बीच पत्रादि हिन्दी या अंग्रेजी में हो सकते हैं :

परंतु ये पत्रादि हिन्दी में ऐसे अनुपात में होंगे, जिसे केंद्रीय सरकार ऐसे कार्यालयों में हिन्दी का कार्यसाधक ज्ञान रखनेवाले व्यक्तियों की संख्या हिन्दी में पत्रादि भेजने की सुविधाओं और उससे आनुषंगिक बातों को ध्यान में रखते हुए समय-समय पर अवधारित करे;

(ड़) क्षेत्र 'ख' या क्षेत्र 'ग' में स्थित केंद्रीय सरकार के कार्यालयों के बीच पत्रादि हिन्दी या अंग्रेजी में हो सकते हैं :

परंतु ये पत्रादि हिन्दी में ऐसे अनुपात में होंगे, जिसे केंद्रीय सरकार ऐसे कार्यालयों में हिन्दी का कार्यसाधक ज्ञान रखनेवाले व्यक्तियों की संख्या, हिन्दी में पत्रादि भेजने की सुविधाओं और उससे आनुषंगिक बातों को ध्यान में रखते हुए समय-समय पर अवधारित करे;

परन्तु जहाँ ऐसे पत्रादि–

(I) क्षेत्र 'क' या क्षेत्र 'ख' के किसी कार्यालय को संबोधित है वहाँ, यदि आवश्यक हो तो, उनका दूसरी भाषा में अनुवाद, पत्रादि प्राप्त करने के स्थान पर किया जाएगा;

(II) क्षेत्र 'ग' में किसी कार्यालय को संबोधित है, वहाँ उनका दूसरी भाषा में अनुवाद उनके साथ भेजा जाएगा;

परन्तु यह और कि यदि कोई पत्रादि किसी अधिसूचित कार्यालय को संबोधित है तो दूसरी भाषा में ऐसा अनुवाद उपलब्ध कराने की अपेक्षा नहीं की जाएगी।

5. हिन्दी में प्राप्त पत्रादि के उत्तर–नियम 3 और नियम 4 में किसी बात के होते हुए भी, हिन्दी में पत्रादि के उत्तर केंद्रीय सरकार के कार्यालय से हिन्दी में दिए जाएँगे।

6. हिन्दी और अंग्रेजी दोनों का प्रयोग–अधिनियम की धारा 3 की उपधारा (3) में निर्दिष्ट सभी दस्तावेजों के लिए हिन्दी और अंग्रेजी

दोनों का प्रयोग किया जाएगा और ऐसे दस्तावेजों पर हस्ताक्षर करनेवाले व्यक्तियों का यह उत्तरदायित्व होगा कि वे यह सुनिश्चित कर लें कि ऐसे दस्तावेज हिन्दी और अंग्रेजी दोनों ही में तैयार किए जाते हैं, निष्पादित किए जाते हैं और जारी किए जाते हैं।

7. आवेदन, अभ्यावेदन आदि–(1) कोई कर्मचारी आवेदन, अपील या अभ्यावेदन हिन्दी या अंग्रेजी में कर सकता है।

(2) जब उपनियम (1) में विनिर्दिष्ट कोई आवेदन, अपील या अभ्यावेदन हिन्दी में किया गया हो या उस पर हिन्दी में हस्ताक्षर किए गए हों तब उसका उत्तर हिन्दी में दिया जाएगा।

(3) यदि कोई कर्मचारी यह चाहता है कि सेवा संबंधी विषयों (जिनके अंतर्गत अनुशासनिक कार्यवाहियाँ भी हैं) से संबंधित कोई आदेश या सूचना, जिनका कर्मचारी पर तामिल किया जाना अपेक्षित है, यथास्थिति, हिन्दी या अंग्रेजी में होनी चाहिए तो वह उसे असम्यक विलम्ब के बिना उसी भाषा में दी जाएगी।

8. केंद्रीय सरकार के कार्यालयों में टिप्पणी का लिखा जाना– (1) कोई कर्मचारी किसी फाइल पर टिप्पण या कार्यवृत्त हिन्दी या अंग्रेजी में लिख सकता है और उससे यह अपेक्षा नहीं की जाएगी कि वह उसका अनुवाद दूसरी भाषा में प्रस्तुत करे।

(2) केंद्रीय सरकार का कोई भी कर्मचारी, जो हिन्दी का कार्यसाधक ज्ञान रखता है, हिन्दी में किसी दस्तावेज के अंग्रेजी अनुवाद की माँग तभी कर सकता है, जब वह दस्तावेज विधिक या तकनीकी प्रकृति का है, अन्यथा नहीं।

(3) यदि यह प्रश्न उठता है कि कोई विशिष्ट दस्तावेज विधिक या तकनीकी प्रकृति का है या नहीं तो विभाग या कार्यालय का प्रधान उसका विनिश्चय करेगा।

(4) उपनियम (1) में किसी बात के होते हुए भी, केंद्रीय सरकार, आदेश द्वारा ऐसे अधिसूचित कार्यालयों को विनिर्दिष्ट कर सकती हैं, जहाँ ऐसे कर्मचारियों द्वारा, जिन्हें हिन्दी में प्रवीणता प्राप्त है, टिप्पण, प्रारूपण और ऐसे अन्य शासकीय प्रयोजनों के लिए, जो आदेश में विनिर्दिष्ट किए जाएँ, केवल हिन्दी का प्रयोग किया जाएगा।

9. हिन्दी में प्रवीणता–

यदि किसी कर्मचारी ने–

(क) मैट्रिक परीक्षा या उसकी समतुल्य या उससे उच्चतर कोई परीक्षा हिन्दी के माध्यम से उत्तीर्ण कर ली है; या

(ख) स्नातक परीक्षा में अथवा स्नातक परीक्षा की समतुल्य या उससे उच्चतर किसी अन्य परीक्षा में हिन्दी को एक वैकल्पिक विषय के रूप में लिया था; या

(ग) यदि वह इन नियमों के अंतर्गत निर्धारित प्रारूप में यह घोषणा करता है कि उसे हिन्दी में प्रवीणता प्राप्त है, तो उसके बारे में यह समझा जाएगा कि उसने हिन्दी में प्रवीणता प्राप्त कर ली है।

10. हिन्दी का कार्यसाधक ज्ञान–

(1) (क) यदि किसी कर्मचारी ने–

(I) मैट्रिक परीक्षा या उसकी समतुल्य या उससे उच्चतर परीक्षा हिन्दी विषय के साथ उत्तीर्ण कर ली है, या

(II) केंद्रीय सरकार की हिन्दी शिक्षण योजना के अंतर्गत आयोजित प्राज्ञ परीक्षा या, यदि उस सरकार द्वारा किसी विशिष्ट प्रवर्ग के पदों के संबंध में उस योजना के अंतर्गत कोई निम्नतर परीक्षा विनिर्दिष्ट है, वह परीक्षा उत्तीर्ण कर ली है, या

(III) केंद्रीय सरकार द्वारा उस निमित्त विनिर्दिष्ट कोई अन्य परीक्षा उत्तीर्ण कर ली है, या

(ख) यदि वह इन नियमों में उपाबद्ध प्रारूप में यह घोषणा करता है कि उसने ऐसा ज्ञान प्राप्त कर लिया है, तो उसके बारे में यह समझा जाएगा कि उसने हिन्दी का कार्यसाधक ज्ञान प्राप्त कर लिया है।

(2) यदि केंद्रीय सरकार के किसी कार्यालय में कार्य करनेवाले कर्मचारी में से अस्सी प्रतिशत ने हिन्दी का ऐसा ज्ञान प्राप्त कर लिया है तो उस कार्यालय के कर्मचारियों के बारे में सामान्यतया यह समझा जाएगा कि उन्होंने हिन्दी का कार्यसाधक ज्ञान प्राप्त कर लिया है।

(3) केंद्रीय सरकार या केंद्रीय सरकार द्वारा इस निमित्त विनिर्दिष्ट कोई अधिकारी यह अवधारित कर सकता है कि केंद्रीय सरकार के

किसी कार्यालय के कर्मचारियों ने हिन्दी का कार्यसाधक ज्ञान प्राप्त कर लिया है या नहीं।

(4) केंद्रीय सरकार के जिन कार्यालयों के कर्मचारियों ने हिन्दी का कार्यसाधक ज्ञान प्राप्त कर लिया है, उन कार्यालयों के नाम राजपत्र में अधिसूचित किए जाएँगे;

परंतु यदि केंद्रीय सरकार की राय है कि किसी अधिसूचित कार्यालय में काम करनेवाले और हिन्दी का कार्यसाधक ज्ञान रखनेवाले कर्मचारियों का प्रतिशत किसी तारीख से उपनियम (2) में विनिर्दिष्ट प्रतिशत से कम हो गया है, तो वह, राजपत्र में अधिसूचना द्वारा घोषित कर सकती है कि उक्त कार्यालय उस तारीख से अधिसूचित कार्यालय नहीं रह जाएगा।

11. मैनुअल, संहिताएँ, प्रक्रिया संबंधी अन्य साहित्य, लेखन सामग्री आदि–(1) केंद्रीय सरकार के कार्यालयों से संबंधित सभी मैनुअल, संहिताएँ और प्रक्रिया संबंधी अन्य साहित्य हिन्दी और अंग्रेजी में द्विभाषिक रूप में यथास्थिति, मुद्रित या साइक्लोस्टाइल किया जाएगा और प्रकाशित किया जाएगा।

(2) केंद्रीय सरकार के किसी कार्यालय में प्रयोग किए जानेवाले रजिस्टरों के प्रारूप और शीर्षक हिन्दी और अंग्रेजी में होंगे।

(3) केंद्रीय सरकार के किसी कार्यालय में प्रयोग के लिए सभी नामपट्ट, सूचना पट्ट, पत्रशीर्ष और लिफाफों पर उत्कीर्ण लेख तथा लेखन सामग्री की अन्य मदें हिन्दी और अंग्रेजी में लिखी जाएँगी, मुद्रित या उत्कीर्ण होंगी :

परंतु यदि केंद्रीय सरकार ऐसा करना आवश्यक समझती है तो वह, साधारण या विशेष आदेश द्वारा केंद्रीय सरकार के किसी कार्यालय को इस नियम के सभी या किन्हीं उपबंधों से छूट दे सकती है।

12. अनुपालन का उत्तरदायित्व-(1) केंद्रीय सरकार के प्रत्येक कार्यालय के प्रशासनिक प्रधान का यह उत्तरदायित्व होगा कि वह–

(i) यह सुनिश्चित करें कि अधिनियम और इन नियमों के उपबंधों और उप नियम (2) के अधीन जारी किए गए निदेशों का समुचित रूप से अनुपालन हो रहा है; और

(ll) इस प्रयोजन के लिए उपयुक्त और प्रभावकारी जाँच के लिए उपाय करें।

(2) केंद्रीय सरकार अधिनियम और इन नियमों के उपबंधों के सम्यक् अनुपालन के लिए अपने कर्मचारियों और कार्यालयों को समय-समय पर आवश्यक निर्देश जारी कर सकती है।

संदर्भ संकेत

* राजभाषा (संघ के शासकीय प्रयोजनों के लिए प्रयोग) संशोधित नियम, 1987 सं. 1/14034/10/87-रा.भा.(क-l) दिनांक 09.10.1987।

राजभाषा संकल्प, 1968

गृह मंत्रालय

नई दिल्ली, दिनांक 18 जनवरी, 1968

संसद के दोनों सदनों द्वारा पारित निम्नलिखित सरकारी संकल्प आम जानकारी के लिए प्रकाशित किया जाता है–

संकल्प

"जबकि संविधान के अनुच्छेद 343 के अनुसार संघ की राजभाषा हिन्दी रहेगी और उसके अनुच्छेद 351 के अनुसार हिन्दी भाषा की प्रसार वृद्धि करना और उसका विकास करना ताकि वह भारत की सामासिक संस्कृति के सब तत्त्वों की अभिव्यक्ति का माध्यम हो सके, संघ का कर्तव्य है :

यह सभा संकल्प करती है कि हिन्दी के प्रसार एवं विकास की गति बढ़ाने हेतु तथा संघ के विभिन्न राजकीय प्रयोजनों के लिए उत्तरोत्तर इसके प्रयोग हेतु भारत सरकार द्वारा एक अधिक गहन एवं व्यापक कार्यक्रम तैयार किया जाएगा और उसे कार्यान्वित किया जाएगा और किए जानेवाले उपायों एवं की जानेवाली प्रगति की विस्तृत वार्षिक मूल्यांकन रिपोर्ट संसद की दोनों सभाओं के पटल पर रखी जाएगी और सब राज्य सरकारों को भेजी जाएगी।

2. जबकि संविधान की 8वीं अनुसूची में हिन्दी के अतिरिक्त भारत की 14 मुख्य भाषाओं का उल्लेख किया गया है, और देश की शैक्षणिक और सांस्कृतिक उन्नति के लिए यह आवश्यक है कि इन भाषाओं के पूर्ण विकास हेतु सामूहिक उपाय किए जाने चाहिए :

यह संभा संकल्प करती है कि हिन्दी के साथ-साथ इन सब भाषाओं के समन्वित विकास हेतु भारत सरकार द्वारा राज्य सरकारों के

सहयोग से एक कार्यक्रम तैयार किया जाएगा और उसे कार्यान्वित किया जाएगा ताकि वे शीघ्र समृद्ध हों और आधुनिक ज्ञान के संचार का प्रभावी माध्यम बने।

3. जबकि एकता की भावना के संवर्धन तथा देश के विभिन्न भागों में जनता में संचार की सुविधा हेतु यह आवश्यक है कि भारत सरकार द्वारा राज्य सरकारों के परामर्श से तैयार किए गए त्रि-भाषा सूत्र को सभी राज्यों में पूर्णतः कार्यान्वित करने के लिए प्रभावी किया जाना चाहिए :

यह सभा संकल्प करती है कि हिन्दी-भाषी क्षेत्रों में, हिन्दी तथा अंग्रेजी के अतिरिक्त एक आधुनिक भारतीय भाषा के, दक्षिण भारत की भाषाओं में से किसी एक को तरजीह देते हुए, और अहिन्दी-भाषी क्षेत्रों में प्रादेशिक भाषाओं एवं अंग्रेजी के साथ-साथ हिन्दी के अध्ययन के लिए उस सूत्र के अनुसार प्रबंध किया जाना चाहिए।

4. और जबकि यह सुनिश्चित करना आवश्यक है कि संघ की लोक सेवाओं के विषय में देश के विभिन्न भागों के लोगों के न्यायोचित दावों और हितों का पूर्ण परित्राण किया जाए;

यह सभा संकल्प करती है–

(क) कि उन विशेष सेवाओं और पदों को छोड़कर जिनके लिए ऐसी किसी सेवा अथवा पद के कर्तव्यों के संतोषजनक निष्पादन के हेतु केवल अंग्रेजी अथवा केवल हिन्दी अथवा दोनों जैसी कि स्थिति हो, का उच्च स्तर का ज्ञान आवश्यक समझा जाए, संघ सेवाओं अथवा पदों के लिए भर्ती करने हेतु उम्मीदवारों के चयन के समय हिन्दी अथवा अंग्रेजी में से किसी एक का ज्ञान अनिवार्यतः अपेक्षित होगा; और

(ख) कि परीक्षाओं की भावी योजना, प्रक्रिया संबंधी पहलुओं एवं समय के विषय में संघ लोक सेवा आयोग के विचार जानने के पश्चात् अखिल भारतीय एवं उच्चतर केंद्रीय सेवाओं संबंधी परीक्षाओं के लिए संविधान की आठवीं अनुसूची में सम्मिलित सभी भाषाओं तथा अंग्रेजी को वैकल्पिक माध्यम के रूप में रखने की अनुमति होगी।"

ह/0

आर.डी.थापर

संयुक्त सचिव, भारत सरकार

राजभाषा आयोग, 1955

भारतीय संविधान के अनुच्छेद 344 के अनुसार संविधान लागू होने के पाँच वर्ष पश्चात् राष्ट्रपति को एक राजभाषा आयोग नियुक्त करने का अधिकार दिया गया था। तद्नुसार, 7 जून, 1955 को राजभाषा आयोग की नियुक्ति की गई। तत्कालीन बम्बई राज्य के पूर्व मंत्री बाल गंगाधर खेर इस आयोग के अध्यक्ष नियुक्त किए गए तथा विभिन्न राज्यों के 20 प्रतिनिधियों को इसमें सदस्य के रूप में सम्मिलित किया गया। इस आयोग की पहली बैठक 15 जुलाई, 1955 को हुई। इस आयोग ने अनेक सरकारी, गैर सरकारी व्यक्तियों, प्रतिनिधियों तथा संस्थाओं से मुलाकात की। आयोग ने अपना एक विस्तृत प्रतिवेदन जुलाई, 1956 में राष्ट्रपति को प्रस्तुत किया। राजभाषा के संबंध में आयोग के मुख्य सुझाव इस प्रकार हैं–

1. भारत के संपूर्ण जनतांत्रिक आधार को ध्यान में रखते हुए, अखिल भारतीय स्तर पर सामूहिक माध्यम के रूप में अंग्रेजी को स्वीकार करना संभव नहीं तथा भारतीय भाषाओं के माध्यम से ही अनिवार्य प्राथमिक शिक्षा के कार्यक्रम के प्रश्न पर विचार किया जा सकता है। विज्ञान एवं अनुसंधान के क्षेत्रों तथा अंतर्राष्ट्रीय मामलों में अंग्रेजी भाषा का ज्ञान आवश्यक है, परंतु शिक्षा, प्रशासन, सार्वजनिक जीवन एवं दैनिक कार्य-कलापों में विदेशी भाषा का व्यवहार, उचित नहीं है।
2. यद्यपि साहित्यिक दृष्टि से भारत की सभी भाषाएँ समृद्ध हैं फिर भी अधिक लोगों द्वारा बोली तथा समझी जाने के कारण हिन्दी समस्त भारत के लिए एक सुस्पष्ट भाषा-माध्यम है।

3. पारिभाषिक शब्दावली के निर्माण में स्पष्टता, अर्थ की शुद्धता, सरलता, पांडित्यपूर्ण भाषा का त्याग एवं अधिकाधिक देशज और लोकप्रिय शब्दों के प्रयोग पर ध्यान दिया जाना चाहिए। अंतर्राष्ट्रीय शब्दावली को भारतीय भाषाओं की प्रकृति के अनुसार थोड़े हेर-फेर के साथ स्वीकार कर लेना चाहिए। पारिभाषिक शब्दावली के निर्माण की गति तीव्र होनी चाहिए।
4. 14 वर्ष की उम्र तक के प्रत्येक विद्यार्थी को हिन्दी का उचित ज्ञान प्राप्त कराया जाए ताकि प्रत्येक नागरिक सार्वजनिक जीवन की गतिविधियों और सरकार की कार्यवाहियों को समझ सके।
5. सारे देश में माध्यमिक शिक्षा के स्तर पर हिन्दी का शिक्षण अनिवार्य कर दिया जाए। हिन्दी-भाषी क्षेत्रों के लिए दूसरी भाषा के रूप में दक्षिण भारतीय भाषाओं का ज्ञान अनिवार्य किया जाना आयोग को मान्य नहीं है।
6. शिक्षा के माध्यम के रूप में विषय और शिक्षण की सुविधाओं को ध्यान में रखते हुए सभी विश्वविद्यालयों को चाहिए कि हिन्दी माध्यम से जो विद्यार्थी परीक्षाओं में बैठना चाहें, उनके लिए वे उचित प्रबंध करें।
7. वैज्ञानिक एवं तकनीकी शिक्षण संस्थाओं में सभी विद्यार्थी एक भाषिक वर्ग के हों तो उसी भाषा के माध्यम से शिक्षा दी जाए और यदि विभिन्न भाषाओं के क्षेत्रों के हों तो हिन्दी को ही सामान्य माध्यम के रूप में अपनाया जाए।
8. प्रशासनिक तंत्र से संबंधित सरकारी प्रकाशनों के हिन्दी अनुवाद की भाषा में अधिकाधिक एकरूपता रखी जाए और देखरेख संबंधी सारा कार्य केंद्रीय सरकार के एक अभिकरण को सौंप दिया जाए।
9. प्रशासनिक कर्मचारियों के लिए हिन्दी का निश्चित अवधि में आवश्यक ज्ञान प्राप्त करने के लिए नियम लागू किए जाएँ और ऐसा न करनेवालों को दंडित किया जाए तथा

निर्धारित स्तर से अधिक ज्ञान प्राप्त करने पर कर्मचारियों को पुरस्कार आदि देकर प्रोत्साहित किया जाए।

10. जनता से सीधा संपर्क रखनेवाले विभागों और संगठनों के आंतरिक कार्य में हिन्दी और जनता से व्यवहार-हेतु क्षेत्रीय भाषा काम में लाई जाए। ऐसे विभागों में भर्ती के लिए क्षेत्रीय भाषा के ज्ञान के साथ-साथ हिन्दी की योग्यता का स्तर भी निर्धारित किया जाए और बाद में विभागीय प्रशिक्षण द्वारा हिन्दी की योग्यता बढ़ाई जाए।

11. भारत सरकार के सांविधानिक प्रकाशन अधिक से अधिक हिन्दी भाषा में प्रकाशित किए जाएँ और हिन्दी की प्रगति के लिए सरकार द्वारा भरसक प्रयत्न किए जाएँ।

12. राज्य और संघ सरकार के अधिकारियों के लिए किसी स्तर का हिन्दी का ज्ञान अनिवार्य किया जाए और उसके लिए उन्हें अधिकाधिक पुरस्कार देकर प्रोत्साहित किया जाए।

13. संसद एवं विधानमंडलों की कार्यवाहियों की सफलता की दृष्टि से हिन्दी और क्षेत्रीय भाषाओं दोनों का व्यवहार होना चाहिए और विशिष्ट परिस्थितियों में अंग्रेजी को भी मान्यता दी जानी चाहिए। स्वीकृत सरकारी कानून हिन्दी में ही होने चाहिए। परंतु जनता की सुविधा के लिए क्षेत्रीय भाषाओं में उनके अनुवाद प्रकाशित किए जाने चाहिए और माध्यम के पूर्ण रूप से बदल जाने पर देश के संपूर्ण सांविधिक ग्रंथ हिन्दी भाषा में ही उपलब्ध होने चाहिए।

14. देश में न्याय देश की ही भाषा में किया जाए। इसके लिए यह जरूरी है कि उच्चतम न्यायालय और उच्च न्यायालयों की समस्त कार्यवाही तथा अभिलेखों, निर्णयों और आदेशों के आवश्यकतानुसार क्षेत्रीय भाषा में अनुवाद भी साथ में रखे जाएँ। उच्च न्यायालयों के न्यायाधीशों को अंग्रेजी के साथ-साथ क्षेत्रीय भाषाओं में भी निर्णय देने का अधिकार होना चाहिए। इसी प्रकार वकीलों एवं अधिवक्ताओं को भी अंग्रेजी अथवा क्षेत्रीय भाषाओं को काम में लाने की छूट होनी चाहिए। विशेष न्यायालयों के

निर्णय यदि एक क्षेत्र तक सीमित न हों तो वे निर्णय और आदेश मूल रूप में हिन्दी में ही लिखे जाने चाहिए।

15. प्रतियोगिता परीक्षाओं का माध्यम सुसंगत होना चाहिए। अखिल भारतीय एवं केंद्रीय सेवाओं हेतु कर्मचारियों के लिए हिन्दी की योग्यता रखना आवश्यक किया जाए। अतः परीक्षाओं में हिन्दी का अनिवार्य प्रश्नपत्र रखा जाए। परंतु अहिन्दी भाषी विद्यार्थियों की सुविधाओं की दृष्टि से उसका स्तर अति साधारण रहे। हिन्दी भाषी विद्यार्थियों से इतर भाषाओं से संबंधित विषयों पर वैकल्पिक प्रश्न पूछे जाने के लिए एक प्रश्नपत्र रखा जाए, जिससे समानता बनी रहे।

    अंग्रेजी माध्यम के साथ-साथ वैकल्पिक रूप से हिन्दी को भी माध्यम के रूप में अपनाया जाए और शीघ्रातिशीघ्र ऐसा वातावरण बनाया जाए कि अंग्रेजी इन प्रतियोगिता-परीक्षाओं का माध्यम न रहे। साथ ही राज्यों के लोकसेवा आयोगों को भी चाहिए कि वे इन परीक्षाओं में हिन्दी-भाषी उम्मीदवारों को भी प्रोत्साहन दें।

16. हिन्दी के विकास एवं प्रचार की दृष्टि से सरकार को ठोस कदम उठाने चाहिए। सरकार स्वैच्छिक हिन्दी संस्थाओं के कार्यों में सामंजस्य स्थापित करने के लिए भी आवश्यक कदम उठाए तथा उन्हें आर्थिक सहायता प्रदान करे।

17. भारत की सब भाषाओं के लिए यदि एक लिपि रखने का प्रश्न हो तो इसके लिए देवनागरी लिपि ही सर्वथा उपयुक्त होगी। रोमन लिपि को स्वीकार करने से कोई लाभ नहीं होगा। देवनागरी लिपि के सुधार के लिए भी सरकार को आवश्यक कदम उठाने चाहिए।

18. हिन्दी एवं क्षेत्रीय भाषाओं की शब्दावली तथा अभिव्यक्ति के मानकीकरण के लिए सरकार को चाहिए कि वह भारतीय भाषाओं के समाचार-पत्रों को इस दृष्टि से सुविधाएँ प्रदान करे और इसके लिए हिन्दी तथा क्षेत्रीय भाषाओं में समाचार देने वाली संस्थाओं का निर्माण करने का प्रयत्न करे।

19. राजभाषा हिन्दी के सफल उन्नयन एवं विकास तथा उनके उचित अधीक्षण का उत्तरदायित्व विशेष रूप से केंद्रीय सरकार की एक प्रशासकीय इकाई पर डालना चाहिए। संघ भाषा हिन्दी तथा क्षेत्रीय भाषाओं के विकास के लिए भारतीय भाषाओं की राष्ट्रीय अकादमी की यदि स्थापना की जाए तो अति हितकर होगा।

20. भारत के भाषागत एवं सांस्कृतिक ढाँचे में गहरी समानता लाने तथा भारत की विभिन्न भाषाओं के बीच की दूरी को कम करने के लिए बहुभाषिकता के सिद्धांत को प्रोत्साहित किया जाए तथा इस उद्देश्य की पूर्ति के लिए माध्यमिक एवं विश्वविद्यालयीन शिक्षा-पद्धति में समुचित व्यवस्था की जाए।

संसदीय राजभाषा समिति, 1957

भारतीय संविधान के अनुच्छेद 344 के खंड (4) और (5) में की गई व्यवस्था के अनुसार राजभाषा आयोग के प्रतिवेदन पर विचार-विमर्श करने के लिए सन् 1957 में एक संसदीय समिति का गठन किया गया। इसमें लोकसभा के बीस और राज्यसभा के दस सदस्य थे। समिति की पहली बैठक समिति के अध्यक्ष तत्कालीन केंद्रीय गृह मंत्री गोविंद वल्लभ पंत की अध्यक्षता में 16 नवम्बर, 1957 को हुई। फरवरी, 1959 तक इस समिति की कुल छब्बीस बैठकें हुईं। समिति ने 8 फरवरी, 1959 को अपना प्रतिवेदन राष्ट्रपति को प्रस्तुत किया। इस प्रतिवेदन को अप्रैल, 1959 में संसद में चर्चा के लिए प्रस्तुत किया गया। समिति के सुझावों का सारांश इस प्रकार है–

1. सरकारी पदों और नौकरियों के लिए इस समय जो अंग्रेजी की शिक्षा का स्तर निर्धारित है, संक्रमण की अवस्थाओं में हिन्दी ज्ञान का स्तर यदि कुछ कम भी हो तो चल सकता है।
2. निर्धारित समय में कर्मचारियों द्वारा निर्धारित हिन्दी का ज्ञान प्राप्त न करने पर उनको दंडित किया जाना असंगत होगा।
3. संघ सरकार के प्रशासन में जहाँ भारतीय पारिभाषिक शब्दावली के विकास की आवश्यकता न हो तथा विदेशों से संबंध बनाए रखने के लिए अनिश्चित काल तक अंग्रेजी का प्रयोग होना चाहिए।

4. 45 वर्ष से ऊपर की उम्रवाले सरकारी कर्मचारियों को हिन्दी के प्रशिक्षण में छूट दी जानी चाहिए।
5. संघ सरकार द्वारा ऐसी योजना बनाई जाए, जिससे हिन्दी का राजभाषा के रूप में अधिकाधिक प्रयोग एवं विकास किया जा सके।
6. सरकार एवं मंत्रालयों के प्रकाशनों में रोमन अंकों के साथ-साथ देवनागरी अंकों को प्रयुक्त करने के बारे में संघ सरकार की मूलभूत समान नीति होनी चाहिए।
7. संसद तथा राज्यों के विधानमंडलों में पारित होनेवाले विधेयकों की भाषा तथा जब तक अंग्रेजी का स्थान हिन्दी न ले ले, तब तक संसद में विधि-निर्माण का कार्य अंग्रेजी में होता रहे। कानूनों के हिन्दी में प्राधिकृत अनुवाद दिए जाएँ तथा संभव हो तो विभिन्न राज्यों की राजभाषाओं में भी उनके अनुवाद की व्यवस्था की जाए।
8. राज्यों की विधानसभाएँ अपने राज्यों की राजभाषाओं में विधि-निर्माण कार्य कर सकती है, परंतु संविधान के अनुच्छेद 348 के अनुसार कानूनों का प्राधिकृत पाठ अंग्रेजी में प्रकाशित करना आवश्यक है। यदि कानून का मूल पाठ अन्य भाषा में है तो साथ में हिन्दी अनुवाद भी प्रस्तुत किया जा सकता है।
9. राष्ट्रपति की पूर्व सहमति से उच्च न्यायालयों में राज्य की राजभाषा अथवा हिन्दी का प्रयोग किया जा सकता है। परंतु उनके द्वारा किए जानेवाले निर्णयों, अभिलेखों और आदेशों को अंग्रेजी में ही होना चाहिए तथा दूसरी भाषाओं में दिए जानेवाले निर्णयों, डिक्रियों एवं आदेशों का अंग्रेजी अनुवाद साथ में रहना चाहिए।
10. हिन्दी तथा क्षेत्रीय भाषाओं का ज्ञान न्यायाधीशों के लिए उपयुक्त हो सकता है, परंतु उनके लिए भाषा संबंधी परीक्षाएँ निर्धारित करना उचित नहीं है।
11. सांविधानिक ग्रंथों के अनुवाद तथा कानूनी पारिभाषिक

शब्दावली आदि के निर्माण की उचित योजना बनाने तथा संपूर्ण कार्य की व्यवस्था करने के लिए भारत के विभिन्न भाषा-भाषी विधि विशारदों को शामिल कर एक स्थायी आयोग या उच्च स्तरीय समिति का निर्माण किया जाना चाहिए।

12. अखिल भारतीय तथा उच्च स्तरीय केंद्रीय सेवाओं की परीक्षाओं के माध्यम के रूप में अंग्रेजी को चलने दिया जाए तथा कुछ समय बाद हिन्दी को वैकल्पिक माध्यम के रूप में स्वीकार किया जाए। तदनंतर, हिन्दी और अंग्रेजी दोनों को वैकल्पिक माध्यम के रूप में चलने दिया जाए। इन परीक्षाओं में दो भाषा प्रश्न-पत्र (एक हिन्दी का और दूसरा हिन्दी के अतिरिक्त अन्य आधुनिक भारतीय भाषा का, परीक्षार्थी की इच्छा पर) अनिवार्य रूप से रहें। इसके अतिरिक्त अंग्रेजी के प्रशासन की भाषा रहने तक अंग्रेजी का एक प्रश्न-पत्र भी अनिवार्य होना चाहिए। क्षेत्रीय भाषाओं को माध्यम के रूप में स्वीकृत करने के पक्ष में भी विचार किया जाना चाहिए।
13. सन् 1965 तक भारत सरकार के राजकाज की प्रधान भाषा अंग्रेजी रहे और इस अवधि में हिन्दी गौण राजभाषा रहे। सन् 1965 के बाद हिन्दी प्रधान राजभाषा रहे तथा अंग्रेजी को सह-राजभाषा का स्थान दिया जाए। संसद अपने अधिनियम द्वारा अंग्रेजी के प्रयोग के लिए जो सीमा एवं क्षेत्र निर्धारित करेगी, तब तक आवश्यकतानुसार उसका प्रयोग जारी रहे।

संसदीय राजभाषा समिति के उपर्युक्त मुख्य सुझावों से असहमति प्रकट करते हुए राजर्षि पुरुषोत्तमदास टंडन तथा सेठ गोविन्ददास का मत था कि सरकार ने हिन्दी को राजभाषा के रूप में प्रस्थापित करने के लिए कोई कदम नहीं उठाए हैं। समिति द्वारा अंग्रेजी को राजभाषा बनाए रखने का भी दोनों नेताओं ने घोर विरोध किया। इसी प्रकार समिति के एक अन्य सदस्य फ्रैंक एंथनी ने संविधान

की अष्टम अनुसूची में अंग्रेजी को भी सम्मिलित कराने के लिए संसद में एक प्रस्ताव रखने का प्रयास किया।

इस संसदीय समिति ने राजभाषा आयोग की अधिकांश सिफारिशों को स्वीकार करने की राय राष्ट्रपति को दी। तद्नुरूप राष्ट्रपति ने 27 अप्रैल, 1960 को संघ की राजभाषा के संबंध में एक आदेश जारी किया।

हिन्दी के प्रयोग संबंधी राष्ट्रपति के आदेश-1952 तथा 1955

भारत के संविधान के अनुच्छेद 343 खंड (1) में यह स्पष्ट रूप से लिखा गया है कि "संघ की राजभाषा हिन्दी और लिपि देवनागरी होगी और संघ के राजकीय प्रयोजनों के लिए प्रयोग होनेवाले अंकों का रूप भारतीय अंकों का अंतर्राष्ट्रीय रूप होगा।" उसी अनुच्छेद के खंड (2) में आगे कहा गया है कि इस संविधान के प्रारम्भ से पन्द्रह वर्ष की कालावधि तक संघ के उन सब राजकीय प्रयोजनों के लिए अंग्रेजी भाषा प्रयोग की जाती रहेगी, जिनके लिए इसके ठीक पहले वह प्रयोग की जाती थी। खंड (2) के परंतुक के अधीन भारत के राष्ट्रपति को कुछ विशेष अधिकार प्रदान किए गए हैं, जिसके अनुसार राष्ट्रपति संघ सरकार के कतिपय कामकाज में हिन्दी का प्रयोग शुरू करने में 15 वर्ष की कालावधि की बंदिश को शिथिल कर सकते हैं। संविधान के शब्द हैं–"खंड (2) के परंतुक के अधीन राष्ट्रपति उक्त कालावधि में, आदेश द्वारा, संघ के राजकीय प्रयोजनों में से किसी के लिए अंग्रेजी भाषा के साथ-साथ हिन्दी भाषा तथा भारतीय अंकों के अंतर्राष्ट्रीय रूप के साथ-साथ देवनागरी रूप का प्रयोग प्राधिकृत कर सकेगा।"

तदनुसार राष्ट्रपति ने 27 मई, 1952 को एक आदेश जारी किया (क्र.सं. 2, विधि मंत्रालय की दिनांक 27 मई, 1952 की अधिसूचना संख्या एस आर ओ 938 ए), जिसके द्वारा उन्होंने (1) राज्यों के राज्यपालों, (2) उच्चतम न्यायालय के न्यायाधीशों और (3) उच्च न्यायालयों के न्यायाधीशों की नियुक्तियों के अधिपत्रों में संघ के सरकारी प्रयोजनों के लिए अंग्रेजी भाषा के साथ-साथ हिन्दी भाषा

तथा भारतीय अंकों के अंतर्राष्ट्रीय रूप के साथ-साथ देवनागरी रूप का प्रयोग प्राधिकृत किया।

राष्ट्रपति ने संविधान के अनुच्छेद 343 के खंड (2) के परंतुक के अधीन संविधान (सरकारी प्रयोजनों के लिए हिन्दी भाषा) आदेश 1955 नामक एक अन्य आदेश (गृह मंत्रालय की दिनांक 3 दिसंबर, 1955 की अधिसूचना संख्या 59/2/54 प ब फ) जारी किया, जिसमें संघ के निम्नलिखित सरकारी प्रयोजनों के लिए अंग्रेजी के अतिरिक्त हिन्दी के प्रयोग को प्राधिकृत किया गया–

1. जनता के साथ पत्र-व्यवहार।
2. प्रशासनिक रिपोर्टें, सरकारी पत्रिकाएँ तथा संसद को प्रस्तुत की जानेवाली रिपोर्टें।
3. सरकारी संकल्प तथा विधायी अधिनियमिति।
4. जिन राज्य सरकारों ने हिन्दी को सरकारी भाषा के रूप में अपना लिया है, उनके साथ पत्र-व्यवहार।
5. संधिपत्र और करार।
6. अन्य देशों की सरकारों तथा उनके दूतों और अंतर्राष्ट्रीय संगठनों के साथ पत्र-व्यवहार।
7. राजनयिक तथा कांसुल अधिकारियों और अंतर्राष्ट्रीय संगठनों में भारत सरकार के प्रतिनिधियों को जारी किए जानेवाले औपचारिक कागजात।

अंग्रेजी के साथ-साथ हिन्दी का प्रयोग आरम्भ करने के लिए जो सुझाव दिए गए थे, उन पर भारत सरकार की एक अंतर-विभागीय बैठक में चर्चा की गई और भारत सरकार के सभी मंत्रालयों को अपने कुछ कामों में हिन्दी का प्रयोग करने की सलाह दी गई। इस संबंध में तारीख 8 दिसंबर, 1955 को गृह मंत्रालय ने एक कार्यालय ज्ञापन जारी किया। इसमें भारत सरकार के सभी मंत्रालयों को निम्नलिखित सुझाव दिए गए–

1. जनता से जो पत्रादि हिन्दी में मिलें, उनके उत्तर जहाँ तक संभव हो, हिन्दी में ही दिए जाएँ तथा उनकी भाषा सरल होनी चाहिए।

2. प्रशासनिक रिपोर्टों, सरकारी पत्रिकाओं, संसद को प्रस्तुत की जानेवाली रिपोर्टों आदि को यथासंभव अंग्रेजी और हिन्दी दोनों में प्रकाशित किया जाए।
3. सरकारी संकल्पों, विधायी अधिनियमों आदि को, यथासंभव अंग्रेजी और हिन्दी में जारी किया जाए। किंतु इन पर यह बात स्पष्ट रूप से लिखी जाए कि किसी तरह के विवाद की स्थिति में अंग्रेजी पाठ ही प्रामाणिक माना जाएगा।
4. जिन राज्य सरकारों ने हिन्दी को अपनी राजभाषा स्वीकार किया है, उनके साथ पत्र-व्यवहार अंग्रेजी में किया जाए, परंतु यदि संभव हो तो भारत सरकार द्वारा भेजे गए सभी पत्रादि के साथ उनका हिन्दी अनुवाद भी भेजा जाए ताकि सांविधानिक कठिनाइयों का सामना न करना पड़े।

कहना न होगा कि उपर्युक्त आदेश में हिन्दी के संबंध में मात्र औपचारिकता का निर्वाह हुआ है। 'यथासंभव' एवं 'यदि संभव हो' ऐसे शब्दों के सहारे राष्ट्रपति के हिन्दी प्रयोग संबंधी आदेशों का पालन करने से साफ-साफ बचा जा सकता है। भाषा किसी राष्ट्र की अस्मिता की प्रतीक और जनाकांक्षाओं की अभिव्यक्ति का सशक्त माध्यम होती है। राष्ट्र की एकता और अखंडता के लिए भावनात्मक एकता बहुत जरूरी होती है। इसमें भाषा की बड़ी अहम भूमिका होती है। अस्तु भाषा के मामले में स्पष्ट और दृढ़ नीति ही कारगर होती है।

संघ की राजभाषा के संबंध में राष्ट्रपति का आदेश-1960

संसदीय राजभाषा समिति के प्रतिवेदन पर भारतीय संविधान के अनुच्छेद 344 के खंड (6) द्वारा दी गई शक्तियों का प्रयोग करते हुए राष्ट्रपति ने संघ की राजभाषा के संबंध में 27 अप्रैल, 1960 को एक आदेश जारी किया। इस आदेश में राजभाषा आयोग की सिफारिशों के संबंध में संसदीय राजभाषा समिति के अभिमत का भी ध्यान रखा गया। इसमें निम्नलिखित प्रमुख निदेश विहित हैं–

1. निर्धारित सिद्धांतों के अनुसार हिन्दी तथा अन्य भारतीय भाषाओं में वैज्ञानिक तथा तकनीकी शब्दावली के निर्माण एवं समन्वय का प्रयत्न किया जाए तथा इसके लिए शिक्षा मंत्रालय आवश्यक व्यवस्था करते हुए एक आयोग का गठन करे।
2. सभी प्रशासनिक साहित्य का अनुवाद किया जाए तथा उसमें एकरूपता हो। असांविधिक अनुवाद शिक्षा मंत्रालय द्वारा किया जाए और सांविधिक अनुवाद विधि मंत्रालय करे।
3. शिक्षा मंत्रालय हिन्दी-प्रचार की व्यवस्था करे और इस कार्य में लगी गैर सरकारी संस्थाओं की भी सहायता करे।
4. केंद्रीय सरकारी विभागों के स्थानीय कार्यालय अपने आंतरिक कार्यों के लिए हिन्दी का प्रयोग करें और जनता के व्यवहार में प्रादेशिक भाषा का प्रयोग किया जाए। कर्मचारियों की भर्ती तथा विकेंद्रीकरण आदि में इस आवश्यकता को ध्यान में रखा जाए।
5. प्रशिक्षण संस्थाओं में प्रवेश के लिए अंग्रेजी और हिन्दी दोनों ही परीक्षा के माध्यम रहें।

6. अखिल भारतीय सेवाओं और उच्चतर केंद्रीय सेवाओं में भर्ती के लिए परीक्षा का माध्यम अभी अंग्रेजी बनी रहे और कुछ समय बाद हिन्दी वैकल्पिक माध्यम के रूप में अपना ली जाए। बाद में किसी प्रकार की नियत कोटा प्रणाली अपनाए बिना परीक्षा के माध्यम के रूप में विभिन्न प्रादेशिक भाषाओं का प्रयोग शुरू करने की व्यवहार्यता की जाए।
7. संसदीय अधिनियम एवं विधेयक अंग्रेजी में बनते रहें, किंतु उनका प्राधिकृत हिन्दी अनुवाद उपलब्ध कराया जाए। यह विधि मंत्रालय का उत्तरदायित्व है।
8. उच्चतम न्यायालय की भाषा अंततः हिन्दी होनी चाहिए। उच्च न्यायालयों के नियमों, आज्ञप्तियों और आदेशों के प्रयोजनों के लिए हिन्दी और राज्यों की राजभाषाओं का प्रयोग विकल्पतः किया जा सकेगा। इस संबंध में विधि मंत्रालय को आवश्यक कार्रवाई करनी चाहिए।
9. एक मानक विधि शब्दकोश बनाने, हिन्दी में कानून बनाने और कानूनी शब्दावली के निर्माण के लिए विभिन्न राष्ट्रीय भाषाओं का प्रतिनिधित्व करनेवाले कानून के विशेषज्ञों का एक स्थायी आयोग स्थापित किया जाए।
10. तृतीय श्रेणी से नीचे के कर्मचारियों, औद्योगिक संस्थानों के कर्मचारियों और कार्य प्रभारित कर्मचारियों को छोड़कर उन सभी केंद्रीय सरकारी कर्मचारियों के लिए हिन्दी का सेवालीन प्रशिक्षण अनिवार्य बना दिया जाए, जिनकी उम्र 1.1.61 को 45 वर्ष से कम हो। गृह मंत्रालय टंककों को, आशुलिपिकों को हिन्दी टंकण तथा आशु-लेखन में प्रशिक्षण देने के लिए भी प्रबंध करे।

राष्ट्रपति के उपर्युक्त आदेश के पैरा 14 में यह व्यवस्था की गई है कि गृह मंत्रालय एक ऐसी योजना तैयार करने और उसे कार्यान्वित करने के लिए आवश्यक कार्यवाही करे, जो संघ के प्रशासन में हिन्दी का प्रयोग सरल बनाने के प्रारंभिक उपायों से संबंधित हो। इस पर अनुवर्ती कार्रवाई करते हुए गृह मंत्रालय ने संबंधित मंत्रालयों से

विचार-विमर्श करने के बाद एक कार्यक्रम तैयार किया। मंत्रिमंडल के अनुमोदन के पश्चात् गृह मंत्रालय ने यह कार्यक्रम 27 मार्च, 1961 को एक कार्यालय ज्ञापन के रूप में जारी किया। इस कार्यक्रम में वैज्ञानिक शब्दावली के निर्माण, अहिन्दी-भाषी कर्मचारियों को हिन्दी प्रशिक्षण देने, नियमों और मैनुअलों आदि के अनुवाद का काम करने संघ के सरकारी प्रयोजनों के लिए हिन्दी के प्रगामी प्रयोग में सहायता करने हेतु कुछ प्रारंभिक उपायों को पूरा करने के लिए अंतिम तारीखें आदि निर्धारित की गईं।

इसके अतिरिक्त सभी मंत्रालयों से निम्नलिखित प्रबंध करने का अनुरोध किया गया–

1. सरकारी संकल्प हिन्दी में भी जारी करना,
2. हिन्दी के पत्रों का उत्तर हिन्दी में ही दिया जाना,
3. फार्मों और रजिस्टरों में अंग्रेजी के अतिरिक्त हिन्दी का भी प्रयोग करना,
4. जिन चुने हुए अनुभागों में अधिकतर कर्मचारी हिन्दी का कार्यसाधक ज्ञान रखते हैं, उनमें फाइलों पर टिप्पणी में हिन्दी के प्रयोग की अनुमति देना, तथा
5. भारत के राजपत्र के कुछ भागों को हिन्दी में भी प्रकाशित करना।

तत्पश्चात् निम्नलिखित प्रयोजनों के लिए हिन्दी का प्रयोग सुनिश्चित करने के वास्ते प्रशासनिक आदेश जारी किए गए–

1. सरकारी आयोजनों के लिए निमंत्रण पत्र आदि हिन्दी में जारी करना,
2. हिन्दी भाषी क्षेत्रों में स्थित कार्यालयों से संबंधित परिपत्र, आदेश आदि हिन्दी में जारी करना और चतुर्थ श्रेणी कर्मचारियों के साथ हिन्दी में पत्र-व्यवहार,
3. भारत सरकार और उन राज्यों के बीच पत्र-व्यवहार के लिए हिन्दी का प्रयोग करना, जिन्होंने हिन्दी को राजभाषा के रूप में स्वीकार कर लिया है,
4. लैटर-हैड, लिफाफे, कार्यालय की मुद्राओं आदि के लिए

हिन्दी का प्रयोग करना,

5. हिन्दी-भाषी क्षेत्रों में चतुर्थ श्रेणी के कर्मचारियों को हिन्दी में अभियोग-पत्र ज़ारी करना,
6. भारत सरकार के विभिन्न मंत्रालयों और कार्यालयों के तार के पतों का हिन्दी में पंजीयन,
7. नए सरकारी संगठनों के नाम हिन्दी में रखना,
8. हिन्दी-भाषी क्षेत्रों में स्थित स्थानीय अथवा शाखा कार्यालयों द्वारा केंद्रीय मंत्रालयों से प्राप्त पत्रों के उत्तर हिन्दी में देना,
9. कर्मचारियों के कल्याण-संबंधी कार्यक्रम के सामान्य आदेश तथा परिपत्र हिन्दी में जारी करना,
10. हिन्दी में प्राप्त पत्रों को डायरी करना,
11. जो परिपत्र स्थायी आदेश के रूप में हों तथा प्रशासनिक अनुदेशों के संबंध में हों अथवा जो कार्यविधि साहित्य के रूप में हों, उनका हिन्दी अनुवाद साथ-साथ जारी करना और
12. स्थानीय कार्यालयों और व्यक्तियों को भेजे जानेवाले लिफाफों पर पते हिन्दी में लिखना।

❑❑❑